Imprimé au Canada

ISBN : 978-2-89642-643-0

Dépôt légal – Bibliothèque et Archives nationales du Québec, 2011
© 2011 Éditions Leduc.s
© 2011 Éditions Caractère pour la version canadienne

Les Éditions Caractère reconnaissent l'aide financière du gouvernement du
Canada par l'entremise du Fonds du livre du Canada pour nos activités d'édition.

Visitez le site des Éditions Caractère
editionscaractere.com

DANIEL ICHBIAH

Les 4 Vies de Steve Jobs

Sommaire

Troisième vie
L'Odyssée

Quatrième vie
L'apogée

Le miroir brisé
de l'innocence

« Je suis passé de la misère à la fortune dans le chagrin de la nuit,
Dans la violence d'un rêve d'été, dans la froideur d'une lumière d'hiver,
Dans la danse amère de la solitude engloutie par l'espace,
Dans le miroir brisé de l'innocence perceptible sur chaque visage oublié. »

I have gone from rags to riches in the sorrow of the night
In the violence of a summer's dream, in the chill of a wintry light,
In the bitter dance of loneliness fading into space,
In the broken mirror of innocence on each forgotten face.

Sans doute Steve Jobs se reconnaissait-il dans ces vers écrits par un poète qu'il adule : Bob Dylan…

Quelque chose d'indicible rapproche ces deux personnages. Dylan peut entrer dans un studio d'enregistrement le matin mal réveillé, un brin patraque, s'asseoir devant le micro, accoucher d'une prise, une seule, et laisser les techniciens du son se débrouiller avec. Donner sa vérité à l'état brut, sans compromis, avec une force telle qu'il n'y a rien à ajouter.

Un trait de caractère unit ces deux personnalités. Tout comme Dylan, Jobs n'a que faire qu'on l'aime ou non. Authentique jusqu'à la moelle, il n'a de comptes à rendre à personne. Il s'exprime comme il respire, énonce ce qu'il a à dire comme il l'entend.

Certes, il l'a parfois payé cher, bien cher…

En cette fraîche matinée de janvier 1997, Steve Jobs roule en direction d'Apple, le cœur gros. Pendant plus d'une décennie, il n'avait pas remis les pieds dans ce royaume qui a jadis été le sien et dont il a été banni. Tant de souvenirs romantiques sont liés à cette épopée personnelle. Dans sa rancœur, il avait oublié combien il aimait Apple… Il avait jadis établi cette citadelle du savoir, comme l'on bâtit une cathédrale, pierre par pierre, animé d'un sens sans compromis de la perfection…

Au volant de sa Porsche, Steve Jobs tente de contenir son émotion. C'est en septembre 1985 qu'il avait fait ses adieux à Apple, expliquant ici et là qu'une part de son âme demeurerait à jamais en ces lieux.

Apple, disait-il, avait été comme un premier amour et l'on n'oublie jamais celle qui a suscité les premiers émois sentimentaux. Jamais, il n'aurait pu imaginer que celle qui l'avait désavoué puisse revenir un jour lui faire les yeux doux. Depuis le moment de ses adieux sur la pelouse en début de l'automne 1985, il est probable que sa fiancée ait bien changé…

Son histoire avec Apple a eu un parfum romanesque, imbibé de défis, de victoires, de coups de théâtre…

La première vie de Steve Jobs fut mouvementée, mais touchante. À la fois idéaliste et tourmenté, il cherchait à tâtons la voie à suivre. Steve se sentait en décalage, mais durant ces vibrantes années soixante, n'étaient-ils pas des millions à partager ce sentiment ?

Par la grâce d'une époque bénie, Bob Dylan, les Beatles et les Doors ont écrit la fabuleuse bande sonore du film de sa jeunesse. Il a vu émerger la contre-culture, les hippies, les expérimentations en tout genre… Il a adhéré spontanément à certaines tendances de son époque tout en demeurant sur l'expectative.

Les paradis artificiels, il n'y a goûté que du bout des lèvres. Son opium à lui, c'était l'électronique, pour laquelle il nourrissait une fascination digne des géniteurs de Pinocchio ou de Frankenstein : la patiente élaboration d'une machine, un objet qui prend vie.

La chance a voulu qu'un émule de da Vinci habite non loin de sa maison d'enfance : ce beatnik barbu de Steve Wozniak, dont le génie fut déterminant par la suite.

Et puis, à l'université, son âme a subi les assauts d'une autre séductrice, tout aussi sensuelle et exclusive : la quête d'une illumination spirituelle. Steve se revoit, parcourant les routes de l'Inde en compagnie d'un autre étudiant, Dan Kottke. Dans ce film du passé, il assiste médusé à la procession de dizaines de milliers d'hommes dénudés venus des hautes montagnes en direction du Gange, comme si l'eau du fleuve pouvait nettoyer leur âme…

À partir de 1977, Jobs subit une métamorphose étonnante. Une fois sa voie trouvée, une énergie inattendue se libère. Il se démène comme un beau diable pour créer Apple, lancer l'Apple II puis le Macintosh.

L'aventure Apple représente l'essentiel de sa deuxième vie, celle d'une ascension chaotique vers les étoiles.

Tout s'est passé si vite. Avec son ami d'enfance Wozniak, champion absolu de la technologie, ils bricolent un premier ordinateur. Puis entreprennent de réaliser leur premier chef-d'œuvre, l'Apple II.

Insouciant de son allure hippie qu'il assume sans vergogne, Jobs drague les financiers en costume et les rallie à sa cause, l'attrait des billets verts surpassant leur dégoût initial pour ces jeunes débraillés. L'Apple II va rendre Jobs et Wozniak riches et célèbres.

Devenu le plus jeune millionnaire américain à 25 ans, Jobs connaît la gloire, les ovations, les médias qui se battent pour recueillir ses propos. Et il y prend goût. Pourtant, une autre quête happe alors son âme.

Lors d'une visite dans les laboratoires de recherche chez Xerox, il est touché par la Grâce. En un éclair de seconde, il entrevoit un futur magnifique : la fusion de l'artistique et de l'informatique. L'ordinateur revisité par le Beau. Il amorce alors une conquête d'une autre envergure. Avec le Macintosh, il va changer le monde ! Point final.

Jobs ne se contente pas de viser une belle qualité : il mûrit une excellence digne d'un Michel-Ange. Son désir de perfectionnisme n'est pas en surface. La tendance est ancrée dans son âme et il ne tolère pas d'à peu près. Plus d'un ingénieur s'est arraché les cheveux face à ses prétentions. Déjà en 1977, il voulait que les chemins de la carte mère de l'Apple II soient dessinés de manière rectiligne, peu importe si cela rendait sa conception incroyablement plus ardue. Et alors ? On ne bâtit pas la chapelle Sixtine comme on fait les motels. Le moindre détail doit relever de la perfection…

Pour créer le Macintosh, Jobs s'est entouré d'une équipe d'esprits rarissimes, triés sur le volet avec un art de la sélection impitoyable. Un an et demi plus tôt, alors qu'il était en conférence à l'Institut Smithsonian, il était revenu là-dessus… « Il est douloureux de ne pas avoir les meilleurs gens du monde à ses côtés. Mon job a été exactement cela : me débarrasser de certaines personnes qui n'étaient pas à la hauteur. »

Steve se revoit plantant un drapeau de pirates dans le repaire des artistes de l'équipe du Macintosh, une bande de marginaux sublimes tentant de prolonger artificiellement la *fiesta* du Flower Power des années soixante. Ils s'étaient réfugiés dans une bâtisse séparée du reste d'Apple pour mieux préparer une révolution de l'intérieur.

L'épopée du Macintosh s'est déroulée dans des conditions homériques, tout en faisant fi de l'opinion commune et en dépit d'obstacles que d'autres jugeraient insurmontables. Elle n'était pas sans rappeler les péripéties vécues par Francis Ford Coppola sur *Apocalypse Now*. Des individus plutôt rebelles par nature tels que Andy Hertzfeld ou Randy Wigginton ont donné le meilleur d'eux-mêmes alors qu'on les aurait mal imaginés en faire autant en d'autres circonstances. À l'instar de ses collègues de l'équipe du Macintosh, Hertzfeld a élaboré avec finesse l'interface du Macintosh sans ménager ses heures ni sa créativité, acceptant de bon cœur les brimades régulières du capitaine au long cours…

Impétueux et fier, Steve n'en faisait qu'à sa tête, intervenant sur les moindres détails de sa Joconde à lui. Il se revoit entrer dans le bureau d'Andy Hertzfeld, cet anticonformiste dont le radeau avait échoué on ne sait comment sur les rivages d'Apple. Il avait surgi, sans préambule, pour clamer :

« Andy, je t'annonce que tu fais désormais partie de l'équipe du Macintosh !

– Super, avait rétorqué Hertzfeld. Donne-moi juste quelques jours, le temps que je termine un programme pour l'Apple II.

– Rien n'est plus important que le Macintosh ! », avait décrété Jobs.

Joignant le geste à la parole, il avait débranché l'Apple II d'Hertzfeld, empilé l'écran et le clavier et aussitôt s'était dirigé vers le parking. Andy avait couru tant bien que mal derrière lui, protestant comme il le pouvait contre l'absolutisme de son nouveau boss.

Jobs est ainsi : dévoué corps et âme à la cause qu'il a entreprise. Le mot compromis ne fait pas partie de son vocabulaire.

Le Mac est apparu en janvier 1984, sous une pluie d'acclamations. Jobs a fait réaliser un clip fantastique, ultra-audacieux, par Monsieur *Blade Runner*, alias Ridley Scott, et, malgré la réserve de ces pleutres du conseil d'administration, ce film coup-de-poing a envahi par surprise les écrans de millions de foyers américains. Le monde est entré dans l'ère du Macintosh.

Pourtant, alors que Jobs venait d'atteindre son Graal, qu'il était au faîte de sa gloire, le sol s'était dérobé… Un félon avait tiré le tapis sous ses pieds. Jamais, au grand jamais, il ne le lui pardonnera. John Sculley, celui qu'il avait recruté lui-même pour prendre les rênes d'Apple, a organisé sa destitution.

Depuis, Sculley a couché ses mémoires sur le papier et tenté d'expliquer, arguments à l'appui, qu'il n'avait pas d'autre choix : à l'en croire, Jobs était en train de couler Apple. Qu'en savait-il au juste ?

La rancœur est demeurée intacte envers celui qui l'a fait éjecter d'Apple comme un malpropre !

Il demeure que cette deuxième vie a été une inoubliable épopée. Nos plus belles années, aurait dit Robert Redford.

Et puis, le soleil qu'il avait frôlé va lui brûler les ailes…

Sa troisième vie a alors commencé…

Il l'ignorait encore, mais il avait entamé une croisade digne de Don Quichotte combattant ses moulins, à tenter de sauver une Jérusalem déjà libérée. Il a bâti la société NeXT, une pyramide plus imposante encore que la précédente, mais a dû l'abandonner à son triste sort sous le soleil du désert. Personne n'est venu la voir. Il a tenté, tant bien que mal, de remonter le courant, animé il est vrai en arrière-plan d'un désir de revanche qui masquait la vision des réalités.

Avec le recul, Jobs peut le reconnaître : son propre jusqu'au-boutisme l'a parfois desservi. En 1988, il avait rendez-vous avec les représentants de plusieurs universités afin de leur présenter sa machine NeXT. Des milliers de bons de commandes dépendaient du déroulement de cette soirée. Peu avant le dîner, Jobs apprit que le personnel avait négligé de lui préparer un plat végétarien. Furieux, il décréta l'annulation du plat principal pour tous les invités ! En dépit des tentatives d'apaisement de ses proches collaborateurs, il préféra laisser ses clients potentiels affamés plutôt que de changer d'attitude.

Au début de l'année 1993, la désolation a été son lot, tandis qu'il contemplait son rêve brisé en cette insupportable journée de février où les biens de NeXT ont été vendus aux enchères, comme de la vulgaire quincaillerie. Tandis que les années défilaient, il voyait se profiler la terrible perspective de devenir un has been…

Alors que certains chroniqueurs méprisables commençaient à écrire le mot « FIN », le vent a tourné. In extremis, Jobs a été sauvé par une passion secondaire, croisée en chemin. L'animation 3D a occasionné une navigation houleuse des océans mais, à l'instar de Christophe Colomb, Jobs a débouché sur une terre neuve qu'il a apprivoisée. Une résurrection a pris forme.

Il a débarqué par la bande, là où on ne l'attendait pas : le triomphe de Pixar l'a remis sous les feux de l'actualité.

Toy Story venait de lui sauver la mise…

À présent, par un incroyable retournement de situation, Apple a rappelé à la rescousse l'enfant prodige jadis désavoué.

À 42 ans, il n'est plus tout à fait le même. Après un parcours en montagnes russes, il entre dans une renaissance personnelle. Sa folle jeunesse n'est plus qu'un roman-photo aux couleurs sépia. La chevelure de Viking qu'il arborait avec panache s'est clairsemée.

Une mutation en profondeur s'est produite. Il a rencontré la femme de sa vie, aussi belle qu'avisée, végétarienne et bouddhiste comme lui, et elle lui a donné de beaux enfants. Avoir connu les honneurs, mordu la poussière et tutoyé à nouveau le succès l'a grandi. S'il est toujours motivé par ce désir d'embellir l'existence, il a appris à faire la part des choses…

Les années à venir seraient flamboyantes, illuminées de joyaux éphémères qui sauraient néanmoins se faire une petite place dans l'Histoire humaine : iMac, iPod, iPhone… Il ne le sait pas encore mais, quelque part, une *good vibration* s'immisce dans l'atmosphère, annonciatrice de nouvelles réjouissances.

Steve Jobs allait écrire le quatrième tome de sa vie…

Première vie

La quête

Chapitre premier

Faux départ

Faux départ… Les dés ont atterri sous la table et l'un d'eux est resté en équilibre sur une arête, interdisant que l'on fasse le décompte des points. Un autre est allé se perdre si loin qu'on ne le retrouve pas. Quant à ceux qui présentent leur face supérieure, ils affichent des 1, des 3, des 2.

Steve Jobs a raté son entrée dans la vie. En ce 24 février 1955, personne ne l'attend, et ceux qui devaient l'accueillir se dérobent, tournant le dos à leurs obligations. Tout n'est pas perdu. Un couple sans prétention va lui donner sa chance. Ils ont tant voulu un enfant…

Cela n'empêche pas la mère biologique de poser ses conditions pour ce bébé dont elle entend se dispenser. Avant de l'abandonner à son sort, à la façon de Moïse déposé sur le Nil dans un panier, elle souhaite que ce garçon, dont elle ne partagera pas les émois, puisse s'élever au-dessus de la mêlée. Elle n'en cédera la garde définitive que si elle est assurée qu'il fera des études. Avec le recul, cette exigence paraît bien mesquine. Pourquoi n'a-t-elle pas elle-même pourvu aux besoins universitaires de son fils ?

Jobs aborde l'existence à la dure, bâtard ahuri. Qu'on le laisse jouer des coudes et il fera sa place dans la mêlée.

Bien des décennies plus tard, lorsque le défilé des événements autorisera un sage recul, Jobs reviendra sur ce début de vie et rappellera à qui veut l'entendre qu'il faut parfois patienter longtemps avant d'obtenir un recul adéquat sur les événements :

« On ne peut prévoir l'incidence qu'auront certains événements dans le futur ; c'est après coup seulement qu'apparaissent les liens. Vous pouvez seulement espérer qu'ils joueront un rôle dans votre avenir. L'essentiel est de croire en quelque chose – votre destin, votre vie, votre karma, peu importe. Cette attitude a toujours marché pour moi, et elle a régi ma vie. »

Eh oui… en ce 24 février 1955, la chance lui sourit mais il l'ignore encore. Elle l'a mené en Californie, une terre gorgée de soleil, bordée par un océan qui semble inviter à l'aventure. Pour tirer le meilleur des moments à venir, cette contrée est en tout point privilégiée. D'ici une douzaine d'années, le mouvement hippie installera son fief dans la ville éclairée de San Francisco. Un peu plus tard, la Silicon Valley verra émerger un geyser du nom de micro-informatique…

Jobs arrive juste un peu trop tard pour participer à la révolution culturelle des années soixante. Il va s'y baigner naturellement, épousant avec intensité les rêves d'un monde meilleur, le désir de changer les choses. Il va également développer un amour sans bornes pour cette fée récemment élue au chapitre des angéliques : la technologie. Elle va lui donner ses premiers ravissements, sa première sensation de confiance en soi. Qu'elle se rassure, il lui rendra au centuple ce qu'elle a apporté.

En cette année 1955, les résidents de la région de San Francisco ont d'autres préoccupations. L'Amérique vit une période dorée, globalement paisible, avec l'émergence d'un style de vie marqué par les bienfaits du progrès. Un vent de rébellion souffle en filigrane avec les déhanchements du jeune Elvis Presley qui ont le don de mettre en émoi les adolescentes du Sud-Est des États-Unis. Pourtant, la vague ne touche encore qu'une population isolée.

Avant tout, Jobs va bénéficier d'un environnement familial privilégié, sans doute bien préférable à celui qu'aurait pu lui procurer sa mère biologique. Les Jobs sont des parents exemplaires, comme peuvent l'être des gens simples ; ils ont du mal à joindre les deux bouts mais ont à cœur d'offrir leur amour et leur savoir aux rejetons qu'ils ont adoptés. D'un bout à l'autre de sa jeunesse et jusqu'à la création d'Apple, il va trouver chez ses parents adoptifs un soutien continu et affable. Pouvait-on rêver meilleur écrin pour cet esprit déboussolé, en perpétuelle interrogation, ultrasensible et mal dans sa peau ?

« J'ai eu de la chance, dira Steve Jobs en 1995. Mon père, Paul, était un homme vraiment remarquable. Il n'a jamais obtenu de diplôme. Il a rejoint les garde-côtes durant la Seconde Guerre mondiale et transportait des troupes de par le monde pour le Général Patton. Il lui arrivait toujours des ennuis et il se retrouvait régulièrement simple soldat. »

Deux années plus tard, Steve Jobs aura ces mots touchants envers la mémoire de Paul[*] : « J'espère juste pouvoir être un père aussi bon envers mes enfants que mon père l'a été. J'y pense chaque jour de ma vie. »

Si son histoire commence avec un bémol, il va la mener vers l'apothéose. Comme l'énonce un proverbe chinois qu'il va chérir : "The journey is the reward" – c'est le voyage qui est la récompense, la satisfaction...

Sans que nul ne le sache, Ariane a tissé un fil qui autorise la sortie du labyrinthe.

Que Steve Jobs soit...

---

[*] "Creating Jobs: Apple's Founder Goes Home Again", *The New York Times Magazine*, 12 janvier 1997.

En ce milieu des années cinquante où Steve Jobs voit le jour, l'Amérique conservatrice n'a pas encore subi les assauts cathodiques du frêle Elvis Presley et du rock'n'roll, et encore moins les soubresauts de la future contre-culture. Les hommes vont gagner la pitance, leurs épouses maintiennent la maison propre comme un sou neuf, les enfants sont bien élevés, le dimanche, on nettoie la voiture et on entretient une pelouse coupée au carré. Nul n'oserait s'écarter de ce qui est de bon ton. Le qu'en-dira-t-on sert de mètre étalon en matière de comportement social. La population ne semble pas s'en plaindre et, d'ailleurs, bien des cinéastes à la Spielberg ou Lucas dépeindront cette atmosphère paisible des années cinquante avec nostalgie.

En attendant, Joanne Carole Schieble n'a que 23 ans et elle porte un bébé conçu hors du mariage, ce que la norme réprouve. Mieux encore, le père n'est aucunement un Américain de bonne famille, ce qui à tout prendre aurait amenuisé la faute. Il est d'origine syrienne !

C'est à l'Université du Wisconsin que le méfait a été commis. L'étudiante Joanne est tombée amoureuse de son professeur de sciences politiques Abdulfattah Jandali. Monsieur Schieble père s'oppose à leur mariage et menace de la déshériter si elle désobéit. Lui avouer qu'elle est enceinte est au-dessus de ses forces. Pour cacher sa grossesse, Schieble va accoucher en Californie et se met en quête de parents adoptifs.

Le 24 février, elle donne naissance à cet enfant qu'elle a conçu par accident. C'est un garçon. Seulement voilà… Le foyer d'adoption escompté, une famille d'avocats, fait la fine bouche. Ils espéraient une fille et ne peuvent se résoudre à changer leurs plans. Désolés, ils ne souhaitent pas élever un garçon.

Joanne se rabat sur le deuxième couple de la liste d'attente : le quinquagénaire Paul Jobs et son épouse Clara.

En plein milieu de la nuit, Paul Jobs reçoit un appel :

« Nous avons un bébé, c'est un petit garçon. Est-ce que vous le voulez ?

– Bien sûr ! », répondent les Jobs.

Paul et Clara Jobs sont prêts à adopter l'enfant illégitime. Mais c'est au tour de Joanne de faire la difficile. Les Jobs font partie de la classe moyenne, ils sont loin d'avoir le standing d'une famille d'avocats. Steve Jobs l'a raconté lui-même par la suite : « Quand ma mère biologique a découvert que ma mère adoptive n'avait jamais eu le moindre diplôme universitaire, et que mon père n'avait jamais terminé ses études secondaires, elle a refusé de signer les documents définitifs d'adoption. Elle ne s'y est résolue que quelques mois plus tard, quand mes parents lui ont promis que j'irais à l'université. »

Le destin va prendre une drôle de tournure pour Joanne Carole Schieble. Aux alentours de Noël, elle épouse le Syrien Jandali à Green Bay, dans le Wisconsin. En juin 1957, tandis que Steve Jobs grandit en Californie, les Jandali auront un deuxième enfant, une fille nommée Mona. Leur union ne durera toutefois que sept années. En attendant, Stephen Paul Jobs a une sœur mais il ne le sait pas encore.

De condition modeste, les Jobs résident dans un pavillon de banlieue sans panache particulier. Tandis que Clara est comptable, Paul Jobs officie comme opérateur de machine dans une entreprise qui fabrique des lasers. Lorsque Stephen a 5 ans, sa mère est contrainte de faire du baby-sitting pour lui payer des leçons de natation*. Les Jobs vont plus tard adopter un deuxième enfant, une fille qu'ils nomment Patty.

En 1960, la famille déménage de San Francisco à Mountain View, au cœur de ce qui va devenir la Silicon Valley. L'enfant de 5 ans découvre avec stupeur une région qu'il perçoit comme un paradis : la vallée est parsemée de vergers, d'abricotiers, de pruniers. L'air est si pur qu'il peut distinguer les maisons comme les collines, loin, très loin.

Le petit Steve est fasciné par la dextérité de son père adoptif qui « avait du génie dans les mains », comme il le dira plus tard.

---

* Alan Deutschman, *The Second Coming of Steve Jobs*, 2001.

Il peut demeurer des heures à l'observer découper du bois puis le clouer sur l'établi de son garage. Un jour, alors que son rejeton a 6 ans, Paul Jobs découpe une partie de cet établi et la donne à Steve : « Voilà, c'est ton établi maintenant ! »

Il lui donne au passage quelques-uns de ses petits outils, et lui montre comment utiliser un marteau, une scie.

« Il a passé beaucoup de temps à m'enseigner comment construire des choses, comment les démonter, les réassembler*. »

Stephen Paul n'est pas ce que l'on pourrait appeler un garçon sage. S'il manifeste une activité supérieure à la moyenne, ses agissements trahissent une certaine dispersion. Par deux fois, ses parents adoptifs doivent l'amener en toute hâte aux urgences. La première fois pour un lavage d'estomac, Steve ayant avalé une bouteille d'insecticide. La seconde parce qu'il a introduit une broche dans une prise électrique.

Comme sa mère lui a elle-même enseigné la lecture, Jobs aborde l'école avec l'espoir qu'il pourra lire des livres et qu'il sera possible d'aller explorer le monde alentour. Dans la pratique, son contact avec l'autorité professorale se passe mal. « Toute la curiosité que j'avais naturellement développée a pratiquement été chassée. »

Steve Jobs a 7 ans lorsque la crise des missiles de Cuba éclate, le 16 octobre 1962 ; il reçoit cette menace sur la paix mondiale comme un choc.

« Je n'ai pas dormi durant trois ou quatre nuits parce que j'avais peur de ne pas me réveiller si je m'endormais. Je crois que je comprenais exactement ce qui se passait. Tout le monde le comprenait en fait. C'était une terreur que je n'oublierai jamais et je crois qu'elle n'est probablement jamais totalement partie. Il me semble que tout le monde la ressentait à l'époque[†]. »

Un an plus tard, le 22 novembre 1963, à trois heures de l'après-midi, Steve Jobs rentre tranquillement à la maison lorsqu'il entend

---

* Interview au Smithsonian Institute, le 20 avril 1995.
† *Ibid.*

un cri dans la rue : le Président Kennedy vient d'être assassiné !
Là encore, cet événement le terrasse, il a 8 ans. Sans réellement
savoir pourquoi, il est conscient que l'Amérique vient de perdre
l'une de ses grandes figures historiques.

L'école pèse de plus en plus sur Jobs. Aidé d'un copain de
classe, Rick Farentino, il sème régulièrement la pagaille dans
les classes. Leurs faits de gloire consistent à faire exploser des
pétards dans les bureaux des professeurs. Ils iront jusqu'à lâcher
des serpents dans une classe.

Comme il le confiera plus tard avec émotion, Steve Jobs n'a
sans doute évité la prison que grâce à la sagacité de l'une de ses
enseignantes de quatrième année (l'équivalent du CM1 dans le
système scolaire français), Mademoiselle Hill. Cette maîtresse de
rêve a trouvé la méthode pour canaliser l'énergie débordante de
ce trublion de 9 ans : « Je te donne 5 dollars ainsi que cette sucette
géante si tu termines ce livre de mathématiques. » Aiguillonné,
Steve Jobs étudie assidûment et découvre la passion d'apprendre.
À la fin de cette avant-dernière année d'école élémentaire, son
niveau est devenu tel qu'il est en mesure de sauter une classe et
d'entrer directement au collège.

À l'adolescence, deux courants influent sur l'existence de l'adolescent : la contre-culture hippie et la technologie. Imbibé de la
musique rock des Doors ou des Beatles, et des poèmes fantasques
de l'intrigant Bob Dylan, le courant contestataire qui prend forme ne
peut qu'attirer ce garçon déjà soucieux de donner un sens à sa vie.

« Je me souviens d'avoir grandi à la fin des années cinquante
et au début des années soixante. C'était une époque très intéres-
sante pour les États-Unis. L'Amérique se trouvait alors à une sorte
de pinacle de la prospérité d'après-guerre. Tout se déroulait selon
un droit chemin, de la culture jusqu'aux coupes de cheveux. Et
puis, les choses ont commencé à s'élargir jusque dans les années
soixante où de nouvelles directions ont été prises de toute part.
L'Amérique était encore un pays très jeune, avec une énorme

réussite. Le pays semblait jeune et naïf, si je m'en tiens à mes souvenirs de cette époque », a raconté Steve Jobs[*].

L'artiste qu'il admire le plus est Bob Dylan. Steve Jobs apprend par cœur les textes de toutes ses chansons. Avant tout, il est impressionné par la faculté qu'a Dylan de changer régulièrement de peau, comme lorsqu'il décide d'intégrer de l'électricité dans sa musique, au risque de fâcher une partie du public qui l'a porté au pinacle : les amateurs de musique *folk*. Désormais, lors de ses concerts, une frange des spectateurs conspue Dylan en hurlant : « Rentre chez toi ! », « Traître ! »… Pourtant, l'auteur de *Like a Rolling Stone* passe outre et leur livre ses mélopées comme il l'entend. Qu'on l'aime ou non semble être le cadet de ses soucis.

« Dylan ne faisait jamais de surplace. Les artistes qui sont vraiment bons arrivent toujours à un point où ils pourraient faire la même chose pour le reste de leur vie. S'ils continuent de défier l'échec, ce sont toujours des artistes. Dylan et Picasso ont toujours agi ainsi », a commenté Steve Jobs[†].

Le refus de se conformer aux normes va se manifester très tôt. Steve Jobs est particulièrement malheureux au lycée de Mountain View. Un soir, alors qu'il est en septième année (l'équivalent de la 5e dans le système scolaire français), il rentre de l'école et pose un ultimatum à son père.

« Je ne retourne plus à l'école si je dois remettre les pieds une seule fois dans ce lycée[‡] ! »

Le garçon fait preuve d'une détermination étonnante. Paul Jobs se comporte en père magnanime. Fidèle à la promesse qu'il a jadis faite à Joanne Schieble, il juge primordial d'offrir à son rejeton l'éducation adéquate. Il est donc décidé que la famille déménagera, pas loin de là, de Mountain View à Los Altos. Une fois au lycée de Homestead, Jobs déploie une bien meilleure assiduité.

---

[*] Interview au Smithsonian Institute, le 20 avril 1995.
[†] "The Three Faces of Steve", Steve Jobs Interview, *Fortune*, 9 novembre 1998.
[‡] "Steve Paul Jobs", *Current Biography*, 5 février 1983.

Mieux encore, il va faire plusieurs rencontres majeures dans le voisinage de leur nouvelle maison...

Son engouement pour la technologie, il le doit à son père. Régulièrement, Paul Jobs se rend dans des cimetières de voiture afin d'y acquérir, pour 50 dollars, divers véhicules abandonnés. Il les répare et les revend à des étudiants[*]. C'est ainsi qu'il va s'intéresser à l'électronique.

« Il y avait de l'électronique dans un grand nombre de voitures qu'il réparait. Il m'a donc montré les rudiments de l'électronique et cela m'a rapidement intéressé[†]. »

Fasciné par les appareils en tout genre, Steve questionne sans relâche son père adoptif sur le sujet. Si les Jobs reçoivent à dîner une personne qui semble maîtriser le domaine de l'électronique, elle peut alors s'attendre à subir un feu nourri de questions de la part de l'adolescent.

Dans la rue où habitent les Jobs, quelques maisons plus bas, vit un ingénieur, Larry Lang, qui est employé par Hewlett-Packard. Afin d'épater les enfants du coin, ce mordu de technique, radio-amateur durant son temps libre, a installé un microphone et un haut-parleur reliés à une simple pile dans l'allée de sa maison. Jobs, comme d'autres gamins, s'amuse à parler dans le micro. Il a la surprise d'entendre sa voix amplifiée et cherche en vain à comprendre comment cet effet a pu être créé. Stupéfait, il court voir son père et s'époumone :

« Tu m'avais dit qu'on ne pouvait pas amplifier la voix sans amplificateur, tu m'as menti !

– Mais non, rétorque Paul Jobs. C'est effectivement impossible !

---

[*] "Creating Jobs: Apple's Founder Goes Home Again", *The New York Times Magazine*, 12 janvier 1997.
[†] Interview au Smithsonian Institute, le 20 avril 1995.

– Un voisin y est pourtant parvenu… »

Et comme Paul ne le croit pas, Stephen le traîne sur les lieux du fait !

Désireux d'en savoir plus, Steve fait rapidement connaissance de cet émule de Monsieur « Q », l'inventeur des gadgets de James Bond. Par bonheur, Larry Lang se déclare ravi de partager ses connaissances avec ce jeune passionné. Il lui enseigne des notions avancées d'électronique et l'incite à acquérir des kits de construction Heathkit. Ceux-ci sont accompagnés de manuels expliquant comment réaliser les montages. Pour Jobs, l'assemblage de ces pièces marque un tournant majeur.

« Ces kits de construction vous apportaient plusieurs choses. On en tirait une compréhension de ce qui se trouve à l'intérieur d'un produit fini. On pouvait aussi comprendre comment cela fonctionne car ils incluaient la théorie sur le fonctionnement. Plus important encore, ces kits vous donnaient la sensation que vous pouviez construire les choses que l'on voit autour de soi dans l'univers. Elles n'étaient plus des mystères. Je pouvais regarder un téléviseur et me dire : "Je n'en ai pas construit un mais je pourrais fort bien y arriver." Ces objets étaient le résultat de la création humaine, non pas des choses apparues comme par enchantement dans l'environnement ! Cela vous apportait un niveau très élevé de confiance en soi. À travers l'exploration et l'apprentissage, on pouvait comprendre des choses très complexes en apparence. J'ai eu une enfance très chanceuse à ce titre », a raconté Jobs[*].

Bientôt, Stephen Jobs gagne son argent de poche en achetant de vieilles chaînes stéréo qu'il répare et revend avec profit. Pourtant, l'adolescent ne se contente pas de reproduire à l'identique ce qu'il découvre, il fait déjà preuve d'un sens de l'innovation, de la simplification. Son professeur d'électronique de Homestead, Hohn McCollum, s'est d'ailleurs souvenu de lui comme « un solitaire qui posait toujours un regard différent sur les choses[†] ».

---

[*] Interview au Smithsonian Institute, le 20 avril 1995.
[†] "Steve Paul Jobs", *Current Biography*, 5 février 1983.

Lorsqu'il désire quelque chose, Stephen ne se donne aucune limite. Doté d'un culot hors norme, il se montre prêt à tout pour parvenir à ses fins. Un jour, alors qu'il est en quête de pièces détachées pour l'une de ses créations, il commence par appeler la société Burroughs, à Detroit. Faute de trouver son bonheur, il appelle William Hewlett, cofondateur de Hewlett-Packard.

Ce jour-là, Hewlett décroche son téléphone et entend au bout du fil la voix d'un gamin de 13 ans :

« Je m'appelle Steve Jobs et je suis à la recherche de pièces détachées pour fabriquer un compteur de fréquences. Pourriez-vous me les fournir ? »

L'aplomb du collégien séduit William Hewlett qui discute avec lui durant vingt bonnes minutes. À l'issue de cette conversation, il lui offre les pièces demandées et, mieux encore, lui propose un petit travail d'été chez Hewlett-Packard. L'adolescent va conserver un excellent souvenir de ce premier contact avec le monde du business.

Il ne lui manque plus qu'un alter ego avec qui partager cette flamme pour la technologie…

Chapitre 2

Woz

1970 est une année folle… Plusieurs héros des années soixante porteuses de tant d'espoir vont quitter cette Terre prématurément. Jimi Hendrix est l'un des premiers à s'envoler vers d'autres cieux. À trop flirter avec des substances qui procurent une éphémère libération, le guitariste métis y a laissé ses plumes. Le 18 septembre, il entre dans un sommeil dont on ne se réveille pas. Janis Joplin, l'oiseau blessé, le rejoint le 4 octobre. Fidèles à leur rôle de précurseurs, les fameux Beatles ont annoncé leur séparation le 10 avril, mettant fin prématurément au rêve multicolore de *All you need is love*. Visiblement mal informé, Elvis Presley va s'offrir une visite privée au Président Nixon pour l'assurer de son soutien et clamer que lesdits Beatles seraient « antiaméricains » – comment pouvait-il imaginer que ce dirigeant paranoïaque enregistrait ses moindres conversations et qu'elles seraient rendues publiques lors de la sinistre affaire Watergate ?

Le 8 juin, Bob Dylan, l'artiste vénéré, le poète intègre et visionnaire, celui dont on a dit en 1963 qu'il « a mis le doigt sur le pouls de notre génération », casse volontairement sa propre image dans l'album *Self portrait*. Assagi, il chante d'une voie sirupeuse, et se positionne à mille lieues du symbole de porte-parole générationnel qu'on a voulu faire de lui.

Il se trouve qu'en cette année 1970, l'Amérique subit les remous d'un tsunami culturel qui bouleverse les consciences. La présidence est détenue par un individu si retors que les caricaturistes n'ont aucun mal à en tirer le portrait. La prétendue croisade pour libérer le Vietnam a tourné au bourbier et une majorité de jeunes refuse d'y être mêlée – certains ont publiquement brûlé leur livret militaire. En cette période chaotique où les valeurs qui ont construit la nation sont secouées de toute part, même la conquête spatiale ne fait plus recette. La mission Apollo XIII qui devait amener des astronautes à poser une nouvelle fois le pied sur la Lune a bien failli tourner au tragique : trois moteurs sur quatre et deux réserves d'oxygène sur trois ont défailli.

Telle est l'atmosphère mouvementée de cette année 1970. De tous les États d'Amérique, la Californie est sans doute le plus touché par la révolution des idées, des mœurs, des styles de vie. Steve Jobs, qui fête ses 15 ans le 24 février, se retrouve aux premières loges, trop jeune pour y participer pleinement, mais suffisamment mûr pour s'abreuver des courants de pensée contradictoires.

Pourtant, l'essentiel de sa vie est ailleurs. En 1970, Jobs rencontre un individu qui va changer son existence. Un fêlé d'électronique comme lui, mais débordant d'idées, d'imagination, d'esprit d'invention…

C'est un ami du quartier, Bill Fernandez, qui met les deux hurluberlus en contact. Son voisin, une sorte de Savant Cosinus, bricole toutes sortes d'appareils étonnants. Or, depuis six mois, ce garçon s'est mis en tête de construire son propre ordinateur. Fernandez s'empresse d'en toucher mot à Stephen : « Il faut que tu voies ça ! »

Ils se sont vus, ils se sont plus, ils se sont reconnus... Entre Jobs et Wozniak, c'est le « coup de foudre intellectuel ».

L'allure de Steve Wozniak est ancrée dans la contre-culture ambiante : des cheveux longs et une barbe enlacent son visage. Derrière ses lunettes brillent des yeux pétillants, pleins de malice. Bourré d'humour, Wozniak est jovial, facile à vivre, pourtant, il n'a que peu d'amis – il a du mal à se mêler aux autres. Comme Jobs, il est fasciné par l'électronique et passe donc le plus clair de son temps à l'étude des ordinateurs.

Comme le suggère leur nom, les Wozniak sont originaires de Pologne, un nom d'ailleurs courant dans la région des Balkans.

Né le 11 août 1950 dans la ville de San José, Steve Wozniak a rapidement montré des capacités hors du commun. À 3 ans, il savait déjà lire. Dès l'âge de 9 ans, alors qu'il était encore à l'école élémentaire, son professeur avait détecté en lui un « génie des mathématiques ». Un an plus tard, il avait déjà fabriqué sa propre radio. Par la suite, au lycée, Steve Wozniak va constamment se trouver en tête du classement dans les matières de sciences et de mathématiques.

« J'avais lu un livre qui mettait en scène des radioamateurs à la recherche de kidnappeurs. Cela m'a poussé à obtenir une licence de radioamateur et je l'ai décrochée en un an. Mon père m'a beaucoup aidé pour cela », a raconté Wozniak.

Il est vrai que le jeune Steve Wozniak est à bonne école. Il est le fils d'un ingénieur qui œuvre pour Lockheed, une société californienne d'aéronautique. Wozniak père collabore à des projets militaires enveloppés d'une aura de secret. À la maison, il est courant de le voir s'escrimer au milieu de plans qu'il a déroulés sur les tables du domicile de Palo Alto.

« Il buvait beaucoup de martinis, mais sa célébrité, il la doit aux solutions qu'il a développées et qui ont sauvé de nombreux programmes chez Lockheed. Il lui arrivait de venir à bout d'effroyables équations après de nombreuses semaines ou mois d'acharnement. Son exemple a rejailli fortement sur moi. J'en ai tiré un goût de la précision », poursuit Steve Wozniak à propos de son père.

C'est son père qui a lui-même enseigné à Steve Wozniak l'électronique et l'informatique tout en insistant sur l'importance de l'éducation.

« Avant tout, il m'a parlé de l'importance de l'éthique, de dire la vérité, de tenir parole, d'achever les choses que vous avez commencées. Il était strict sur ces points, bien qu'il ne soit pas religieux. Il a été, de très loin, la plus grande influence de ma vie. »

C'est la lecture d'un article sur l'algèbre booléenne (à base de 0 et 1) qui sert de révélateur à Wozniak. Ce système de calcul le fascine et il se met spontanément à dessiner des circuits informatiques. Par chance, son père dispose de centaines de transistors et Wozniak peut donc passer son temps à transformer ses équations en circuits électroniques.

En 1964, alors que Wozniak a 14 ans, l'un des calculateurs qu'il a conçus décroche plusieurs prix lors d'un salon scientifique de San Francisco. Un représentant de l'Air Force le désigne « meilleur projet de l'exposition ». Captivé, l'un de ses professeurs de lycée intervient auprès d'une société locale, Sylvania, afin que Steve Wozniak puisse s'y rendre une fois par semaine et programmer leur ordinateur. Dès la première semaine, il réalise son premier programme qui simule le déplacement du roi dans un jeu d'échecs.

Obnubilé par l'informatique, Wozniak entreprend bientôt de concevoir son propre ordinateur. Son seul souci est pratique : il ne semble pas envisageable, en cette époque pionnière, d'acheter les composants nécessaires. En attendant, cette adulation l'accapare totalement, l'écartant des tentations en vogue : Wozniak affirmera plus tard qu'il n'a jamais touché à la drogue et n'a même pas bu d'alcool avant d'avoir 30 ans.

« Je détestais le goût de l'alcool et c'est encore le cas. En plus, j'avais un système mental qui fonctionnait bien et donc je ne voulais pas prendre de risques avec l'alcool ou la marijuana », a témoigné Steve Wozniak.

À l'examen d'entrée à l'université, Wozniak obtient la note maximale. Il entre ainsi à Berkeley, en Californie, à l'automne 1968. Durant l'année qui suit, il tombe sur la brochure d'un nouvel ordinateur de Data General, le Nova. Par curiosité, il tente d'en établir le design lui-même en prenant en compte les puces dont il connaît l'existence. À sa surprise, sa propre conception utilise deux fois moins de puces que l'ordinateur de Data General.

« Mes idées sur la conception ont alors changé à jamais. J'ai vu que l'on pouvait obtenir un produit aussi bon avec la moitié des puces nécessaires ailleurs ! C'était une grande leçon pour moi. Je voulais déjà réduire l'usage des puces à l'intérieur d'une machine. »

En cette année 1970, celui que l'on surnomme « Woz » a le profil idéal pour séduire Steve Jobs. Leur passion commune pour la technologie fait oublier leur différence d'âge – cinq ans séparent l'étudiant Wozniak de son ami lycéen. Au fil des mois, l'admiration de Jobs ne va cesser de grandir. Quel que soit le problème rencontré, y compris dans des domaines où il ne connaît rien, Wozniak trouve une solution, souvent brillante ! De plus, il dispose d'une capacité de concentration sans faille.

Les premiers faits d'armes des deux marginaux sont dignes de Pat Hibulaire (un malfaiteur créé par les studios Disney). Steve Jobs va exploiter l'inventivité de son comparse pour développer un bien drôle de commerce…

En octobre 1971, alors qu'il vient d'entamer sa troisième année à l'université de Berkeley, Wozniak tombe sur un article de fiction d'*Esquire Magazine* qui évoque les « Secrets de la boîte bleue ». Le texte évoque les activités d'ingénieurs opérant dans des camionnettes et utilisant des équipements spéciaux pour s'infiltrer dans les réseaux téléphoniques. Le héros du domaine est un dénommé Captain Crunch.

Fasciné, Wozniak téléphone à Jobs pour lui lire de longs extraits de l'article. Il lui fait alors remarquer un détail : cette prétendue fiction donne un grand nombre de précisions techniques et laisse à penser que son auteur évoque des faits bien réels. Il va jusqu'à indiquer quelles sont les fréquences que l'on pourrait utiliser pour effectuer des appels gratuits !

Le lendemain, Wozniak et Jobs se rendent à la librairie du SLAC, un laboratoire de physique dépendant de l'université de Stanford. Ils trouvent un livre qui spécifie les fréquences sonores permettant de téléphoner sans payer. Ce sont bel et bien celles mentionnées dans l'article d'*Esquire* !

De retour au domicile de Steve, les deux compères entreprennent la construction d'un appareil simulant lesdites fréquences. Au bout de quelques semaines, aidé des conseils d'un autre fervent de l'électronique de Berkeley, Wozniak achève la conception d'une boîte bleue, produisant les sonorités désirées.

Pour tester ses boîtes, Wozniak sollicite le concours d'un étudiant doté d'une « oreille absolue », la capacité à percevoir les notes exactes.

« Il me disait quelles étaient les tonalités qu'il entendait et je pouvais alors en déduire quelles étaient les diodes défectueuses. »

Pour Woz, la conception des boîtes bleues est avant tout un défi intellectuel, et il affirme qu'il ne s'en est jamais servi pour passer des appels gratuits.

« Je payais toujours mes propres appels. Je n'utilisais les boîtes bleues que pour tester ce qu'elles pouvaient accomplir », a-t-il affirmé.

Steve Jobs voit les choses sous un angle plus pratique. Il cherche à transformer la trouvaille de Wozniak en activité lucrative. Il s'improvise VRP, se chargeant de faire la démonstration des boîtes et d'en assurer la vente. Durant l'année 1971, le duo commercialise d'énormes quantités de ces appareils qui permettent d'appeler le monde entier sans être facturé. L'un de leurs principaux clients est un étudiant de l'université de Berkeley tandis qu'un autre est un fou du téléphone rencontré au hasard de leurs aventures téléphoniques. Le trafic occasionne parfois aussi quelques sueurs froides. Un jour, dans une pizzeria de Cupertino, Steve Jobs tente de vendre une boîte bleue à un homme. Une fois sur le parking, à défaut de sortir la somme demandée, l'intéressé brandit un fusil. Le plus étonnant, c'est que Jobs lui laisse son numéro de téléphone avec cette instruction :

« Appelez-moi pour me dire comment ça marche ! »

Au hasard de leurs pérégrinations, le duo découvre que le fameux Captain Crunch évoqué dans l'article d'*Esquire* existe bel et bien. Il se trouve qu'à cette époque, le fabricant de céréales Quaker Oats offre, à l'intérieur de ses paquets, un sifflet pour enfants. Or, « Captain Crunch » a découvert que ce sifflet reproduit la tonalité exacte utilisée par la compagnie de téléphone Bell pour les appels longues distances. Il s'est donc rendu célèbre en exploitant cette technique pour appeler sans payer à l'autre bout du monde.

Ayant appris qu'il donnait une interview sur une radio de la région, Jobs et Wozniak ont tenté de faire passer un message au mystérieux Captain Crunch sans obtenir de réponse. Un jour, un locataire du même campus vient voir Woz dans sa chambre et vend la mèche : il a été employé à la radio KKUP à Cupertino et y a croisé un certain John Draper. Ce dernier l'a mis dans la confidence : il n'est autre que le Captain Crunch !

Wozniak rencontre Draper à New York dans un Burger King et lui demande : « Comment puis-je être sûr que vous êtes Draper ? » Pour toute réponse, l'intéressé lui montre sa photo en couverture de l'hebdomadaire *Village Voice*. Une amitié prend forme.

Un jour, alors que Steve Jobs raccompagne Wozniak à son domicile de Los Altos à une heure du matin, sa voiture tombe en panne. Ils marchent jusqu'au garage le plus proche et, faute de mieux, décident d'utiliser leur boîte bleue pour appeler John

Draper afin qu'il vienne les chercher. Toutefois, les deux garçons attirent l'attention des forces de police.

« Nous avons eu très peur lorsque l'opérateur a pris notre appel, nous ne savions pas quoi dire, car deux flics sont arrivés. La main de Steve Jobs, celle qui tenait la boîte bleue, tremblait, raconte Wozniak. En réalité, à cause de notre look, les flics ont regardé dans les buissons pour voir si nous avions planqué de la drogue. Lorsqu'ils ont tourné le dos, Steve m'a passé la boîte bleue et je l'ai glissée dans une poche de ma veste. Les flics nous ont fouillés et ils ont trouvé la boîte bleue. Nous étions pris la main dans le sac. Toutefois, lorsqu'ils ont demandé ce que c'était, j'ai dit que c'était un "synthétiseur de musique électronique" et que nous obtenions des sons en appuyant sur les boutons du clavier. L'un d'eux a demandé à quoi servait le bouton rouge (celui de la prise de ligne). Steve Jobs leur a dit : "C'est pour la calibration." Ils étaient très intéressés par notre boîte. Ils l'ont conservée et nous ont demandé de monter dans leur voiture pour nous ramener à notre véhicule en panne. Nous étions sur le siège arrière, tremblants. Finalement, le flic assis sur le siège du passager s'est retourné pour me rendre la boîte bleue et nous a dit : "Un type appelé Moog (l'inventeur du synthétiseur du même nom) vous a battus !" Steve a répondu en disant que c'était Moog qui nous avait envoyé les schémas. Ils nous ont crus. »

Durant cette nuit-là, Draper vient chercher les deux garçons. Deux heures plus tard, alors qu'il a récupéré son automobile, Wozniak s'assoupit au volant et bousille son véhicule.

L'épisode du parking a eu l'effet d'un signal d'alarme : la perspective de séjourner en prison refroidit leurs ardeurs. Jobs abandonne la pratique, inquiet des conséquences légales. De son côté, Wozniak, déçu d'avoir perdu son véhicule alors qu'il n'avait pas d'assurance, juge qu'il est temps de trouver un travail. À la rentrée 1972, il va se faire embaucher comme programmeur chez Hewlett-Packard.

Pour Draper, les jours de liberté sont comptés. Il va bientôt être arrêté par le FBI et mis sous les verrous.

Durant l'été 1972 qui suit la fin du lycée, Steve Jobs vit avec sa petite amie d'alors, Chris-Ann Brennan, dans une petite maison en bois dans les régions montagneuses de Santa Cruz. Il s'essaye au LSD, mais abandonne très vite toute consommation. « D'un seul coup, le champ de blé s'était mis à jouer du Bach », confiera-t-il en souvenir[*].

L'adolescence de Steve Jobs tire à sa fin, il déborde de curiosité, mais manque de certitude quant à la voie qu'il devrait suivre. Chris-Ann Brennan rapporte qu'il lui aurait confié ceci : « Un jour, je serai riche et célèbre !... »

À cette époque, un magazine alternatif que Jobs adore, le *Whole Earth Catalog* cesse sa parution. Ce catalogue recensait des produits alternatifs associés à la contre-culture, permettant notamment de vivre en autosuffisance. « C'était une revue idéaliste débordant d'outils épatants et de notions géniales », dira plus tard Jobs.

Sur la dernière édition du *Whole Earth Catalog*, en dos de couverture, l'image d'une route de campagne apparaît. Un slogan est scandé, en guise d'au revoir :

« Demeurez affamé. Demeurez fou. »

Cette devise va marquer Jobs à jamais...

---

[*] "The Updated Book Off Jobs", *Time*, 3 janvier 1983.

Chapitre 3

Prise de conscience

« Lorsque je l'ai connu au Reed College, c'était un individu silencieux, d'apparence très timide.

Steve Jobs était quelqu'un d'intense, de profond et c'était avant tout un bon ami qui a su se montrer généreux lorsque j'avais besoin d'aide. C'était quelqu'un d'altruiste, très intéressé par la philosophie et la spiritualité.

Rien ne montrait qu'il pouvait avoir de l'ambition.

Il était aussi très secret... »

Telle est la description qu'a donnée de Jobs son ami d'alors, Daniel Kottke.

Il est probable que le fils de Paul et Clara Jobs se reconnaît dans la chanson qu'a écrite Brian Wilson, leader des Beach Boys, *I Just Wasn't Made for These Times* (je n'étais pas fait pour cette époque), dans un album expérimental entré dans la légende, *Pet*

Sounds. Wilson a voulu décrire son malaise personnel : il se sentait un peu trop en avance sur son époque et avait l'impression que l'on n'arriverait pas à le suivre…

> « *Je cherche en vain un endroit où je pourrais me sentir*
> *dans mon élément*
> *Où je puisse exprimer ce que je ressens*
> *J'ai longuement tenté de trouver les gens*
> *Que je n'allais pas laisser derrière moi (…)*
> *Je n'arrive pas à trouver quelque chose où je pourrais mettre*
> *mon cœur et mon âme.* »

Depuis, Brian Wilson a été désavoué par les autres membres des Beach Boys qui jugeaient son approche trop « avant-gardiste » et il a lentement décroché de la réalité. Il passe ses jours chez lui, désœuvré et dépourvu d'inspiration.

L'humeur de Steve Jobs n'est pas bien éloignée de celle du démiurge Wilson. Il n'est pas à sa place dans ce monde dont il peine à repérer les clés. Quel rôle pourrait-il y jouer ? L'esprit en décalage, il cherche confusément sa voie. À défaut de trouver des réponses dans le savoir universitaire, il va les chercher dans les spiritualités orientales…

« Dix-sept ans après ma naissance, j'entrais à l'université. J'avais naïvement choisi un établissement presque aussi cher que Stanford, et toutes les économies de mes parents servirent à payer mes frais de scolarité », a raconté Jobs.

« Stephen Paul avait l'habitude de dire que s'il ne pouvait pas aller au Reed College, il n'irait nulle part ailleurs », s'est rappelé son père Paul[*].

Situé en Oregon, au nord de la Californie, le Reed College a la réputation d'être non conformiste de par la diversité de son cursus : sciences, histoire, littérature… Le campus s'étend sur 47 hectares avec un style architectural inspiré de l'université britannique d'Oxford. Le hic, c'est que le Reed College est une université

---

[*] "The Updated Book Off Jobs", *Time*, 3 janvier 1983.

privée et l'une des plus chères des États-Unis. Une année de scolarité représente 8 000 dollars, ce qui est une somme conséquente en ce début des années soixante-dix. Les dollars patiemment amassés par Paul et Clara Jobs ont cependant été alloués à des études au Reed College, conformément à la parole jadis donnée à la mère biologique de Stephen.

D'emblée, Steve Jobs se retrouve dans une situation inconfortable. Les étudiants qui fréquentent le Reed College sont pour la plupart issus de familles aisées. Jobs, s'il est inscrit à l'université, n'a aucunement les moyens de s'offrir sa propre chambre sur le campus. Faute de mieux, il dort à même le sol dans des chambres d'amis. Il partage le plus souvent celle de Lawrence Philips, un garçon dont l'allure n'est pas sans rappeler la sienne : plutôt grand et maigre avec de longs cheveux foncés, la différence étant qu'il porte des lunettes.

Au bout de quelques semaines, Lawrence Philips fait venir l'un de ses amis, Dan Kottke, dans la chambre de sa résidence. Les cheveux en bataille sur un visage fin et espiègle, Kottke est une personne sociable et naturellement amicale. Lorsqu'il fait la connaissance de Steve Jobs, ce type un peu paumé qui squatte la chambre de Philips, un détail le sidère : ce garçon qui n'a pas les moyens de se payer une chambre n'en possède pas moins un énorme magnétophone de qualité professionnelle !

« Je ne savais pas comment Steve Jobs avait pu se procurer un équipement aussi impressionnant et coûteux. Sur les bandes de ce magnétophone, il possédait des douzaines d'heures d'enregistrements pirates de Bob Dylan ! Et ça, c'était vraiment cool ! », témoigne Dan Kottke.

La rencontre de Kottke marque un nouveau tournant dans la vie de Jobs. C'est un livre qui sert de déclencheur, *Be Here Now* (Soyez ici maintenant) de Ram Dass, un auteur qui a adopté ce pseudonyme en remplacement de son nom officiel, Dr Richard Alpert. Ram Dass raconte le voyage qu'il a mené en Inde en 1967, et comment il y a découvert la spiritualité et la méditation. Durant son épopée, Ram Dass dit avoir rencontré un gourou du nom de Neem Karoli Baba, également connu comme Maharajji.

Kottke a acheté un exemplaire de *Be Here Now* à la librairie de Reed College et Jobs a fait de même, la même semaine. Dès lors, les discussions qu'ils entretiennent autour de ce livre servent de ferment à une solide amitié. Ensemble, ils passent de longues soirées à discuter d'ésotérisme et de spiritualité indienne.

L'attrait pour les philosophies orientales les rapproche et tous deux dévorent d'autres livres qui traitent de ce thème. Jobs se plonge dans la lecture de *Zen Mind, Beginner's Mind* de Suzuki Roshi[*], *Cutting Through Spiritual Materialism* de Chogyam Trungpa[†], *Cosmic Consciousness*[‡], un livre écrit au tout début du xxe siècle par Richard Maurice Bucke et aussi *Rencontre avec des hommes remarquables*, de Gurdjieff.

« Gurdjieff avait fortement impressionné Jobs car, avant de devenir un leader spirituel, c'était un homme plein de ressources qui allait de ville en ville, proposant de réparer les appareils cassés des gens ! Cela lui plaisait beaucoup », raconte Kottke.

Séduits par ces courants de pensées exotiques, Jobs et Kottke jurent d'arrêter de manger de la viande et deviennent tous deux végétariens, épousant alors le principe d'un slogan à la mode "You are what you eat" (tu es ce que tu manges). Steve Jobs est le plus intègre dans cette tentative d'épuration des sens par la nourriture : il peut se contenter d'une boîte de céréales qu'il fait durer toute une semaine. La raison n'est pas qu'éthique : le budget qu'il peut consacrer à la nourriture est particulièrement limité.

« Tout n'était pas rose. Je n'avais pas de chambre dans un foyer, je dormais à même le sol chez des amis. Je ramassais des bouteilles de Coca-Cola pour récupérer le dépôt de 5 cents et acheter de quoi manger », a raconté Jobs.

---

[*] *Esprit zen esprit neuf*, Le Seuil, 1977.
[†] *Pratique de la voie tibétaine : au-delà du matérialisme spirituel*, Le Seuil, 1976.
[‡] *La Conscience cosmique*, éd. du IIIe Millénaire, 2008.

Le dimanche soir, Jobs marche avec son ami Kottke durant une dizaine de kilomètres, traversant la ville afin de pouvoir bénéficier d'un copieux repas végétarien au temple de Hare Krishna de Portland. « Un régal ! », confiera Jobs.

« Nous n'allions pas là-bas pour des raisons religieuses. Nous étions juste des étudiants affamés, attirés par de la bonne nourriture qui était gratuite. Tout ce que nous avions à faire pour obtenir un repas était de nous tenir debout durant un petit moment et de chanter avec eux ! », relate Kottke.

S'il est un individu dont l'attitude impressionne Jobs, c'est le président du corps des étudiants, Robert Friedland. Bien des années plus tard, Friedland récoltera le triste surnom de « Toxic Bob » pour avoir opéré un site d'extraction d'or à Summitville dans le Colorado et entraîné un désastre écologique sans précédent – plus de 20 kilomètres de fleuve seront pollués par du cyanure. Pour l'heure, ce beau parleur exerce un pouvoir d'attraction digne d'un gisement de magnétite envers ses congénères.

« Robert Friedland était incroyablement charismatique. Je n'avais jamais connu de personnalité de ce genre. Il me semble que Steve Jobs a acquis un certain nombre de ses aptitudes à convaincre les autres chez Friedland », estime Kottke.

En cette rentrée 1972, Robert Friedland revient d'un voyage d'été en Inde et il se plaît à raconter comment il a visité l'ashram de Neem Karoli Baba. Électrisés, Jobs et Kottke boivent la moindre de ses paroles. C'est en écoutant ses récits aventureux qu'ils élaborent un rêve : se rendre eux-mêmes en Inde. Qui sait ? Dans cette contrée lointaine, ils pourraient bien trouver la sagesse évoquée dans leurs lectures… Friedland leur prodigue toutes sortes d'informations utiles au pays de Krishna : qui contacter, où loger…

Steve Wozniak, de son côté, est entré chez Hewlett-Packard où il est affecté au design d'ordinateurs. Durant son temps libre, il gère un service téléphonique conçu dans l'esprit des Marx

Brothers, "Dial-a-joke" : on appelle un numéro et on entend alors une blague. C'est en testant ses boîtes bleues que Wozniak a découvert qu'il existait de nombreux services de ce type dans le monde et a donc décidé de monter le premier "Dial-a-joke" de la région de San Francisco.

En 1973, les répondeurs n'existent pas, Wozniak est donc obligé de louer une machine très coûteuse, fabriquée pour les réservations des théâtres. Il installe ledit appareil dans son appartement de Cupertino et passe diverses annonces dans des fanzines locaux pour promouvoir son "Dial-a-joke". Parfois, Wozniak répond à un appel en direct, il prend alors un accent russe prononcé et apparaît sous le nom de Stanley Zebrezuskinitski. C'est à l'occasion d'un de ces appels qu'il va rencontrer sa future épouse.

« Je recevais tellement d'appels que je devais constamment changer le numéro. Faute de quoi, on pouvait recevoir 100 appels par jour ! », s'est rappelé Wozniak.

Absorbé par ses lectures, Jobs a trouvé une raison de vivre. Le souci, c'est qu'en toile de fond, il traîne un sentiment de culpabilité tenace. Le cursus de Reed College l'indiffère au plus haut point. Il a commencé par sécher certains cours et, progressivement, il a purement et simplement cessé de suivre le programme normal. Il en est venu à la conclusion qu'à tout prendre, il devrait pouvoir réussir sa vie sans avoir nécessairement un diplôme.

« Au bout de six mois, je ne voyais toujours pas la justification de mes études. Je n'avais aucune idée de ce que je voulais faire dans la vie et je n'imaginais pas comment l'université pouvait m'aider à trouver ma voie. J'étais là, en train de dépenser tout cet argent que mes parents avaient épargné leur vie durant... »

Au risque de peiner Paul et Clara, Jobs décide d'abandonner ses études. Sa démission présente un avantage, même s'il ne s'agit que d'un pis-aller : Reed College lui rembourse une partie de ses frais de scolarité et il juge préférable de redonner à ses parents un peu de cet argent qu'ils ont durement gagné.

« Ses parents étaient heureux de payer son éducation et ils auraient volontiers continué à le faire », estime pour sa part Dan Kottke.

Libéré de toute obligation, Jobs décide de suivre certains cours en tant qu'auditeur libre. Il assiste avec intérêt aux exposés sur la littérature, notamment tout ce qui peut concerner William Shakespeare. Il se passionne par ailleurs pour la calligraphie. Envoûté, il découvre tout ce qui concerne l'empattement des caractères, les espaces entre les différents groupes de lettres, les détails qui font la beauté d'une typographie.

« C'était un art ancré dans le passé, une subtile esthétique qui échappait à la science. J'étais fasciné. »

Le séjour de Jobs au Reed College se poursuit durant la majeure partie de l'année 1973, agrémenté de longs débats avec Dan Kottke sur le sens de l'existence qui peuvent se prolonger jusqu'à des heures avancées de la nuit. Un nouveau livre marque bientôt Jobs : *Rational Fasting* (*Santé et Guérison par le jeûne*), d'Arnold Ehret. Ébloui par la doctrine de ce docteur disparu en 1922, Jobs décide de devenir un « fruitarien », c'est-à-dire de ne manger que les parties des plantes qui ne tuent pas celles-ci : fruits, graines, noisettes… Il se plie également à de longs jeûnes.

Pourtant, la situation de marginal bénéficiant d'un statut indéterminé vis-à-vis de l'université vient progressivement à lui peser. Jobs ne peut demeurer indéfiniment oisif, et l'envie de réaliser quelque chose émerge peu à peu, faisant ressurgir sa passion première : l'électronique. Après dix-huit mois d'une vie de paria à Reed College, Jobs repart pour la Californie. L'affaire est décidée : il va faire carrière dans le domaine de la technologie.

Au début de l'année 1974, Jobs découvre une bien curieuse annonce passée dans un magazine local par Atari. Fondée deux ans plus tôt, cette firme de jeux vidéo a le vent en poupe. Sa cabine de jeu *Pong*, une simulation de tennis, est en train de devenir un succès au niveau national. L'annonce passée par Atari semble avoir tout pour plaire : « Amusez-vous en gagnant de l'argent ! »

Steve Jobs est la quarantième personne employée par Atari. Au sein de cette société californienne, le garçon ne dépare pas la couleur locale avec ses vêtements et ses longs cheveux. La nouvelle recrue apparaît pourtant comme un individu tourmenté, obsédé par une idée fixe : se rendre en Inde. Son travail consiste à suggérer des améliorations aux jeux produits par Atari.

« Son esprit fonctionnait à toute vitesse », a confié Al Alcorn, ingénieur en chef chez Atari. Pourtant, les gens du laboratoire ne l'appréciaient pas. Ils le trouvaient arrogant et bravache[*]. » À vrai dire, Jobs se montre si peu sociable qu'un compromis est progressivement trouvé : il viendra travailler la nuit.

Le rêve d'un voyage en Inde est demeuré vif. Au bout de quelques mois, ayant rassemblé le pécule nécessaire pour le grand voyage, Jobs vient annoncer à ses collègues son départ en terre orientale. Il se trouve qu'Atari compte l'envoyer pour une mission en Suisse. Jobs compte s'offrir un billet d'avion de la Suisse vers l'Inde, ce qui revient beaucoup moins cher.

Avant de s'envoler pour l'Europe, Jobs reprend contact avec Dan Kottke, qui poursuit ses études au Reed College. Ils en ont tous deux rêvé, ils doivent vivre cette aventure en duo. Comme prévu, Kottke répond présent à l'appel : il le rejoindra à New Delhi une dizaine de jours après l'arrivée de Jobs. Tous deux envisagent, parmi d'autres quêtes, de gagner l'ashram du fameux gourou Neem Karoli Baba.

« C'était une sorte de pèlerinage ascétique, a raconté Kottke, si ce n'est que nous ne savions pas trop où nous allions au juste… »

Steve Jobs débarque dans la ville bariolée de New Delhi vers le début mai. La capitale de l'Inde paraît évoluer dans un

---

[*] "The Updated Book Off Jobs", *Time*, 3 janvier 1983.

temps parallèle, avec ses ruelles étroites et surpeuplées où il peut arriver de croiser un éléphant grimé qui fait office de calèche, ses échoppes qui regorgent de graines et de fruits exotiques, ses images de sages bienveillants peintes à même les murs... Pour un dépaysement, c'en est un. Jobs a convenu de retrouver Dan Kottke dans un hôtel particulier de la ville. Une fois sur place, il prend rapidement congé, estimant que ce lieu recommandé par Friedland pratique des tarifs prohibitifs. Après avoir repéré une auberge moins coûteuse, il laisse un mot à l'hôtel à l'attention de Dan Kottke afin que ce dernier puisse retrouver sa trace.

L'un des premiers objectifs des deux garçons à leur arrivée en Inde en ce printemps 1974 est d'assister à la Khumba Mela ou « fête de la cruche », une manifestation cérémonielle qui se déroule environ tous les trois ans. La Khumba Mela accueille des millions d'Hindous – il s'agit du plus grand rassemblement religieux sur la Terre.

Au bout de quelques jours dans la capitale indienne, Steve Jobs piaffe d'impatience : il s'ennuie à New Delhi. Tandis qu'il arpente les rues de cette ville pour touristes, la Khumba Mela est en train de se dérouler. Après avoir fait connaissance d'un autre Occidental qui se rend à cette fête, à Rishikesh dans le nord de l'Inde, il l'accompagne sans attendre.

À Rishikesh, Jobs se retrouve immergé dans une atmosphère qui dépasse tout ce qu'il a pu entrevoir. Le défilé des ascètes couverts de cendre, dont la plupart avancent nus comme des vers, paraît interminable. S'ils sont descendus un à un des hauteurs de l'Himalaya, c'est aussi pour participer au rite de l'immersion dans le fleuve Gange, censé permettre aux baigneurs de se laver de leurs péchés et interrompre le cycle de la réincarnation. Ils sont eux-mêmes suivis par une foule interminable de citadins ou pèlerins avançant avec la même lenteur solennelle que les chameaux peinturlurés. Ils sont venus de toute l'Inde pour participer au rite de l'immersion.

À proximité du fleuve Gange, Jobs est interpellé par un homme du nom de Nahar, un yogi français qui se distingue par un large sourire accompagné d'un rire tonitruant. Sans lui dire un mot, Nahar fait venir ce visiteur occidental à lui et le mène près d'un arbre. Sans qu'il ait eu le temps de comprendre ce qui se passe au juste, le gourou entreprend de lui couper les cheveux à ras !

Si les sens de Jobs demeurent subjugués par la vision de ces multitudes d'Indiens le plus souvent vêtus de couleurs orangées, les mille et une senteurs d'épices et les mélopées de dévotion qui s'élèvent dans l'azur, le spectacle est bientôt gâté par des préoccupations du monde bien physique : inaccoutumé à la nourriture locale, Jobs récolte une dysenterie. Il décide de rentrer au plus vite à New Delhi.

Lorsque Dan Kottke débarque en Inde, il se rend à l'hôtel dans lequel Jobs était censé séjourner. Il apprend alors qu'il serait parti sans laisser d'adresse – le message qu'a laissé Jobs ne lui est aucunement remis. Faute de mieux, Kottke arpente les rues de New Delhi en solitaire durant trois jours. Il finit par tomber sur son ami du College Reed et manque de ne pas le reconnaître : il a la surprise de découvrir Jobs avec une coupe de cheveux digne d'un moine ! Le jeune homme rasé apprend à Kottke qu'il revient de la Khumba Mela et qu'il n'est plus question pour lui d'y retourner.

« J'aurais adoré y aller, mais je n'ai pas particulièrement insisté », raconte Kottke.

Les deux garçons se rendent tout d'abord dans la montagne de Kumoan à l'est de l'Inde. Ils entendent gagner la petite ville de Kainchi où se trouve l'ashram de Neem Karoli Baba, ce fameux gourou qui a eu tant d'influence sur Ram Dass.

Une déception est au rendez-vous : lorsqu'ils débarquent dans l'ashram, ils découvrent qu'il ne s'y passe plus rien ! Six mois plus tôt, le gourou est passé de vie à trépas. Là où Friedland avait dépeint des scènes fabuleuses, avec des centaines de hippies américains et européens, le lieu est quasi désert. Pour marquer une pause dans leur périple, ils louent une chambre très bon marché dans une maison située à proximité de l'ashram. Ce lieu va leur servir de port d'attache durant plusieurs semaines où ils vont parcourir les vallées avec leur sac à dos.

D'autres déconvenues les attendent. Les deux garçons font de l'auto-stop sur la Rohtang Pass, la route de montagne la plus élevée du monde, afin de gagner le Tibet. Arrivés près des frontières, ils se trouvent contraints de rebrousser chemin : ils ne disposent pas de vêtements assez chauds pour affronter le climat glacial de l'Himalaya !

Durant ce séjour, Kottke découvre que Jobs entretient un jardin secret et qu'une partie de son existence lui est réservée en exclusivité. Un jour, alors qu'ils sont de retour dans leur maison de Kainchi, Jobs lui annonce qu'il va entreprendre un voyage en solitaire. Il s'abstient fermement de dire à son compagnon de route où il compte aller au juste, et se contente de dire : « Il faut que je m'en aille durant quelques jours. »

Il se trouve que Jobs a lu un livre de Lama Govinda, l'un des fondateurs du mysticisme tibétain et qu'il s'est mis en tête de rencontrer ce vieux gourou. Durant plusieurs jours, Kottke passe son temps à lire les nombreux livres sur le bouddhisme et la spiritualité qu'il a rassemblés. Lorsqu'il revient à Kainchi, Jobs n'en touche pas un mot à Kottke – ce dernier ne découvrira la chose que par hasard, bien plus tard.

L'un des lieux que Robert Friedland leur a recommandés est Manali, une ville qui abrite une colonie de Tibétains venus se réfugier en Inde à la suite de l'intrusion chinoise qui a forcé le Dalaï-lama à l'exil. Pour parvenir à Manali, ils doivent endurer un interminable voyage en bus. Sur place, ils découvrent avec stupeur qu'il s'agit du lieu où se rendent couramment les Occidentaux pour trouver du hachisch ! Si Kottke est émerveillé de voir les plantes géantes de cannabis qui poussent à Manali, Jobs garde ses distances, ayant tiré un trait sur les paradis artificiels. Tous deux dégustent avec délice une baignade dans les sources chaudes de Manali au pied de splendides montagnes.

L'idéalisme de Steve Jobs est intact. Il rencontre un jour un jeune garçon qui lui dit avoir perdu son billet d'avion de retour. Jobs lui donne son propre billet alors qu'il n'a pas les moyens d'en acheter un autre ! Il déclare à ce voyageur qu'il lui fait confiance pour envoyer un autre billet depuis les États-Unis. L'intéressé tiendra parole.

Les préoccupations spirituelles de Jobs contrastent parfois avec des comportements plus terrestres. Il ne peut s'empêcher de marchander sauvagement les prix dès lors qu'il se retrouve dans un marché. De façon plus étonnante, il va jusqu'à déshabiller le haut d'une femme hindoue en affirmant qu'il veut faire couler son lait[*].

Jobs et Kottke visitent plusieurs ashrams, espérant notamment rencontrer un homme de légende du nom de Harrekan Baba. Censé avoir plus de cent ans, ce sage se serait réincarné plusieurs fois. Un jour, après une marche épuisante, ils parviennent à destination et découvrent, à proximité d'une rivière, un homme de 30 ans qui se présente comme Harrekan Baba. Étrangement, l'intéressé apparaît comme un homme très efféminé dont l'intérêt principal semble être de porter des vêtements féminins et colorés qu'il change plusieurs fois par jour.

« Nous l'avons trouvé comique mais avant tout ridicule ! », s'amuse Kottke.

Pour les deux visiteurs venus de Californie dans le but de trouver un sens à leur vie, le désenchantement est tout de même fort. L'Inde abrite une réalité rude et pénible, bien éloignée de l'univers idéalisé et contemplatif que leurs lectures ont laissé entrevoir. La richesse architecturale et culturelle cohabite bien souvent avec une misère qui les choque profondément. Elle ne correspond aucunement au mythe entrevu dans leurs lectures. À défaut de trouver l'illumination, Jobs et Kottke frôlent la mort lors d'une violente tempête.

---

[*] *Ibid.*

Lorsque Kottke se fait voler son sac de couchage vers la fin juillet, l'aventure se termine prématurément. Il y avait dissimulé tous ses traveller's cheques et se retrouve sans le sou. Ils doivent retourner à New Delhi afin que Kottke puisse demander le remboursement de ses chèques de voyage. Hélas, la déception se poursuit : le bureau local de traveller's cheques refuse de restituer à Kottke les dollars qui lui sont dus. Passablement perturbé par la chose, Kottke reçoit alors un soutien inespéré de la part de son ami d'infortune. Trois mois se sont écoulés et le visa de Steve Jobs est sur le point d'expirer. Kottke, pour sa part, dispose d'un billet d'avion de quatre mois et d'un visa étendu. Jobs lui donne tout l'argent qu'il lui reste, soit un peu plus de 150 dollars, afin que Kottke puisse rester en Inde jusqu'à la fin août.

« Cela représentait un bon pécule pour cette époque, relate Kottke. C'était vraiment généreux de sa part ! »

Jobs revient en Californie en août 1974, alors que ses cheveux ont commencé à repousser. Ce long voyage en Inde a profondément modifié sa vision de la vie.

« Nous n'avons pas trouvé d'endroit où nous pourrions passer un mois en vue d'être illuminés. C'est à cette occasion que j'ai commencé à penser que Thomas Edison avait peut-être fait davantage pour améliorer le monde que Karl Marx et Neem Karoli Baba réunis. »

Toujours à la recherche de réponses, Jobs se met en quête de retrouver ses parents biologiques. Il séjourne brièvement dans une communauté hippie sans y trouver davantage de contentement.

« Une fois, je m'étais endormi sous une table de la cuisine. Au milieu de la nuit, j'ai entendu plusieurs personnes venir. Ils dérobaient la nourriture des uns et des autres[*] », a raconté Jobs.

---

[*] *Ibid.*

Le temps des expériences est révolu. C'est dans l'univers de la technologie qu'il entend s'épanouir, au sein d'un monde qui, à défaut d'être idéal, se révèle prévisible : le business.

Steve Jobs reprend contact avec le fondateur d'Atari, Nolan Bushnell, et ce dernier n'est que trop heureux de lui confier à nouveau son travail dans l'usine de Los Gatos. Comme précédemment, il est entendu qu'il viendra la nuit – s'il est apprécié de Bushnell, bien d'autres employés ne souhaitent aucunement croiser cet individu fantasque durant leurs heures de travail. Le travail de Jobs consiste là encore à examiner les jeux conçus par les ingénieurs à Grass Valley, dans le Nevada, et proposer des changements : ajouter des sons, modifier la palette de couleurs…

À défaut d'être un technicien, Jobs sait qu'il peut s'assurer le concours de Wozniak, qui est un grand amateur de jeux vidéo.

« Steve Jobs n'a jamais écrit une seule ligne de programme, affirme Wozniak. Il n'a pas davantage réalisé de design original. En revanche, il en connaissait assez sur la technique pour modifier ou améliorer le design des autres. »

À ses heures, Wozniak a même programmé son propre jeu vidéo. Lorsqu'il a découvert la simulation de tennis *Pong* d'Atari, le premier succès du domaine, il a immédiatement entrepris de réaliser sa propre version. Petit détail : sur le *Pong* de Wozniak, lorsque l'on rate la balle, la mention « Oh m… » apparaît sur l'écran. Il n'empêche : les gens d'Atari ont été impressionnés par cette réalisation et ont même cherché à embaucher Woz !

Jobs convie régulièrement Wozniak à venir le voir la nuit chez Atari pour qu'il puisse jouer gratuitement à *Gran Trak*, un simulateur de conduite qu'il adore. Wozniak est honoré : il considère qu'Atari est l'une des entreprises les plus importantes du monde ! Jobs, pour sa part, sait qu'il peut faire appel à Woz chaque fois qu'il est confronté à un problème de taille.

Vers la fin de l'année 1974, Nolan Bushnell a l'idée d'un nouveau jeu, *Breakout,* dans lequel un joueur devrait briser un mur de briques pour se libérer. Lorsqu'il évoque ce jeu à ses ingénieurs, ils estiment le délai de réalisation à plusieurs mois. Le hasard veut qu'il en parle à Jobs. Surprise, l'employé de nuit se vante de pouvoir réaliser *Breakout* en quatre jours ! Bushnell lance un défi à Jobs : s'il peut réellement programmer le jeu dans un tel délai, il touchera une belle prime.

Jobs ne possède aucunement les compétences nécessaires, mais il sait pertinemment que Wozniak peut réaliser *Breakout* dans le temps imparti. Il n'est pas déçu ; le zélé barbu conçoit le circuit nécessaire et programme le jeu en Basic. Il crée bel et bien *Breakout* en quatre nuits de travail chez Atari. Pour Woz, c'est une vraie révélation :

« Jusqu'alors, je n'avais pas réalisé à quel point le logiciel pouvait aider à créer des jeux. J'ai dit à Steve Jobs que les jeux ne seraient plus les mêmes désormais. Rien qu'en y pensant, je me mettais à trembler ! »

Signe patent du génie de Wozniak, *Breakout* repose sur un nombre extrêmement faible de composants : trente-six, au total. Seul problème : Jobs se révèle incapable d'expliquer aux ingénieurs d'Atari comment il a pu créer *Breakout* ! Pas dupe, l'ingénieur Al Alcorn d'Atari, devra reprendre lui-même une grande partie du design.

Pour *Breakout*, Jobs reçoit la coquette somme de 5 000 dollars. Il en rétrocède 350 à Wozniak qui, sur le moment, considère cette somme comme un joli bonus sur son salaire de Hewlett-Packard. Bien plus tard, lorsqu'il apprendra que le partage a été inéquitable, il se sentira outragé !

En janvier 1975, un événement sans précédent secoue le monde des fans d'informatique. Le tout premier micro-ordinateur vient d'apparaître : l'Altair ! C'est une société du Nouveau-Mexique, MITS, qui revendique cet exploit. Comme d'autres, Woz et Jobs sont surexcités par cette annonce. Ils en rêvaient depuis des lustres.

Deux mois plus tard, Wozniak invite Jobs au *Homebrew Computer Club*. Ce club dont les réunions se tiennent au laboratoire de physique de Stanford rassemble les mordus de micro-informatique de la région. Ce jour-là, quelqu'un doit venir avec un Altair. Ils vont pouvoir le regarder, le toucher, le manipuler.

Le créateur de génie qui sommeille en Wozniak ne peut qu'être déçu par l'Altair. La merveille tant attendue s'apparente à de la quincaillerie de bas étage. Elle consiste en une grande carte logée dans un boîtier. Pour le programmer, il est nécessaire de manipuler des manettes disposées sur sa face avant. Quant aux résultats de ses calculs, il les présente par le biais de diodes lumineuses !

Wozniak, tout comme Jobs, affiche sa déception. Frustre et primitif, l'Altair est loin de répondre à leurs aspirations. Après avoir décortiqué l'appareil, Wozniak conclut qu'il pourrait aisément faire mieux.

Jobs, pour sa part, veut voir plus loin : pourquoi ne pas créer un beau boîtier pour intégrer les circuits de l'ordinateur, permettre de contrôler l'entrée des informations avec un clavier et afficher les données sur un écran ?

Immédiatement, Wozniak se met à la tâche...

Deuxième vie

La gloire de Steve

Chapitre 4

Ma petite entreprise

C'est un si bel été... 1975 appelle à la décontraction, à la bonne humeur. Les hippies d'un jour entrent un à un dans la vie active et les quelques liens entretenus avec les années de contestation apparaissent ici et là : costume en toile de jean, cheveux mi-longs mais soigneusement coiffés, petite barbe bien taillée. Bien des rebelles d'hier sont tentés par le farniente. Il est vrai que les combats passés se sont dissous, faute de combattants : l'épisode du Vietnam est achevé, le vil Nixon a donné sa démission de la présidence. L'Amérique entre dans une ère de repli. Et si l'on s'occupait juste de soi, du bien-être au quotidien ?

Steve Jobs a retrouvé son ami Dan Kottke. Si le périple indien s'est soldé par une désillusion, l'attrait pour les expérimentations alternatives demeure présent, quoique bien atténué. À ses heures, Jobs continue d'expérimenter le régime fruitarien vanté par le Docteur Ehret, une alimentation qui se compose de fruits, de graines et de fruits secs.

Sous la chaleur d'un soleil écrasant, Jobs et Kottke se sont retrouvés dans une ferme de l'Oregon. Ils passent un moment idyllique, tout en fous rires et bonne humeur, comme s'ils jouaient une ultime prolongation de l'insouciance des jeunes années. Ils savourent pleinement ce dernier entracte et y repenseront parfois avec une douce nostalgie.

Durant une dizaine de jours particulièrement joyeux et sereins, les deux amis ne consomment qu'un seul et même fruit, celui-là même qu'ils cueillent à longueur de journée dans la Robert's Apple Farm…

Des pommes !

Dès son retour à San Francisco, Steve Jobs concentre toute son attention sur l'ambitieux projet de Wozniak : développer un micro-ordinateur surpassant l'Altair. Il lui apporte avant tout une aide pratique. Wozniak est invité à s'installer dans la chambre de la sœur de Steve Jobs afin d'effectuer montages et soudures. Il se charge également de dénicher les composants dont Woz pourrait avoir besoin. Si le zélé barbu a un don majeur, c'est celui de la synthèse : il n'a pas son pareil pour simplifier, rationaliser, optimiser les circuits électroniques nécessaires pour accomplir une tâche donnée. Avant tout, il a trouvé une astuce pour connecter sa machine à un écran de télévision. Lors d'un salon informatique de San Francisco, Steve Wozniak déniche un composant essentiel : le fabricant de puces Motorola brade l'un de ses microprocesseurs, le 6502.

Tandis que Wozniak fabrique la machine, Steve Jobs apporte quelques suggestions relatives au design – il a notamment l'idée de doter l'ordinateur d'une alimentation à faible chaleur. Par ailleurs, il se charge de tous les contacts avec l'extérieur.

Vers la fin de l'année 1975, l'ordinateur de Woz fait sa première sortie dans le monde. Ce premier contact est crucial car il doit affronter le regard d'un redoutable public de connaisseurs, des touche-à-tout, des sorciers du même acabit que Woz : les membres du Homebrew Computer Club. Le prototype que présentent Wozniak et Jobs passe son examen haut la main. Là où l'Altair n'est qu'un boîtier conçu à la spartiate, leur modèle est relié à un gros téléviseur Sears sur lequel apparaît ce que l'on programme en Basic. Comme ils pouvaient s'y attendre, les interrogations pleuvent. De par sa nature partageuse, Woz distribue les schémas de sa création à qui le désire. Il accepte même de se rendre au domicile d'autres férus de circuits électroniques afin de les aider à construire leur propre ordinateur.

Une scission se dessine alors entre Jobs et Woz : ce dernier ne cherche aucunement à user de ses talents pour faire de l'argent, tandis que Jobs perçoit immédiatement le potentiel de leur création… Wozniak est doté d'un talent digne d'un Edison, à même de faire éclore les chefs-d'œuvre de ce domaine encore balbutiant qu'est la micro-informatique. Il reste à prêcher la bonne parole et ce rôle incombe à Jobs.

Du jour au lendemain, il semble qu'une mouche ait piqué Jobs. En un flash, il vient d'entrevoir le futur. Ce qu'il leur faut, ce sont des fonds, un soutien financier de la part d'un parrain digne de ce nom. La première société à laquelle il pense naturellement est Atari, celle où il a son travail de nuit.

Avant que Wozniak ait pu comprendre ce qui se trame, une visite est organisée au domicile d'Allan Alcorn, le tout premier ingénieur embauché par Nolan Bushnell, fondateur d'Atari.

Face à Alcorn, Wozniak effectue une démonstration de l'ordinateur et Jobs fait l'article, disant en substance :

« Nous avons cette chose extraordinaire, construite en partie avec des pièces de chez vous. Que diriez-vous de nous financer ? Tout ce que nous voulons, c'est construire cet ordinateur.

– La période n'est pas propice, déplore Alcorn. Nous n'avons pas de place pour un ordinateur personnel chez Atari en ce moment... »

Bushnell et Alcorn ont en effet d'autres chats à fouetter. Atari vient de lancer son premier jeu vidéo familial, une version réduite de *Pong* fonctionnant sur un téléviseur. Toute l'énergie de la société est concentrée sur ce produit, qui connaît un beau succès, ainsi que sur le développement d'autres jeux pour le marché domestique.

Qu'à cela ne tienne. Puisque Atari ne veut pas de leur création, il suffit de la proposer à Hewlett-Packard (HP), l'employeur de Woz et, accessoirement, l'un des plus grands fabricants d'ordinateurs au monde ! Bonne pâte, ce dernier consent à en toucher un mot à son directeur de laboratoire.

Durant la réunion, Jobs assume un rôle de bateleur, pour mieux faire ressortir les mérites de leur création : un ordinateur de taille réduite que l'on peut brancher à un simple téléviseur. Si HP leur passe commande, ils peuvent fournir des modèles pour 800 dollars pièce. L'enthousiasme de Jobs se heurte toutefois à une réaction conservatrice : l'ordinateur de Wozniak est un produit pour les amateurs, et telle n'est pas la clientèle de Hewlett-Packard qui dessert les plus grandes entreprises d'Amérique. Et comme Jobs se montre insistant, le directeur du laboratoire le prend de haut : si HP décidait un jour de se lancer dans la micro-informatique, ils n'auraient pas besoin du concours de ces deux olibrius ! L'un des membres du laboratoire fait remarquer à Jobs qu'il n'a même pas terminé ses études universitaires. Soucieux de conclure la réunion sur une note plus sympathique, le supérieur de Wozniak s'autorise un avis :

« À votre place, je commercialiserais moi-même cet ordinateur ! »

Pour Jobs, le message est clair. S'ils veulent faire connaître au monde leur création, il ne faut pas qu'ils attendent l'aide d'une société ayant pignon sur rue. Il leur faut créer une entreprise. Woz n'est pas convaincu : ne dispose-t-il pas d'un travail stable et qu'il apprécie chez Hewlett-Packard ?

« Regarde, les gens sont intéressés par ce que tu as !, plaide Jobs. Pourquoi est-ce que nous ne ferions pas un ordinateur, conçu de façon à ce que les branchements soient clairs ?

– À qui pourrions-nous le vendre, au juste ?, s'amuse Wozniak.

– Aux membres du club* ! » rétorque Steve.

La force de persuasion de Jobs l'emporte progressivement.

« Il y avait quelque cinq cents membres dans le club et je me suis dit qu'il y aurait bien cinquante personnes pour acheter ça, explique Wozniak. Réaliser la carte nous coûtait environ 1 000 dollars et chaque carte nous coûtait ensuite environ 20 dollars. Donc, si nous les vendions 40 dollars et si cinquante personnes en achetaient, nous aurions remboursé nos 1 000 dollars. »

C'est un argument choc de Steve qui conclut l'affaire : « Même s'il n'est pas sûr que nous vendions tous ces ordinateurs, au moins une fois dans notre vie, nous aurons eu une entreprise ! »

Parmi les noms qu'ils évoquent pour leur société, l'un d'eux semble ressortir : *Apple* (Pomme). Jobs l'aurait choisi en souvenir du bel été passé à travailler dans le verger de l'Oregon. L'origine de ce nom a toutefois fait l'objet de diverses interprétations. Certains ont voulu y voir une référence à Isaac Newton – sur le premier logo stylisé d'Apple, figure une gravure du mathématicien et astronome anglais. Il s'est dit aussi que ce nom aurait

---

* Rapporté par Steve Wozniak dans *Byte*, décembre 1984. Le club désigne le "Homebrew Computer Club", le groupe de passionnés d'informatique créé dans la Silicon Valley au milieu des années 1970 dont Steve Wozniak et Steve Jobs faisaient partie.

été choisi en hommage aux Beatles, groupe qu'ils adoraient tous les deux et dont la maison de disques s'appelle Apple Records. Toujours est-il qu'à la veille de signer les papiers contractuels de l'entreprise, Jobs a décidé que, faute de trouver mieux, ils conserveraient ce nom de *Pomme*.

La société Apple est créée le 1er avril 1976, selon les termes d'un accord de partenariat entre Steve Jobs et Steve Wozniak. Un troisième partenaire, Ron Wayne, complète le duo fondateur. Jobs a fait sa connaissance chez Atari et a proposé qu'il vienne les seconder – ce sympathique quadragénaire sait comment procéder pour créer une entreprise et c'est lui qui a assuré la rédaction de leur « accord de partenariat ». Wayne va également s'atteler à l'écriture du manuel de l'Apple I. Pour la couverture de ce livret, qui explique comment faire fonctionner l'ordinateur, Ron Wayne réalise un dessin d'Isaac Newton sous un pommier, bien ancré dans la tendance hippie des années soixante. Plus âgé qu'eux, il joue aussi le rôle de conciliateur lorsque Jobs et Wozniak affichent des opinions divergentes.

Wayne reçoit 10 % des parts de la société Apple. Pourtant, ce troisième larron n'est pas bien à l'aise dans cette position de copropriétaire. S'il s'est joint de bon cœur à l'aventure, il redoute que la seule chose qu'Apple puisse récolter soit des dettes ! Or, si la société ne parvient pas à rembourser ses créanciers, Wayne sera légalement obligé de le faire, étant le seul à disposer d'un peu d'argent en banque. Steve Jobs achète les puces sur une base de paiement différé à trente jours – ce qui devrait être suffisant pour fabriquer des Apple I et en vendre. Wayne n'en est pas du tout convaincu et, quelques jours plus tard, pour se prémunir contre toute mauvaise surprise, il abandonne ses parts d'Apple dès le 12 avril 1976 en échange de 800 dollars !

Le premier souci de Steve Jobs est de trouver des débouchés pour l'Apple I. Or, l'une des premières boutiques de micro-informatique, Byte Shop, vient d'apparaître dans la région. Paul Terrell, qui dirige le magasin, voit un jour débarquer un drôle de hippie qui vient lui présenter l'Apple I. Jobs fait si bien l'article qu'il décroche une incroyable commande : Terrell propose de leur prendre une cinquantaine d'Apple I. Mais il pose une condition : tous ces ordinateurs doivent lui être livrés durant l'été.

Lorsqu'il retourne voir Wozniak, Jobs danse littéralement sur place. La nouvelle leur paraît fantasque : ils disposent d'une promesse d'achat de cinquante unités que Byte Shop se propose de payer 500 dollars pièce ! Cela représente des milliers de dollars ! Ils ont du mal à y croire…

« Ce fut l'événement le plus marquant de l'histoire d'Apple », a commenté Wozniak.

Pour financer la production de ces cinquante ordinateurs, le duo doit se délester de ses maigres possessions. Jobs vend sa camionnette Volkswagen tandis que Wozniak monnaye sa calcu-lette scientifique HP.

Depuis leur retour d'Inde et leur séjour dans une plantation de pommiers de l'Oregon, Jobs et Daniel Kottke ont gardé le contact. Kottke suivait des études au Columbia College de New York lorsqu'il a reçu un appel de Steve Jobs expliquant qu'il venait de monter une société d'ordinateurs. Kottke est tombé des nues :

« Pendant toutes ces années où nous avions été de bons amis, Steve Jobs ne m'avait jamais parlé d'ordinateurs ni même d'électronique ! »

Jobs lui fait part de la fameuse commande passée par Byte Shop et l'invite à se joindre à l'aventure : pour monter les cinquante ordinateurs, toutes les bonnes volontés sont bienvenues.

Fin mai, ses études achevées, Kottke gagne la Californie. Embauché par Apple, il est affecté à l'assemblage des Apple I au tarif de 3,25 dollars de l'heure. Il doit également vérifier l'état des soudures, allumer la machine, connecter un clavier et un écran et tester que tout fonctionne comme prévu. Kottke n'y connaît rien en électronique mais, comme Jobs le sait pertinemment, il est capable d'apprendre vite. Au passage, Jobs fait découvrir à son compagnon de voyage en Inde le centre de méditation zen qu'il fréquente désormais régulièrement.

Au cours des semaines qui suivent, Jobs et Wozniak vivent des journées éprouvantes en vue de respecter les délais exigés par Byte Shop. Clara Jobs, la mère de Steve, fait office de secrétaire. Patti, sa demi-sœur, a eu pour mission d'insérer les puces dans la carte mère de l'Apple I, mais très vite cette tâche est confiée à Dan Kottke.

« Patti faisait cela tout en regardant la télévision dans le salon, il paraissait donc plus sûr de me confier le job », s'amuse Kottke.

Le montage de l'Apple I a démarré dans la chambre de Patti et s'est poursuivi dans le salon. Le père de Steve Jobs, Paul, suggère au duo de s'installer dans le garage de sa maison à Cupertino. Ils y seront plus à leur aise pour gérer leur atelier de montage. La légende de l'entreprise créée dans un garage va pouvoir prendre forme…

Certains jours, Dan Kottke retrouve la facette énigmatique de Steve Jobs qu'il a découverte en Inde lorsqu'il s'éclipsait sans donner la moindre explication. Durant l'été, il arrive que Jobs disparaisse plusieurs journées sans que quiconque ne sache pourquoi il est parti, ni où, au juste…

« Parfois, il disparaissait… Il disparaissait tout simplement. Peut-être qu'il allait voir une copine, nous n'en savions rien. Cela ne me dérangeait pas. Il se trouve juste qu'il entretient des sphères privées dans son esprit. Ce n'est ni bon ni mauvais, c'est simplement sa personnalité », estime Kottke.

À la fin de l'été, Dan Kottke repart à New York pour terminer ses études et obtenir son diplôme universitaire en musique et littérature.

Sur les documents de vente envoyés par Apple à certains revendeurs tels que Byte Shop, Steve Jobs spécifie qu'Apple Computer pratique une réduction de 25 % si une boutique commande plus de dix exemplaires. Il indique sur ce même document la mention de 666,66 dollars pièce. Par la suite, certains voudront y voir un signe satanique alors qu'il n'en est rien.

« Byte Shop, à Palo Alto, voulait nous acheter les Apple I à 500 dollars pièce. Steve a fait un calcul de rentabilité aux 4/3 et il a obtenu 666 dollars. Je n'ai jamais fréquenté l'Église ni lu la Bible et donc j'ignorais qu'il pouvait y avoir une connotation négative au nombre 666. Il en était de même pour Steve Jobs. Nous avons été surpris quand des gens nous ont évoqué cela », témoigne Wozniak.

Durant neuf mois, Wozniak, Jobs et leurs compères fabriquent deux cents cartes d'Apple I. Le produit final est vendu dans un boîtier en bois, l'assemblage étant effectué par une entreprise de Santa Clara.

Un autre client de la toute jeune société Apple est The Computer Mart, une chaîne de ventes de micro-ordinateurs qui a démarré son activité en février 1976. Le succès aidant, Stan Veit, son fondateur, a loué une vitrine d'exposition sur une avenue bien fréquentée. The Computer Mart accepte à son tour de prendre la distribution de l'Apple I.

Lors d'une exposition à Atlantic City (dans le New Jersey, au nord-est des États-Unis), à laquelle participe The Computer Mart, Steve Jobs et Dan Kottke viennent accrocher des panneaux de promotion de l'Apple I. La belle-mère de Stan Veit remarque alors que le jean de Jobs laisse apparaître des trous aux fesses. Elle insiste pour les repriser. Et comme il se montre peu coopératif, elle s'écrie :

« Jeune homme, avec ces jeans, on voit ton derrière ! Il n'est pas question que tu entres sur mon stand comme cela. Retire-les et je m'en vais les repriser maintenant[*] ! »

N'ayant pas d'autre choix, Steve Jobs se réfugie derrière un rideau tandis que la belle-mère de Stan Veit fait son travail de couture !...

Apple parvient à écouler 175 ordinateurs au total. De son côté, Byte Shop a le plus grand mal à vendre les 50 Apple I qu'elle a commandés. Pour Jobs, la raison de ce relatif insuccès est simple. Selon lui, la micro-informatique ne percera que lorsque le public se verra proposer des produits finis prêts à l'emploi, comme dans le domaine de l'électroménager. Tel quel, l'Apple I ne peut intéresser que les accros du domaine, suffisamment bricoleurs pour le relier à une alimentation électrique et à un téléviseur tout en suivant des instructions précises – il est semblable en cela aux micro-ordinateurs de l'époque.

Wozniak a bientôt l'inspiration d'une machine plus ambitieuse, l'Apple II.

L'aventure Apple est lancée...

---

[*] Stan Veit, *Stan Veit's History of the Personal Computer*, 1993.

Chapitre 5

L'Apple II

« À partir du moment où Apple a démarré, la personnalité de Jobs s'est comme transformée…

À ma connaissance, il n'avait pas eu d'expérience dans le monde des affaires. Il s'est investi sans retenue dans l'aventure Apple, il est devenu immodéré, une sorte de missionnaire dévoué à la cause du micro-ordinateur. Ce n'était pas l'attrait de l'argent qui avait provoqué cela. C'était davantage l'excitation, la capacité à créer un effet sur le monde… »

Tel est le témoignage que livre Dan Kottke à propos de Steve Jobs lorsqu'il le redécouvre vers la mi-juin 1977. Le fragile bohème s'est transformé en un conquérant habile, séducteur et bonimenteur, inspiré par une fée venue du futur : Innovation.

Animé par une énergie fulgurante, à l'image d'un solo de Jimi Hendrix inspiré par les cieux, Jobs est partout : il donne des ordres, parlemente, fomente des alliances, tape du pied, s'impatiente…

À lui seul, il fournit le vent qui propulse le navire Apple, dynamise le tranquille Wozniak, captive les investisseurs financiers, multiplie les opportunités de distribution...

Il tire son énergie de la vision qu'il s'est forgée et qui combine ses idéaux hippies et le fun du monde des affaires : améliorer le monde par la grâce de la micro-informatique.

Jobs a trouvé un Monopoly à sa mesure et nul ne peut l'arrêter. Il va marquer l'Histoire de son empreinte.

Il est devenu le prophète d'Apple.

Dès la fin de l'été 1976, alors que l'Apple I a été livré à la boutique Byte Shop, Steve Wozniak entreprend de concevoir un micro-ordinateur d'une autre envergure, qui saura séduire le grand public.

Il n'y a pas une seconde à perdre. Le premier micro-ordinateur est apparu au début de l'année 1975 et, d'ores et déjà, plusieurs constructeurs cherchent à se positionner sur ce marché émergent : IMSAI, Tandy, Commodore, Radio Shack... Un eldorado se profilerait-il ? Jobs en est convaincu. Il faut donc frapper vite et fort, placer la barre suffisamment haut pour qu'Apple dévore l'essentiel du gâteau. Pour faire de sa société le numéro 1, il déploie une activité de tous les diables, négociant l'approvisionnement de puces aux meilleurs prix, multipliant les idées de design et attrapant au lasso tout ce qui pourrait ressembler à un investisseur. Wozniak est tout aussi conscient de l'urgence de la situation. Dès qu'il quitte son travail de jour chez Hewlett-Packard, il rentre direct à son domicile de Cupertino pour plancher sur l'Apple II. Aux anges, il est naturellement motivé par le challenge de créer quelque chose de jamais vu. Le défi fait surgir une clairvoyance dont il n'avait pas conscience : dans le domaine de l'électronique, il est comme un poisson dans l'eau. Chaque problème se voit résolu avec un brio qui le surprend lui-même. Avant tout, Woz a le don de loger les fonctions d'un ordinateur dans un minimum de puces.

Un fil conducteur guide les pas de Woz : il faut que l'Apple II permette de jouer à *Breakout*, le jeu vidéo qu'il a développé un an plus tôt pour Atari ! Il en résulte un cahier des charges précis : l'ordinateur doit pouvoir être relié à une manette de jeu. Mieux encore, il lui faut de la couleur. L'obsession de *Breakout* va stimuler l'imagination de Woz et décupler son inventivité. Il découvre peu à peu comment faire pour que l'Apple II puisse afficher des dessins en couleurs, une fois connecté à un téléviseur. Une avancée majeure !

Un prototype du nouvel ordinateur est prêt en octobre 1976. Comme pour l'Apple II, la curiosité de Woz l'emporte sur la discrétion : lors d'une soirée du Homebrew Computer Club, il effectue la démonstration de cet ordinateur affichant de la couleur. Dans la pièce, un étrange sentiment parcourt les participants. Woz dispose de plusieurs longueurs d'avance sur les modèles alors en développement.

Si Jobs attendait une confirmation du potentiel de l'Apple II, c'est chose faite. Wozniak et lui tiennent leur « best-seller ». Qui sait ? Ils pourraient en vendre jusqu'à mille par mois ! Seul problème : pour produire autant d'ordinateurs, il faut des fonds et Apple n'en a pas.

En cet automne 1976, Jobs a beau s'immiscer dans le monde du business, il n'en assume pas moins son look hippie : barbe et moustache, cheveux longs, jeans. Il lui arrive même de se promener pieds nus. Il ne se soucie pas le moins du monde des conséquences de son aspect sur des individus évoluant dans un milieu conservateur, portant costume soigné, chemise blanche et cravate dignes de diplômés de grandes écoles. Il lui faut pourtant appâter cette population qui dédaigne les beatniks et assimilés.

Qu'à cela ne tienne, Jobs s'assume tel qu'il est et semble ne se donner aucune limite. Apple se doit d'être secondée par les meilleurs de son domaine. Il lui faut une campagne publicitaire imparable. En la matière, Jobs vénère une firme en particulier : McKenna, l'agence de relations publiques qui a réalisé les publicités d'Intel.

Regis McKenna est l'archétype d'un businessman stylé et élégant. En cette fin d'année 1976, il est à la tête d'une société florissante et bien établie. La description que lui fait son adjoint de Steve Jobs aurait pu en dégoûter plus d'un. Regis McKenna est néanmoins soucieux de ne négliger aucune opportunité, il accepte donc de rencontrer ce jeune homme à la tenue débraillée.

Lors de l'entrevue, Jobs demande sans détour à McKenna s'il pourrait prendre en charge la promotion de l'Apple II. Le publicitaire fait son possible pour paraître affable, mais il ne prend pas du tout au sérieux l'offre de ce jeune marginal. Comment Jobs pourra-t-il financer la campagne promotionnelle dont il rêve ?

Ce que McKenna n'a pas perçu, c'est que Jobs s'est également mis en tête de trouver des capitaux et qu'il n'est pas du genre à lâcher facilement…

L'un des premiers investisseurs que Jobs tente de rallier à sa cause est Stan Veit, le fondateur de la chaîne de boutiques The Computer Mart. Wozniak présente le prototype de l'Apple II et Jobs assure la négociation. Il tente de son mieux de persuader Veit d'acquérir une part de 10 % d'Apple en échange de 10 000 dollars. Ce dernier n'est pas particulièrement impressionné par la démonstration de Woz – régulièrement sollicité, il est l'un des premiers à voir les ébauches de PC des divers constructeurs et ne semble pas percevoir ce qui distingue l'Apple II du lot. Veit décline l'offre, il préfère investir ses moindres deniers dans son réseau de ventes.

Jobs décide de quémander des fonds auprès d'Atari. Mais quand il vient plaider la cause de l'Apple II à son ancien employeur, son apparence négligée joue en sa défaveur. L'un des cadres d'Atari, Joe Keenan, l'éconduit avec ces mots sévères : « Enlevez vos pieds sales de mon bureau. Nous n'avons aucunement l'intention d'acheter votre machine ! »

Bon prince, Nolan Bushnell, qui dirige Atari, conseille à Jobs de rencontrer Don Valentine. Responsable du fonds de capital-risque Sequoia Venture qu'il a créé en 1972, Valentine a été l'un des premiers financiers à croire en Atari.

La rencontre avec Valentine est un fiasco total, l'investisseur ne parvenant pas à dépasser le dégoût qu'il éprouve pour les deux babas cool venus lui rendre visite. Il déclare à Jobs et Wozniak qu'en aucun cas il n'investira le moindre dollar pour ces « renégats dépenaillés de la race humaine ». Il en faut plus pour démonter Jobs et, malgré lui, Valentine ne reste pas insensible aux arguments du jeune fougueux. Avant de prendre congé, il recommande à Jobs d'aller en toucher un mot à Mike Markkula.

À 34 ans, Mike Markkula savoure une retraite anticipée. Cet ancien ingénieur a fait fortune prématurément chez Intel. Avec un tel background, Markkula est l'interlocuteur rêvé pour Jobs : il a déjà vu de ses yeux une société du domaine de l'électronique partir de zéro et décrocher le jackpot. Markkula perçoit donc de manière instinctive le potentiel de l'Apple II. L'enthousiasme de Jobs aidant, il se laisse convaincre qu'il est temps de sortir de son oisiveté. Une nouvelle aventure l'attend…

Markkula pose une condition préalable à son engagement dans Apple : il est impératif que Wozniak, le génie maison, travaille à temps plein pour Apple. Pour l'heure, Wozniak continue de superviser la gestation de l'Apple II durant ses soirées et week-ends.

Hélas, la perspective de se vouer corps et âme à la destinée d'Apple n'enthousiasme pas Woz. Il aime son job à Hewlett-Packard, où il conçoit des puces de calculatrices électroniques. Réaliser l'Apple II durant son temps libre le satisfait pleinement. Il commence donc par dire non à Jobs et Markkula.

Non sans mal, Jobs finit par persuader Woz de se lancer dans l'aventure. C'est un détail qui fait basculer Wozniak : il lui est assuré qu'il n'aura jamais, au grand jamais, à s'occuper de gestion. Il se contentera d'accomplir ce qu'il a toujours aimé, développer des appareils en tout genre et, de surcroît, il sera grassement rémunéré pour cela !

L'arrivée de Markkula à la tête d'Apple métamorphose la société. À la différence des deux Steve, ce jovial trentenaire dispose d'une expérience dans le monde des affaires. Il maîtrise les mille et un rouages de la direction d'une entreprise. L'une de ses premières démarches consiste à constituer Apple en société commerciale, ce qui est fait le 3 janvier 1977. Markkula rédige un business-plan, constitue un conseil d'administration et tente d'attirer divers investisseurs chez Apple Inc. Il souhaiterait notamment faire entrer au conseil d'administration d'Apple un vétéran du capital-risque, Arthur Rock, qui a contribué au financement d'Intel. Mais le premier contact entre Wozniak et Jobs venus en Levi's et le financier maniéré est désastreux.

« Ils étaient vraiment peu attrayants. Il me semble que Jobs arborait une moustache et une barbiche sur de longs cheveux. Il avait passé un long séjour en Inde avec un gourou à apprendre des choses sur la vie. Je ne pourrais l'affirmer mais il me semblait qu'il n'avait pas pris de bain depuis un moment », a raconté Rock[*].

Markkula va heureusement parvenir à intéresser Arthur Rock à la destinée de la société. Toutefois, il retient la leçon : tel quel, Steve Jobs n'est pas forcément le meilleur avocat de l'Apple II...

En tant qu'investisseur majeur, Mike Markkula a son mot à dire et il lui apparaît évident que Jobs n'a ni l'apparence ni le profil d'un chef d'entreprise, n'ayant jamais étudié ou pratiqué la chose. Il impose donc le recrutement d'un gestionnaire pur et dur à la tête d'Apple : Mike Scott, un ex-directeur du fabricant de puces électroniques National Conductor. Au moment où Markkula vient le chercher, Mike Scott traverse une phase d'interrogation

[*] Interview de Arthur Rock, 27 janvier 2009.

personnelle quant à son avenir professionnel. Assurer le démarrage d'une start-up de l'informatique semble une belle opportunité.

Anxieux de voir une tierce personne s'immiscer dans son pré carré, Steve Jobs fait de la résistance, mais en vain. En douceur, mais avec fermeté, Markkula impose la venue de Mike Scott chez Apple. En février 1977, il devient le premier PDG d'Apple.

Durant de nombreux mois, Steve Jobs s'entend plutôt bien avec Mike Scott. Le nouveau PDG d'Apple affiche des qualités plaisantes aux yeux de Jobs : s'il se montre hyper-exigeant, c'est aussi un individualiste doublé d'un doux rêveur. Tous deux partagent des visions communes sur la nécessité de changer le monde et Scott fait preuve d'une certaine ouverture intellectuelle : il a certes accepté la logique capitaliste mais a gardé un fond anticonformiste.

En ces temps héroïques, le rôle de Mike Scott n'est pas cantonné à la seule gestion : étant donné son expérience professionnelle, il peut apporter un éclairage précieux sur certaines spécifications de l'Apple II. Scott contribue également à la rédaction des manuels de l'ordinateur. Mike Markkula, pour sa part, se charge de l'essentiel du marketing, en attendant de pouvoir donner le relais à une agence spécialisée.

Dès le mois de février 1977, l'Apple II commence à avoir de l'allure. La jeune société Apple Computer s'installe dans des locaux dignes de ce nom dans la ville de Cupertino.

Disposant du budget nécessaire pour promouvoir l'Apple II, Jobs revient vers McKenna avec, cette fois-ci, une offre chiffrée. L'affaire est vite conclue.

Si Regis McKenna participe activement aux réunions de réflexion, il va parfois se demander ce que Jobs attend au juste de son agence. Jobs sait globalement ce qu'il veut. L'Apple II doit apparaître comme une révolution, un phénomène historique, un jalon, rien de moins. Tenter de glisser une suggestion relève de la mission impossible.

En premier lieu, Regis McKenna n'apprécie pas le nom Apple et demande s'il serait possible de l'abandonner au profit d'une dénomination plus « professionnelle ». Sur ce point comme sur d'autres, Jobs est intraitable. Il est essentiel que l'Apple II se présente au public avec une image ludique, avec un contraste sans appel face aux mastodontes froids que construit IBM. Comment tenir tête à Steve Jobs ? Peine perdue…

L'agence McKenna est chargée de concevoir plusieurs logos pour Apple. Assez vite, l'une des propositions accroche Jobs et ses collègues : une pomme, dont un morceau a été croqué. L'esprit est là : un fruit connu de tous, évoquant le retour à la nature, avec un petit côté espiègle au passage, et, en filigrane, un peu de ce vent de liberté qui a ébouriffé les années soixante et rempli de nostalgie de nombreux adultes. Steve Jobs réaménage les couleurs pour qu'elles suivent celles de l'arc-en-ciel : bleu foncé à la base, vert clair au sommet. La présence de ces couleurs sur le logo est primordiale pour une autre raison : il faut mettre en avant que l'Apple II est le premier micro-ordinateur à proposer des graphismes en couleurs. McKenna suggère la parution d'une publicité en couleurs dans le magazine *Playboy* afin de pousser l'idée d'un ordinateur pour le grand public.

Regis McKenna va peu à peu adapter le style de son agence aux desiderata de Steve Jobs. Comme il l'a déclaré par la suite : « Certes, Woz (Steve Wozniak) avait conçu une excellente machine, mais on ne la trouverait aujourd'hui que dans les boutiques pour amateurs si Steve Jobs n'avait pas été là. Woz a eu la chance de s'entendre avec un évangéliste. »

Devenue une entreprise à part, Apple démarre ses embauches. Allen Baum, Rod Holt, Randy Wigginton et Chris Espinosa figurent parmi les premiers employés.

Allen Baum est un ami de longue date de Wozniak et, tout comme lui, un grand fan d'informatique. Son père, Elmer Baum, avait dépanné Jobs et Wozniak de 5 000 dollars lorsqu'il a fallu construire les premiers Apple I – il a très vite été remboursé. Le job d'Allen Baum consiste à développer des bouts de logiciels indispensables à la mise au point de l'Apple II.

Le parcours de Rod Holt est pour le moins original. Il a long-temps été un activiste politique convaincu, militant pour la cause socialiste. Il s'est toutefois distingué par ses trouvailles en matière d'électronique, dont certaines ont fait l'objet de brevets. Il est affecté au design. Jobs lui confie une mission essentielle : conce-voir une alimentation électrique qui génère le moins de chaleur possible.

Randy Wigginton est un étudiant de San José que Wozniak a pris l'habitude de conduire en voiture aux réunions du Homebrew Computer Club. Sixième employé d'Apple, il écrit plusieurs petits programmes pour l'Apple II.

Chris Espinosa n'a que 15 ans lorsqu'il devient le huitième employé d'Apple. Jobs lui a demandé de venir les épauler après avoir vu un programme qu'Espinosa avait réalisé pour l'Apple I, lors d'une réunion du Homebrew Computer Club.

Pour l'Apple II, Jobs désire un boîtier en plastique, ce qui ne s'est encore jamais fait pour un ordinateur. Pour trouver l'inspi-ration, il écume les boutiques de la ville pour examiner les objets couramment vendus.

À Macy's, au rayon cuisine, il découvre le type de boîtier qui pourrait convenir : celui des robots ménagers de Cuisinart. Il prend contact avec deux des principales firmes de design de la Silicon Valley. Elles refusent toutes deux de travailler avec Apple, rebutées par le budget relativement faible proposé par Steve Jobs. Ce dernier va jusqu'à leur proposer des parts dans Apple, mais en vain. Vers la fin février, Jobs finit par mettre la main sur Jerry Manock, un dessinateur qui vient de quitter Hewlett-Packard. Manock accepte de concevoir le design du boîtier de l'Apple II au tarif proposé par Jobs, à la condition expresse d'être payé à l'avance*.

Pour ce qui est de la coque en plastique, Jobs se met en quête de fabricants et mouleurs capables d'assurer un approvisionnement à bas coût. À l'affût du moindre détail, il va jusqu'à dessiner les emballages de ce qui va devenir l'Apple II.

Jobs commence à se montrer ultra-perfectionniste envers les premiers employés d'Apple. Sans compromis possible. Si nécessaire, il n'hésite pas à se montrer cassant.

« Je le trouvais dangereux. Calme, énigmatique, presque menaçant, le regard brillant. Sa puissance de persuasion était extraordinaire. J'avais toujours l'impression qu'il voulait me façonner à son idée », a confié Chris Espinosa.

Jobs se révèle intraitable sur une foule de petits détails, sans prendre en compte les problèmes de conception qui pourraient en découler. Son souci de l'esthétique est tel qu'il insiste pour que chaque ligne de la carte mère de l'Apple II – qui loge les circuits imprimés – soit parfaitement rectiligne. Il faut qu'à l'intérieur de la machine, cela soit beau, même si l'immense majorité des propriétaires d'Apple II ne l'ouvriront jamais !

« Le style de management de Steve a laissé beaucoup de mauvaises impressions, concède Steve Wozniak. Je n'ai jamais eu personnellement à le subir et ce que l'on m'a dit différait fortement du Jobs que j'ai connu. Je ne sais pas ce qui détermine son comportement. Ce qui l'influence est secret. Dans le même temps, il semble toujours penser correctement et simplement vouloir faire des choses qui, la plupart du temps, tombent sous le sens. »

Peu avant la fin février 1977, Jobs et Wozniak reçoivent un jour par la poste un document qui les électrise : le premier salon des amateurs de micro-informatique se prépare à ouvrir ses portes !

---

* Leander Kahney, *Inside Steve's Brain*, 2008.

La *West Coast Computer Faire* (Foire de l'informatique sur la Côte Ouest) va se tenir à la mi-avril au Civic Auditorium de San Francisco. Les hommes d'Apple pressentent immédiatement qu'il faut saisir la balle au bond : l'occasion est rêvée de faire passer le message que l'Apple II est la révolution tant attendue de la micro-informatique. Jobs insiste immédiatement pour obtenir le stand principal du salon. Dès cet instant, toute la société est focalisée sur cet événement.

Pour attirer le plus de visiteurs possible, Jobs se démène pour louer un vidéo-projecteur, à une époque où ce type d'appareil est très rare. De son côté, pour faire la démonstration des capacités de l'Apple II, Wozniak crée un programme humoristique. L'utilisateur se voit demander de taper son nom. S'affiche alors une mention : « Seriez-vous italien ? », « Seriez-vous français ? »… Une fois la réponse trouvée, le programme affiche des blagues en relation avec la nationalité en question !

Wozniak en profite malicieusement pour jouer un tour à ses propres collègues d'Apple, à commencer par Steve Jobs. En prévision de la *West Coast Computer Faire*, il crée une fausse publicité pour un produit imaginaire qu'il nomme le Zaltair. Pour l'argumentaire, Woz se fait aider par Adam, un lycéen de Los Angeles.

Le descriptif du Zaltair est élogieux à l'excès et certaines déclarations sont grossièrement humoristiques : « Imaginez un ordinateur qui pourrait résoudre tous les problèmes du monde !

Imaginez une automobile qui aurait cinq roues ! »

Le prospectus se termine par un comparatif du Zaltair avec d'autres micro-ordinateurs, y compris l'Apple II. Dans le plus grand secret, Wozniak fait imprimer 8 000 prospectus à Los Angeles.

Seuls deux autres employés d'Apple sont au courant de cette fausse pub : Randy Wigginton et Chris Espinosa. Du haut de ses 15 ans, Espinosa est particulièrement intimidé par Steve Jobs et il se réjouit de cette farce.

Au cours de la première *West Coast Computer Faire* qui se tient les 16 et 17 avril 1977 à San Francisco, trois constructeurs émergent nettement du lot : Apple, Tandy, et Commodore. Aucun visiteur ne peut rater le stand d'Apple qui se trouve juste à l'entrée du salon. Jobs en a supervisé la décoration dans le moindre détail pour avoir le plus bel espace de toute l'exposition. Les employés d'Apple sont tous venus afin de présenter le bel ordinateur aux visiteurs.

Jerry Manock a préparé vingt-deux boîtiers en plastique en prévision de cette manifestation. Comme seuls trois circuits d'Apple II sont achevés peu avant le show, Steve Jobs a placé ces trois ordinateurs en état de marche sur le devant du stand, les autres étant en retrait. Le but est de donner l'impression qu'Apple est une société mûre, avec une production conséquente.

Tandis que Steve Jobs fait la démonstration de l'Apple II, Mike Markkula rencontre des responsables de boutiques et prend les commandes. L'ordinateur fait sensation : son design et sa robustesse contrastent avec la « quincaillerie » que l'on peut observer sur la plupart des autres stands. Markkula a fait imprimer 20 000 brochures de présentation de l'Apple II et son approche professionnelle a le meilleur effet sur les distributeurs potentiels.

À un moment donné, Wozniak, Wigginton et le lycéen Adam se rendent à leur hôtel et rapportent une boîte pleine de prospectus vantant le Zaltair (l'ordinateur fictif imaginé par Woz) qu'ils placent sur une table réservée aux communiqués de diverses sociétés. Un peu plus tard, alors qu'ils rient encore de leur bonne blague, ils apprennent que tous les prospectus sont partis. Ils vont chercher une autre boîte à l'hôtel.

L'Apple II brille par son design, mais c'est tout de même au niveau des performances qu'il est attendu. Or, les spécialistes de la micro-informatique sont ébahis par la conception de l'ordinateur de Wozniak. Il comporte deux fois moins de puces que les machines comparables et, pourtant, il est capable de prouesses largement supérieures !

À la fin du salon *West Coast Computer Faire*, alors que les employés d'Apple rangent leur matériel dans les voitures, Mike Markkula a un cri du cœur : « Nous sommes partis pour gagner 500 millions de dollars d'ici cinq ans ! »

Le jour suivant, chez Apple, alors que les cadres évoquent la *West Coast Computer Faire*, Wozniak extrait un prospectus du Zaltair de sa poche et demande à Jobs : « Est-ce que tu as vu ça ? »

Jobs se met à lire le texte décrivant le Zaltair mais il est rapidement interrompu par Rod Holt qui affirme que cet ordinateur n'existe pas vraiment. Steve Jobs réplique qu'il n'en est rien : le prospectus du Zaltair comporte des mentions telles que « marque déposée » et un logo d'entreprise. Wozniak fait alors son possible pour se retenir de rire.

Soudain, Jobs s'écrie : « Hé ! Nous nous en sortons plutôt bien ! »

Il fait référence au tableau de comparaison qui se trouve au bas du prospectus et dans lequel l'Apple II apparaît en deuxième position en termes de performances. Incapables de se retenir d'exploser de rire, Wozniak et Wigginton trouvent une excuse pour quitter la pièce au plus vite.

Lorsqu'ils reviennent en réunion, Jobs leur dit qu'il a appelé MITS, la société censée produire le Zaltair. Ils lui ont expliqué qu'il s'agissait d'un canular.

Six ans plus tard, Wozniak offrira à Jobs le prospectus du Zaltair encadré, en cadeau d'anniversaire. En découvrant que son compère avait été l'auteur de cette farce, Jobs sera lui-même pris d'un fou rire.

Vers la mi-juin 1977, son diplôme universitaire en poche, Dan Kottke retourne en Californie et vient proposer ses services à Apple Inc. Il devient l'employé numéro 12 de l'entreprise. Au moment où il débarque, la société se prépare à livrer ses premiers Apple II.

« J'ai assemblé les tout premiers Apple II, se rappelle Kottke. Par la suite, j'ai assumé le poste de technicien réparateur de cet ordinateur. »

Trop heureux de se retrouver, Jobs et Kottke louent une maison d'un étage à quelques centaines de mètres d'Apple. Jobs s'octroie la chambre principale tandis que sa petite amie, Chris-Ann Brennan, s'installe dans l'autre pièce de taille confortable. Estimant que les deux pièces restantes sont vraiment trop petites, Kottke choisit de dormir dans le salon. Ils vont rester colocataires pendant deux ans. Au bout d'un an, Jobs va s'éprendre d'une fille de l'agence McKenna, Barbara Jasinski, et déserter le plus souvent le domicile de Cupertino.

L'Apple II recueille les éloges des magazines : il s'agit d'un ordinateur disponible en boutique qui fonctionne dès qu'on le sort de sa boîte. Il devient rapidement le premier micro-ordinateur à succès : comme l'avait anticipé Jobs, il s'en vend un bon millier en un mois, ce qui est alors remarquable. Avant tout, il démontre que l'ordinateur est non seulement un outil pour le travail mais aussi pour les jeux et le loisir ! L'appareil est d'ailleurs livré avec quelques logiciels de base dont *ColorMath,* qui sert à créer des fiches de révision pour les mathématiques. Aidé par des programmeurs, Mike Markkula a lui-même supervisé la réalisation d'un logiciel facilitant la gestion de ses comptes personnels (comptes bancaires, etc.). Et comme l'avait souhaité Wozniak, l'Apple II est également livré avec une version spéciale du jeu *Breakout* !

Le point faible de l'Apple II, tout comme les autres micro-ordinateurs de l'époque, réside dans la lenteur de chargement des programmes due au fait qu'ils sont sur cassettes. Or, les lecteurs de cassettes sont lents et peu pratiques à l'usage.

La prochaine étape est claire : Jobs insiste pour que l'Apple II dispose au plus vite d'un lecteur de disquettes afin de charger rapidement des logiciels. En août 1976, la société Shugart a annoncé le premier lecteur de disquettes disponible à un prix relativement bas – moins de 400 dollars pièce. Selon Mike Markkula, il faut absolument disposer de cette innovation rapidement : le *Consumer Electronics Show* (CES), ou Salon des consommateurs de produits électroniques, doit se tenir en janvier 1978 à Las Vegas.

Pendant les vacances de Noël 1977 et même le jour de l'An, Wozniak s'attaque sans relâche à relier un Apple II au lecteur de disquettes de Shugart, aidé ici et là par Randy Wigginton. Comme bien souvent, il avance à l'aveuglette, n'ayant aucune connaissance de cette technologie particulière. Fidèle à sa réputation, il aboutit à un design diaboliquement efficace.

L'Apple II avec son lecteur de disquettes est présenté au CES de Las Vegas, ce qui donne l'occasion à Wozniak de découvrir pour la première fois de sa vie cette ville hors norme qui brille de ses feux artificiels à toute heure du jour et de la nuit. L'annonce du lecteur de disquettes de l'Apple II fait sensation et comble d'espoir les amateurs comme les distributeurs.

Les résultats qui tombent au début de l'année 1978 confortent Markkula et ses collègues : quelque chose est en train de se passer autour de l'Apple II. Apple a terminé l'année avec un bilan bénéficiaire, et tous les indicateurs sont au beau fixe. Jobs adore gérer les relations avec les distributeurs, mais ce qui le passionne avant tout c'est d'influer sur la communication liée à l'appareil et pour laquelle il rédige des envolées lyriques…

Chapitre 6

Le plus jeune millionnaire américain

L'Apple II n'est pas encore un phénomène de société, mais il s'entoure déjà d'une aura particulière. Ce petit ordinateur efficace mais sympathique est associé à l'image de liberté qui existe encore aux États-Unis. Woodstock est de l'histoire ancienne, mais la jeunesse passablement assagie affectionne les grands concerts en plein air et des groupes, comme Fleetwood Mac, qui proposent un rock reformaté pour les radios FM.

Ébranlée par l'affaire Watergate qui a étalé au grand jour les mensonges et la paranoïa de Richard Nixon, l'Amérique a porté au pouvoir un président intellectuellement brillant mais dépourvu d'une réelle autorité, Jimmy Carter, qui se veut ouvertement pacifique. Sur les écrans, le phénomène du moment s'appelle *Star Wars* et la science-fiction autorise des évasions du monde réel en toute innocence. Pour cette génération post-hippie, l'Apple II s'inscrit naturellement dans l'air du temps...

La jeune société Apple a le vent en poupe et pour faire face à l'expansion en pic que connaît la société, les embauches se succèdent. Wozniak peaufine le lecteur de disquettes de l'Apple II qu'il ne cesse d'améliorer, et les distributeurs attendent fébrilement cet accessoire. Pourtant, les victoires successives ont beau combler Jobs, il paraît souvent dépassé par les événements. Surexcité et à bout de nerfs, il lui arrive d'éclater en sanglots lors de réunions et d'aller se calmer en faisant une promenade sur le parking[*]. L'Apple II compte deux principaux concurrents, le TRS-80 de Tandy RadioShack et le PET de Commodore, mais ces derniers ne paraissent pas en mesure de lui faire de l'ombre. La question qui suscite l'angoisse chez Steve Jobs, au point de revenir régulièrement dans sa conversation, concerne un Léviathan d'une tout autre envergure, même s'il reste encore indistinct et lointain. Si IBM se lance dans la micro-informatique, ne pourrait-il pas balayer tous les autres compétiteurs, comme il l'a fait jadis dans le domaine des ordinateurs géants où sa domination est écrasante. Apple pourrait-elle survivre à l'intrusion de Big Blue ?

Au mois de mai 1978, alors que Steve Jobs vit pour l'essentiel au rythme d'Apple, une réalité plus terre à terre s'impose soudain à lui. Depuis quelques semaines, il sort avec l'une des cadres de l'agence McKenna, Barbara Jasinski, une très jolie femme dont le physique mélange des traits eurasiens et européens. Alors que la relation est au beau fixe, un boulet furieux vient soudain renverser les quilles soigneusement disposées. Son ex-compagne, Chris-Ann Brennan, vient lui annoncer qu'elle est enceinte de lui. La nouvelle le laisse totalement interdit, désarçonné, à bout de souffle. Incapable d'affronter cette réalité qui vient chambouler ses plans de vie personnelle, Jobs opte pour une attitude toute juvénile : il refuse d'admettre qu'il pourrait être le père.

« Tous ceux qui avaient vécu dans ma maison de Cupertino et avaient vu Steve Jobs avec Ann étaient certains qu'il était bien le père, juge pourtant Wozniak. Je pense juste qu'il n'appréciait pas l'idée qu'elle veuille mettre un enfant au monde. Il ne se sentait pas

---

[*] "The Updated Book Off Jobs", *Time*, 3 janvier 1983.

en contrôle des choses et ne pouvait pas tolérer l'idée que quelqu'un d'autre lui dise ce qui allait se passer. Telle est ma théorie. »

Le souci est là : contre l'avis de Jobs, Chris-Ann Brennan refuse de se débarrasser du bébé et insiste coûte que coûte pour le garder. Quelques mois plus tard, elle donne naissance à une fille, Lisa Nicole.

Hermétique, Jobs campe sur sa position et refuse de verser la moindre pension à son ex-compagne. Résignée, Chris-Ann Brennan se résout à vivre de l'aide sociale. Le comté de Californie prend toutefois l'affaire en main et oblige Steve Jobs à subir un test de paternité. Ce test révèle qu'il y aurait plus de 94 % de chances qu'il soit le père de Lisa Nicole. Néanmoins, Jobs refuse encore et toujours d'admettre que Lisa pourrait être sa fille biologique. Afin d'éviter que la brouille traîne en longueur, Brennan propose qu'il lui verse 20 000 dollars et que l'affaire en reste là*. Il lui faudra attendre qu'Apple se prépare à entrer en Bourse en 1980 pour que Steve Jobs consente à verser à Chris-Ann Brennan une pension alimentaire. Ce n'est que bien des années plus tard, en 1986, que Steve Jobs reconnaîtra enfin Lisa comme sa fille – elle aura alors déjà 7 ans.

Un logiciel se révèle primordial pour le succès de l'Apple II : *VisiCalc*. Il a été développé en 1978 par Dan Bricklin, un étudiant barbu de l'école de commerce de Harvard, alors âgé de 27 ans. *VisiCalc* est le premier tableur, un programme facilitant des simulations financières, à l'instar du célèbre *Excel* qui va sortir huit ans plus tard.

VisiCalc a d'abord été conçu pour résoudre un besoin précis : celui de Dan Bricklin lui-même. Pour une raison obscure, il était persuadé que sa profession – programmeur – était en voie de disparition car les logiciels allaient devenir de plus en plus faciles à écrire. Bricklin a donc décidé de profiter de sa présence

---

* Alan Deutschman, *The Second Coming of Steve Jobs*, 2001.

à Harvard pour se frotter au monde des affaires et étudier l'administration des entreprises. Or, la Business School se distingue par de nombreux exercices où les étudiants simulent la gestion d'une société.

Au cours de travaux pratiques, Dan Bricklin a réalisé qu'il perdait un temps considérable à effectuer le calcul des données financières. Il a donc écrit des programmes sur l'ordinateur PDP-10 de Harvard pour se simplifier la tâche. Pourtant, cette approche est fastidieuse : chaque fois qu'il aborde un nouveau problème, il faut écrire un nouveau programme. Il n'existe aucun outil de calcul généralisé qui serait utilisable par tout un chacun.

Bricklin s'attelle à la conception d'un logiciel qui faciliterait les calculs financiers. Son professeur de finances lui a conseillé d'en toucher un mot à un ancien diplômé de Harvard, Dan Fylstra, qui vient de créer une édition de logiciels. La chance a voulu que l'ordinateur que possède Fylstra soit un Apple II. C'est sur cet appareil que l'étudiant Bricklin réalise *VisiCalc*.

VisiCalc sort à l'automne 1979 et son impact sur les ventes de l'Apple II se fait sentir rapidement. Le coup de pouce est donné par un investisseur, Ben Rosen, dans une lettre d'information qu'il publie à l'intention de ses confrères. Rosen explique les bénéfices que *VisiCalc* peut apporter aux décisionnaires et son article a un effet immédiat : plusieurs grandes entreprises commandent des dizaines de *VisiCalc*.

À lui seul, *VisiCalc* fait vendre un bon cinquième des Apple II ! Or, durant plus d'une année, il n'est disponible que sur cet ordinateur : ses deux concurrents principaux, le Commodore PET et le TRS-80 de Tandy n'ont pas assez de mémoire pour faire tourner *VisiCalc* !

Les années soixante-dix ont été porteuses de courants libérateurs qui n'ont pas épargné la frigide informatique. Un grand nombre d'innovations iconoclastes éclosent dans les laboratoires d'entreprises respectables. L'une des plus en pointe n'est autre que Xerox, qui bénéficie d'une situation de prédominance dans son secteur. Or, le géant de la photocopie est animé par un leit-motiv : le bureau du futur sera « sans papier » ; les documents apparaîtront sur des écrans d'ordinateur.

Afin de préparer l'avènement de ce nouveau modèle, Xerox a fondé un centre de recherche à Palo Alto. Il est surnommé le Parc, l'acronyme de « Palo Alto Research Center ».

Le Parc ne ressemble en rien à un centre d'informatique tradi-tionnel. Qu'ils s'appellent Alan Kay, Lawrence Tessler, Douglas Engelbart ou Charles Simyoni, les pensionnaires de ce happening permanent s'apparentent à des émules de Monty Python : ahuris, prêts à tout, débridés. Au Parc, on vénère le fun, la couleur, les dessins stylisés… Les écrans ont comme un air de fête, comme si des bulles de champagne sortaient des boîtiers. L'ambiance est proche d'un Woodstock, avec une décontraction vestimentaire et capillaire qui n'a d'égale que le geyser permanent d'idées. HAL, le monstre démoniaque du film *2001, l'Odyssée de l'Espace*, de Stanley Kubrick, est le modèle à abattre. L'ordinateur inhumain se voit désacralisé et le ludique acquiert droit de cité.

Dès 1972, les chercheurs du Parc ont inventé une norme de présentation pour les ordinateurs appelée « interface graphique » : fenêtres, icônes, dessins… Le tout est manipulé à la souris, un petit objet blanc imaginé par un diablotin à la tignasse imposante, Doug Engelbart. Plutôt que de taper des commandes fastidieuses, l'utilisateur choisit simplement une option dans un menu.

Le Parc a la réputation d'être l'Acropole de la recherche infor-matique, pourtant, Xerox néglige d'exploiter les découvertes de ses laboratoires. En 1977, un essai de commercialisation des trou-vailles du Parc a été timidement tenté. Xerox a sorti un ordina-teur à interface graphique, l'Alto. La Maison Blanche, le Sénat, le Congrès, et le National Bureau of Standards ont figuré parmi les rares clients de cette machine de luxe au prix rédhibitoire : 20 000 dollars…

Au début de l'année 1979, Apple compte près de 150 employés, parmi lesquels figurent plusieurs ingénieurs de haut niveau, tels que Jef Raskin et Bill Atkinson.

Raskin a rejoint Apple en janvier 1978 après avoir rencontré Jobs et Wozniak à la *West Coast Computer Faire*. Il était alors professeur d'informatique, d'art et de sciences à l'Université de San Diego. Bill Atkinson était l'un de ses étudiants et Raskin a insisté pour qu'il soit à son tour embauché chez Apple.

En cette année 1979, Jef Raskin et Bill Atkinson assènent régulièrement la même litanie à Steve Jobs : il faut qu'il prenne le temps de visiter le Parc. À les entendre, les ingénieurs de Xerox ont développé des concepts révolutionnaires dont Apple aurait tout intérêt à s'inspirer.

Il faut attendre septembre 1979 pour que Steve Jobs se décide à visiter le Parc, accompagné d'Atkinson. S'il a cédé, c'était en partie pour échapper à un autre rendez-vous.

Dans le repaire des chercheurs de Palo Alto, Steve Jobs est plus d'une fois éberlué. Il découvre l'impression laser avec des caractères dignes de l'imprimerie, le partage de données à haute vitesse en réseau... Le moment clé se produit toutefois lorsque Larry Tessler, un jovial chercheur de 34 ans, dévoile une version avancée de l'ordinateur Alto. Steve Jobs retient son souffle : il n'a jamais rien vu de tel ! L'écran affiche des images à la place de mots, la souris permet de pointer sur des objets dessinés et de les déplacer à volonté...

Effaré, Jobs s'écrie :

« Mais pourquoi ne commercialisez-vous pas cela ? C'est extraordinaire ! Vous pourriez pulvériser tout le monde ! »

« C'était un de ces moments apocalyptiques... Dix minutes après avoir vu cette interface graphique, j'ai su que tous les ordinateurs au monde fonctionneraient un jour de cette manière. C'était évident dès le premier abord. Cela ne demandait pas un intellect exceptionnel. C'était d'une totale clarté », a témoigné Jobs. « Lorsque j'ai vu l'Alto au Xerox Parc, c'était comme si, soudainement, un voile avait été levé de mes yeux. Il y avait la souris et les caractères d'imprimerie de toutes les tailles sur l'écran... Instantanément, j'ai réalisé que cela allait attirer un nombre de gens exponentiellement plus élevé que l'Apple II. Je parle des gens qui ne voulaient pas apprendre à utiliser un ordinateur – ceux qui voulaient juste l'utiliser. Une couche entière de ce qu'il fallait apprendre pour se servir de cet outil avait été éliminée*. »

Steve Jobs revient de Palo Alto avec la ferme conviction qu'il vient d'entrevoir l'ordinateur du futur. Il a intuitivement compris ce que les cadres de Xerox n'ont pas su déceler : les laboratoires du Parc recèlent des trésors inexploités. C'est ainsi qu'il faut concevoir les ordinateurs pour le marché de masse. Puisque Xerox ne compte pas s'y atteler, Apple va le faire !

L'un des projets en cours au sein des laboratoires de Cupertino s'appelle le Lisa – ironie de la chose, Jobs a donné à cet ordinateur le nom de la fille dont il n'a pas voulu reconnaître la paternité un an plus tôt !

Lisa est un ordinateur qu'Apple entend vendre aux grandes entreprises et, dans ce but, la société n'a pas hésité à recruter quelques vétérans de l'informatique. L'équipe compte des transfuges du Stanford Research Institute et de Hewlett-Packard. En conséquence, la population des ingénieurs du Lisa est bien plus âgée que la moyenne des gens d'Apple.

Le premier responsable du projet Lisa, Ken Rothmuller, a été débauché de Hewlett-Packard. Au bout de quelques mois, Rothmuller commet l'erreur de dire à Jobs que le délai qu'il escomptait ne pourrait jamais être tenu. Jobs l'a immédiatement remplacé par un autre transfuge de Hewlett-Packard, un ténor de l'informatique qu'il a recruté lui-même, John Couch.

---

* "The Entrepreneur of the Decade: An Interview with Steven Jobs", *Inc*, 1er avril 1989.

D'avoir vu de ses yeux l'Alto a rendu Jobs complètement fébrile. Il exige que la conception de Lisa soit revue de fond en comble. Il faut bâtir une machine qui puisse fonctionner avec une souris, afficher des icônes et des fenêtres...

Pour abattre les réticences des ingénieurs en charge de Lisa, Jobs organise une nouvelle visite du Parc au cours de laquelle il fait venir Couch et ses acolytes. Suite à la démonstration de l'Alto, ces ingénieurs venus d'univers plus classiques se laissent gagner par les arguments de Jobs : en effet, il pourrait être bon que Lisa s'inspire de la station Alto de Xerox...

Il reste à convaincre le géant de la photocopie d'autoriser l'usage des trouvailles du Parc. Jobs a une idée brillante : offrir à Xerox des parts d'une société en pleine croissance, Apple. Le message que Jobs fait alors passer aux cadres de Xerox est clair : ils disposent d'une fabuleuse technologie et Apple est taillée pour la mettre à la disposition du grand public. Un deal est envisagé par lequel Xerox obtiendra un énorme paquet d'actions Apple en échange de l'usage de sa technologie.

Sept mois après sa première visite au Parc, Steve Jobs recrute Lawrence Tessler, du Parc. Une quinzaine d'autres ingénieurs de Xerox vont bientôt rejoindre Apple. Bill Atkinson, pour sa part, est affecté au développement de l'interface graphique de l'ordinateur.

Fait rare pour l'histoire de la jeune Apple, une cinquantaine d'employés travaillent à l'élaboration de Lisa. À défaut de diriger les opérations, Steve Jobs s'immisce dans les réunions et, comme à son habitude, ne cesse d'ébranler le planning de l'ordinateur Lisa en soumettant idée sur idée sur la façon dont il faudrait concevoir ce nouvel appareil...

En parallèle au travail de conseiller qu'il s'est auto-adjugé sur Lisa, Steve Jobs supervise la finalisation d'un nouvel ordinateur, l'Apple III, successeur présumé du best-seller maison. Son lancement est prévu pour juillet 1980. Dan Kottke fait alors partie de l'équipe dédiée à ce nouvel appareil et il a pour mission de bâtir les prototypes.

« C'est avec l'Apple III, sous la direction de Rod Holt, que j'ai appris l'engineering, raconte Kottke. Rod n'avait qu'un défaut : il estimait qu'il fallait sous-payer les gens. Comme ça, si vous ne vous sentiez pas bien dans votre travail, vous n'aviez qu'à partir ! Il s'affirmait comme un socialiste. Reste que j'avais soif d'apprendre l'électronique et j'avais énormément à faire pour rattraper mon retard. »

Bien qu'il ait incité Jobs à découvrir les trésors du Parc, Jef Raskin ne participe pas au projet Lisa. Pour sa part, il cultive depuis plusieurs mois l'idée d'un ordinateur « tout-en-un ». Son projet a été approuvé en septembre 1979 et l'une de ses premières recrues a été Burrell Smith, un ingénieur autodidacte qui s'occupait jusqu'alors de la réparation des Apple II.

Raskin envisage d'appeler son ordinateur du nom de la variété de pommes qu'il préfère : le Macintosh…

Jobs a un projet sociétal qui lui tient à cœur : faire entrer l'Apple II dans les écoles d'Amérique. Le monde de l'éducation se voit alors offrir des rabais conséquents et, parfois, des dons en ordinateurs. « À cette époque, nous avons observé le temps qu'il fallait aux bureaucraties scolaires pour acheter un ordinateur pour leur école et c'était très lent, a raconté Jobs[*]. Nous avons réalisé qu'une génération entière d'enfants allait passer par l'école sans avoir vu son premier ordinateur et nous nous sommes dit : les enfants ne peuvent pas attendre. Nous voulions donner un ordinateur à chaque école d'Amérique. Or, il y a près de 10 000 lycées et 9 000 écoles primaires. Nous ne pouvions pas en offrir autant. Alors, nous avons étudié la loi et découvert qu'il y en avait une qui stipulait que si vous donniez un équipement scientifique ou un ordinateur à une université pour des besoins éducatifs ou de

---

[*] Interview de Steve Jobs par Daniel Morrow, chez NeXT Computer, 20 avril 1995.

recherche, vous pouviez bénéficier d'une déduction fiscale. Cela signifie que vous ne gagnez pas d'argent mais n'en perdez pas trop – environ 10 %. »

Apple pose sa candidature, avec l'objectif de donner un ordinateur à chaque université d'Amérique, sachant que cela lui coûterait 10 millions de dollars.

Pourtant, Jobs veut voir plus loin. Il souhaiterait faire évoluer la loi afin que les écoles primaires et les lycées puissent être inclus dans une telle opération. À cette fin, il mène campagne auprès du député local Pete Stark avec un slogan : « Les enfants ne peuvent attendre. »

Steve Jobs se rend lui-même à Washington, arpente les couloirs du Congrès durant deux semaines afin de promouvoir l'évolution législative qu'il appelle de ses vœux : la possibilité de déduire fiscalement les ordinateurs donnés aux écoles.

« J'ai probablement rencontré les deux tiers de la Chambre des Représentants et la moitié du Sénat pour leur parler », a raconté Jobs.

Hélas, un député républicain, Bob Dole, freine des quatre fers et fait capoter le projet. Maigre consolation, la loi envisagée par Steve Jobs reçoit le soutien de l'État de Californie : 10 000 écoles sont concernées.

« Ils nous ont dit : vous n'avez rien à faire. Nous allons passer une loi qui stipule que, comme Apple se trouve dans l'État de Californie et y paye ses impôts, vous obtiendrez de toute façon la déduction voulue en Californie. Nous avons également incité plusieurs éditeurs à offrir des logiciels. Nous avons formé gratuitement des professeurs et supervisé cette opération durant des années. C'était phénoménal. L'un de mes grands regrets, c'est de ne pas avoir pu le transcrire au niveau national, du fait que Bob Dole a bousillé l'affaire. Cela reste l'une des choses les plus incroyables que j'ai jamais faites ! »

Dans le *Wall Street Journal* d'août 1980, Steve Jobs fait paraître une page de publicité dans laquelle il vante les mérites des micro-ordinateurs avec lyrisme :

« Qu'est-ce qu'un ordinateur personnel ? Je répondrai à cette question en usant d'une analogie, celle de la bicyclette et du condor. Il y a quelques années, j'ai lu un article, ce devait être dans le *Scientific American*, sur la locomotion des espèces de la planète, l'homme inclus. L'article s'était donné pour but de déterminer les espèces les plus rapides pour aller d'un point à un autre avec le minimum de dépense d'énergie. Le condor est sorti vainqueur de la confrontation. La prestation de l'homme n'était pas convaincante, il se trouvait loin derrière le condor, à la fin du premier tiers de la liste. Quelqu'un a alors eu l'idée de tester son efficacité sur bicyclette. L'homme s'est alors révélé deux fois plus rapide que le condor. Cet exemple illustre l'efficacité de l'homme en tant que concepteur d'outils. Lorsqu'il a créé la bicyclette, il a développé un outil qui amplifiait ses capacités de base. C'est pourquoi je me plais à comparer le micro-ordinateur à la bicyclette. »

Lorsqu'il laisse sa plume aller au gré de son imagination, Jobs montre des qualités indéniables. Pourtant, ses aptitudes au management apparaissent moins brillantes. Originellement prévue pour juillet, la conception de l'ordinateur Apple III essuie retard sur retard. Des atermoiements en partie dus aux lubies de Steve Jobs qui change parfois d'idée d'une semaine à l'autre, obligeant les ingénieurs à jongler avec ses desiderata.

Mike Scott, le président d'Apple, se montre de plus en plus agacé par les frasques du cofondateur d'Apple, et pour cause. Apple a furieusement besoin de sortir l'Apple III en temps et en heure car, en cette année 1980, un événement retient toute l'attention de la société à la pomme : l'entrée en Bourse prévue pour la fin de l'année. Cette introduction est prise en main par les firmes Morgan Stanley et Hambrecht & Quist.

Lorsqu'il a décidé de financer Apple, Markkula a séduit plusieurs investisseurs en capital-risque tels qu'Arthur Rock, qui a soutenu Intel à ses débuts, ou Hank Smith, qui dirige un fonds appartenant à la famille Rockefeller. Don Valentine du fonds Sequoia Capital s'est lui-même joint à l'affaire, l'odeur de l'argent ayant transcendé l'aversion initiale de cet investisseur pour les deux hippies qu'étaient Jobs et Wozniak. À présent, tous ont l'entrée en Bourse en ligne de mire.

L'Apple III est commercialisé en octobre 1980, deux mois avant l'entrée d'Apple sur le Second Marché. Pourtant, le nouvel ordinateur est perçu comme une déception. Les premiers acheteurs ne tardent pas à faire remonter leurs plaintes. Steve Jobs a voulu que l'Apple III n'embarque pas de ventilateur pour qu'il fonctionne dans un parfait silence. Dans la pratique, il en résulte une surchauffe responsable de pannes.

À cette époque, une menace pèse sur les divers micro-ordinateurs, accusés de diffuser un volume excessif de radiations. Afin d'éviter tout souci légal, il a donc été décidé d'insérer la carte mère de l'Apple III dans un boîtier en aluminium éliminant tout risque d'interférence. Le problème, c'est qu'un trop grand nombre de circuits ont été logés sur la carte mère et qu'il ne restait plus assez de place pour y caser la mémoire de l'Apple III. Du coup, les ingénieurs ont choisi de placer la mémoire à part, sur une carte additionnelle. Or, en l'absence de ventilateur, la mémoire dégage une chaleur torride, ce qui provoque des plantages de l'Apple III. Il faudra de nombreuses semaines aux ingénieurs pour repérer la source du problème et le résoudre.

Toutefois le mal est fait : la presse spécialisée a vertement critiqué le nouvel ordinateur et l'image de l'Apple III paraît définitivement ternie, d'autant que le plus redoutable des concurrents, le PC d'IBM, pointe à l'horizon...

Le 12 décembre 1980, Apple opère en fanfare son entrée en Bourse. Proposée à 22 dollars lors de l'ouverture, l'action clôture à 29 dollars. Du jour au lendemain, Apple est capitalisée à 1,7 milliard de dollars. Depuis l'introduction du titre Ford en 1956, on n'a jamais vu ça.

Le soir du 12 décembre, Steve Jobs est crédité d'une fortune estimée à plus de 165 millions de dollars et Wozniak de 88 millions. L'heure est à l'euphorie pour la compagnie de Cupertino citée en modèle par les analystes économiques. Au passage, quarante employés d'Apple deviennent millionnaires.

Pour célébrer l'offre publique initiale d'Apple, une fête est organisée au domicile de David Rockefeller. Les ingénieurs de la société de Cupertino y côtoient le gratin de la banque et de la finance. Rockefeller se plaindra le lendemain des frasques des gens d'Apple : les toilettes de sa maison ont été recouvertes de stickers à l'effigie d'Apple !

L'entrée en Bourse n'a pas que des effets positifs au sein d'Apple : des rancœurs sourdent au sein de la société de la part de ceux qui estiment n'avoir pas eu leur part du gâteau. Parmi ceux qui se jugent lésés figure Daniel Kottke. Étant donné son poste de technicien, aucune action ne lui a été allouée. Or, son patron, Rod Holt, qui s'affirme toujours haut et fort comme socialiste, a touché 60 millions de dollars suite à l'entrée en Bourse !

« Alors que j'étais son ami, Steve Jobs ne semblait pas se soucier que je puisse bénéficier de cette manne, raconte Kottke, et cela m'a beaucoup heurté. J'ai essayé durant plusieurs mois avant l'entrée en Bourse de lui en parler, je lui ai demandé ce qu'il fallait que je fasse pour obtenir des actions. À cette époque, il n'y avait pas vraiment de direction du personnel chez Apple. Rod Holt a donc plaidé ma cause auprès de Steve Jobs, mais il a rejeté sa demande. Ce fut pénible pour moi qui travaillais dur chaque jour. Deux mois avant l'entrée en Bourse, après avoir menacé de démissionner, j'ai finalement obtenu quelques maigres actions de la part d'Apple. »

Avec un chiffre d'affaires de plus de 300 millions de dollars en 1980, Apple devient la société qui a connu le développement le plus rapide de l'histoire industrielle américaine : + 700 % en trois ans !

Jobs, qui est le plus jeune millionnaire américain, apparaît en couverture des plus grands magazines.

Décrit de toute part comme le jeune prodige qui a démarré Apple, il bénéficie d'une notoriété extraordinaire, comparable à celle d'un Harrison Ford ou d'un Paul McCartney. Son ego en sort renforcé.

Pourtant, au sein même d'Apple, la cote de Steve Jobs n'est pas au beau fixe. Apple se prépare à rappeler 14 000 Apple III pour les échanger contre des neufs. Au vu d'un tel fiasco, il apparaît de plus en plus clairement qu'il n'est pas taillé pour diriger une équipe d'ingénieurs.

« Un grand nombre de gens chez Apple avaient peur de Jobs à cause de ses crises de colère inattendues et sa propension à dire aux gens ce qu'il pensait, et qui était la plupart du temps négatif[*] », a témoigné l'un des ingénieurs maison, Andy Hertzfeld.

John Couch, épaulé par d'autres ingénieurs du projet Lisa, vient plaider sa cause auprès de Mike Scott : il est urgent de virer Jobs de l'équipe du Lisa si l'on veut sauver cet ordinateur.

« Mike, nous essayons tant bien que mal de faire aboutir Lisa. Est-ce qu'il serait possible d'éloigner Steve Jobs, afin que nous puissions juste faire avancer les choses ? », argue Couch.

Couch trouve une oreille attentive auprès du PDG d'Apple. Passablement remonté contre Jobs, Mike Scott ne voit aucune objection à écarter l'agitateur du projet Lisa !

---

[*] Andy Hertzfeld, "Black Wednesday", février 1981, disponible sur www.folklore.org.

Furieux, Jobs traîne dans les bureaux d'Apple, laissant éclater son dépit : n'est-il pas le cofondateur de la société ? Animé par un désir de revanche, il déclare à qui veut l'entendre que le conseil d'administration peut aller se faire voir. Puisqu'ils n'ont pas voulu qu'il prenne la tête du département Lisa, il entend démarrer son propre projet d'ordinateur révolutionnaire.

Se sentant peu à l'aise dans les bâtiments d'Apple, il se réfugie dans l'un des bureaux externes, boulevard Stevens Creek, à quelques pâtés de maisons du campus Apple. C'est là que se trouvait le premier bureau de l'entreprise, en 1976, et c'est aussi là qu'a démarré la première équipe de conception du Lisa.

Dans les bureaux du boulevard Stevens Creek, Jobs découvre alors le projet de l'équipe de Jef Raskin, le fameux Macintosh...

Chapitre 7

Les pirates du Macintosh

Entre Steve Jobs et Jef Raskin, le courant n'est jamais vraiment passé.

Illuminé, incontrôlable, démentiel... Jobs lui donne parfois l'impression d'être sous le coup d'un mauvais trip de LSD. Lorsqu'il est en proie à ses fantasmes, toute discussion devient vaine.

Dans l'immeuble de Stevens Creek, Raskin est à l'abri de ce forban. Aidé de trois ingénieurs qu'il a réunis sous sa coupe, il planche sur un ordinateur à même de faciliter le rapport de l'utilisateur à la machine.

« Je souhaitais développer un ordinateur qui serait d'un usage aisé, qui mélangerait les textes et les graphiques et pourrait être vendu 1 000 dollars », a raconté Jef Raskin.

Utopie ? Il est trop tôt pour l'affirmer. Les inventions telles que le Walkman ont démarré par une idée. La technologie a suivi...

« Steve Jobs m'a dit que c'était une idée insensée, que cela ne se vendrait jamais et qu'Apple ne voudrait jamais faire quoi que ce soit de ce type. Il a tenté de descendre le projet... »

De fait, le projet Macintosh a failli être annulé plusieurs fois. À l'automne 1980, Raskin a dû se battre pour qu'il soit maintenu. C'est en octobre que son équipe a été placée dans un petit bâtiment du boulevard Stevens Creek.

Il fait bon vivre autour de Raskin. Affable « nounours », il a recréé l'atmosphère d'un mini-campus estudiantin, et la recherche pure et dure baigne dans un esprit de liesse et de camaraderie. Des guitares, des percussions et autres instruments cohabitent avec les ordinateurs et, à tout moment, les ingénieurs peuvent lâcher leur clavier pour se lancer dans une reprise de *Honky Tonk Women* des Stones. Et pour évacuer le stress de la conception, rien de tel qu'une bataille rangée : des balles de mousse servent de projectiles. Certains sont allés jusqu'à transformer leur bureau en camp retranché, protégé des jets par une barricade de cartons. Avions et automobiles télécommandés complètent le décor.

Tout va pour le mieux et qu'on les laisse en paix. Le Macintosh en surprendra plus d'un... C'est son bébé à lui.

Pour Raskin, subir la présence de Steve Jobs est ce qui pouvait lui arriver de pire. C'est pourtant ce qui se produit lorsque l'intéressé, à peine débarqué du projet Lisa, vient jeter un œil sur l'activité Macintosh. Raskin l'enverrait volontiers valser dans les escaliers. Pourquoi vient-il déranger leur cocon plein de quiétude ? Quelque chose en lui rejette profondément Jobs...

En ce mois de décembre 1980, Burrell Smith, un ingénieur cool avec une coupe de cheveux à la Du Guesclin, a conçu une carte mère pour le Macintosh autour du processeur 68000 de Motorola. Jobs manifeste son admiration pour le design de Burrell. Tout compte fait, le Macintosh n'est pas si mal. Et s'il greffait sur cette machine les idées qu'il a développées suite à sa visite du Parc ?

Au désespoir de Raskin, Jobs jette son dévolu sur le Macintosh. Sans attendre, il réoriente la recherche dans le sens d'un ordinateur équipé d'une interface graphique, tout comme l'Alto de Xerox.

Ayant retrouvé une quête d'un « anneau pour les gouverner tous », Jobs devient à nouveau intenable. Il arpente les bureaux d'Apple en vue de recruter la crème de l'équipe qui a conçu le premier Apple II. Comme il se doit, Steve Wozniak est de la partie. L'équipe du Macintosh, qui se contentait de quatre personnes, grossit de jour en jour et atteint une vingtaine de personnes, dont Dan Kottke et Bill Atkinson.

Dépassé par les événements, Jef Raskin multiplie ses plaintes auprès de l'usurpateur. En tant qu'initiateur du projet Macintosh, il souhaiterait tout de même avoir son mot à dire. Agacé, Steve Jobs lui fait alors savoir que la direction a changé et qu'il a redéfini les rôles :

« Jobs a pris le pouvoir. Il est simplement arrivé et m'a dit : "Je prends le contrôle du développement du Macintosh. Tu peux t'occuper du logiciel et des publications" », a raconté Raskin.

Qu'à cela ne tienne, Mike Scott et Markkula estiment qu'il s'agit d'un projet novateur et que cela vaut le coup de le soutenir. La société gagne beaucoup d'argent et peut se permettre de financer des projets de recherche ambitieux. À tout prendre, le Macintosh occupe Jobs et, pendant ce temps-là, il ne vient plus les importuner !…

Délogé malgré lui, Raskin conservera indéfiniment le sentiment de s'être fait voler son projet.

Le local de Stevens Creek étant devenu trop exigu, l'équipe du Macintosh déménage au début de l'année 1981 dans des bureaux plus vastes, près d'une station-service Texaco. Jobs n'a pas de bureau à proprement parler mais il débarque habituellement durant l'après-midi pour prendre le pouls du développement. Seul

Bill Atkinson demeure à l'extérieur, préférant opérer en solitaire tout en faisant des visites régulières. C'est depuis son domicile qu'il programme l'interface du Macintosh, un programme qui va devenir célèbre, *Quickdraw*.

Comme à son habitude Jobs a toutes sortes d'idées fantasques. Il envisage notamment de supprimer le clavier pour que tout soit fait avec la souris. À l'origine, il ne souhaite même pas conserver le nom Macintosh, et considère qu'il s'agit juste d'un nom de code pour le projet. Toutefois, à force de s'y référer, les membres de l'équipe vont naturellement imposer son appellation.

Le 7 février 1981, Steve Wozniak est aux commandes de son avion personnel, un Beechcraft Bonanza. Il vient de prendre place et transporte trois passagers vers San Diego. S'il effectue ce déplacement, c'est en vue de faire réaliser une bague de mariage pour sa fiancée. Lors du décollage, à l'aéroport de Scotts Valley en Californie, l'avion s'écrase au sol.

Durant plus d'un mois, Wozniak traverse une période où sa mémoire n'imprime plus. S'il a conservé ses souvenirs antérieurs à l'accident, il ne parvient pas à se rappeler ce qu'il vit dans le moment présent.

Pour le cofondateur d'Apple, cet épisode signe le temps d'une pause. Wozniak décide qu'il serait bon qu'il termine la dernière année d'études qu'il avait entamée à Berkeley. Il entend par ailleurs user de son pactole pour organiser de grands concerts de rock. Woz va demeurer hors d'Apple durant deux ans.

Comme Wozniak se tient à l'écart de l'entreprise, Jobs s'affirme comme le véritable patron du projet Macintosh. Il se retrouve seul, sans son complice pour jouer les garde-fous.

Libre d'agir à sa guise, il se donne corps et âme dans la réalisation d'une machine dont il estime qu'elle pourrait modifier l'existence de millions d'individus. Laissant libre cours à son esprit exigeant et têtu, il veille à obtenir l'impossible de ceux qui travaillent sous ses ordres quasi tyranniques...

Durant ce mois de février 1981, un visiteur français arrive à Cupertino. Il s'appelle Jean-Louis Gassée et vient d'être nommé à la tête d'Apple France. Pour ce premier voyage à la maison mère, Gassée s'est habillé en costume trois pièces rayé comme il le faisait chez son précédent employeur, Exxon. Sa première rencontre avec le mythique Steve Jobs est pour le moins inattendue :

« Dans la salle du conseil d'administration, je vois alors un gars en sandales assis en tailleur sur une petite table en train de se curer les doigts de pied. Je me suis dit : "Ça y est ! J'ai atterri chez les allumés !" »

Comme d'autres, Gassée va être marqué par la personnalité de ce franc-tireur dont le charme envahit ceux qu'il côtoie. Fin stratège, observateur avisé, il va se distinguer en gérant l'une des filiales les plus profitables d'Apple.

Le mercredi 25 février 1981 est une journée maussade pour Apple. À cause des méventes de l'Apple III, Mike Scott procède au licenciement de quarante employés, ce qui inclut la moitié de l'équipe Apple II, au prétexte qu'ils seraient superflus !

Dès 9 heures du matin, Scott fait venir un à un des gens dans son bureau pour leur annoncer la nouvelle. Il déclare aux infortunés que l'entreprise a grandi trop vite, qu'ils ont procédé à des embauches inadéquates, que la division Apple II est devenue trop sûre d'elle-même et qu'il faut en extraire les mauvais éléments. À mesure que les heures passent, les rescapés se rongent les ongles : font-ils partie de la charrette ?

Durant l'après-midi de ce jour qui restera dans les mémoires comme le *Mercredi Noir*, autour d'une bière, Scott lâche cette invraisemblable profession de foi :

« J'ai toujours dit que je quitterais Apple dès lors que la direction ne m'amuserait plus. J'ai changé d'avis – si ce n'est plus drôle, je licencierai des gens jusqu'à ce que cela le redevienne ! »

Scott est pourtant le seul à trouver matière à rire dans cet acte que certains décrivent comme « stalinien ». Dans les couloirs d'Apple, le choc est perceptible. Parmi ceux qui ont été remerciés figure Rick Aurrichio, un programmeur fort talentueux de l'équipe Apple II.

En fin de journée, quelques employés approchent timidement Mike Scott et certains se hasardent à lui dire qu'il a fort mal géré la situation. Steve Jobs, pour sa part, exprime vertement sa désapprobation auprès de Markkula. Durant de nombreux jours, le *Mercredi Noir* est au centre des conversations et sa blessure pèse dans l'atmosphère. Après le traumatisme qu'a causé pour certains employés l'entrée en Bourse, cet épisode semble marquer un nouveau tournant au sein d'Apple.

Mike Scott ne sait pas encore qu'il va lui-même pâtir de cette manie du licenciement. Il a pris sa décision sans avoir reçu l'approbation du conseil d'administration et, désormais, ses jours chez Apple sont comptés.

À la suite du *Mercredi Noir*, l'un des ingénieurs les plus brillants de l'équipe Apple II, Andy Hertzfeld, fait part à un cadre d'Apple qu'il envisage de quitter la société. Le lendemain matin, un message de la secrétaire de Scott l'attend, expliquant que le patron désire le voir au plus vite. Mike Scott affirme tenir à ce que Hertzfeld demeure dans l'entreprise et demande ce qui pourrait le motiver. Hertzfeld répond qu'il apprécierait de travailler sur le projet Macintosh.

Aussitôt dit, aussitôt fait : Hertzfeld est reçu par Steve Jobs. D'emblée, ce dernier joue la carte de la provocation : « Est-ce que tu es vraiment assez bon pour travailler dans l'équipe du Mac ? »

Hertzfeld fait valoir les réalisations qu'il a accomplies et exprime sa motivation.

Dans l'après-midi, Andy Hertzfeld voit soudain Steve Jobs débarquer dans son bureau. Le fondateur d'Apple lâche : « Bonne nouvelle ! Je t'annonce que tu fais partie de l'équipe de création du Macintosh. »

Hertzfeld réplique : « Super ! Mais je dois d'abord terminer un projet pour l'Apple II. J'en ai pour une journée ou deux. »

Jobs paraît horrifié et rétorque : « Qu'est-ce qui est plus important que le Macintosh ? Tu perds ton temps avec ça. L'Apple II sera mort dans quelques années. Le Mac est le futur et tu démarres maintenant ! »

Joignant le geste à la parole, Jobs débranche purement et simplement l'ordinateur de Hertzfeld, occasionnant la perte de tout le travail effectué ce jour-là. Il empile les éléments et quitte la pièce en emportant l'Apple II de Hertzfeld sous le bras, tout en disant : « Viens avec moi, je t'emmène à ton nouveau bureau ! »

Tandis que Jobs avance vers le parking, Hertzfeld court derrière lui en protestant. Avant qu'il ait pu comprendre, son Apple II atterrit dans le coffre de la Mercedes de Jobs. Quelques minutes plus tard, Hertzfeld se retrouve dans le bâtiment qui jouxte la station-service Texaco.

Le lendemain, Hertzfeld apprend d'un collègue que le lancement du Macintosh est prévu pour janvier 1982, soit dans moins de 11 mois, ce qui lui paraît complètement irréaliste. À cette remarque, son interlocuteur, Bud Tribble, lui répond :

« Steve insiste sur le fait que nous livrions le Mac au début de l'année 1982 et refuse d'entendre toute réponse contraire. La situation est digne de *Star Trek*. Il faut que tu le saches : Steve a un "champ de distorsion de la réalité"*.

– Un quoi ?

---

* Conversation rapportée par Andy Hertzfeld, "Reality Distortion Field", février 1981, www.folklore.org.

– Un champ de distorsion de la réalité. En sa présence, la réalité devient malléable. Il peut convaincre n'importe qui de pratiquement n'importe quoi. Cela s'atténue lorsqu'il n'est pas dans les parages, mais dans le même temps, cela rend difficile d'avoir des prévisions réalistes. Il y a d'ailleurs d'autres choses que tu devrais savoir sur Steve.

– Quoi donc ?

– Le fait qu'il te dise qu'une chose est géniale ou affreuse ne veut pas nécessairement dire qu'il ressentira la même chose le lendemain. Il faut filtrer… Si tu lui donnes une nouvelle idée, il te dira d'emblée qu'il la trouve stupide. Une semaine plus tard, il reviendra te voir pour te proposer ton idée, comme s'il y avait pensé lui-même ! »

Au cours des semaines qui suivent, Hertzfeld va réaliser qu'il en est bel et bien ainsi.

Quelques semaines plus tard, Hertzfeld surprend une conversation entre Jobs et James Ferris, qui ne manque pas de le captiver.

Directeur de création, Ferris est venu sur place afin d'aider Jobs à créer le boîtier du Mac. Jef Raskin avait imaginé un ordinateur de forme horizontale similaire à un coffre de machine à coudre, s'ouvrant sur le devant pour révéler le clavier. Jobs ne souhaite pas retenir ce modèle qu'a déjà adopté un constructeur, Adam Osborne.

« Il faut que le Macintosh soit différent de tout ce qui existe », clame Jobs[*].

Un peu plus tard, il revient à la charge :

« Il faudrait tout de même un look classique, qui ne puisse pas se démoder, comme la Coccinelle de Volkswagen.

---

[*] Andy Hertzfeld, *Revolution in the Valley: The Insanely Great Story of How the Mac Was Made*, 2004.

– Non, je ne crois pas. Les lignes doivent être voluptueuses, comme une Ferrari, répond Ferris.

– Non, pas une Ferrari non plus. Plutôt une Porsche !

Une semaine plus tard, Jobs et Ferris décident de briser les conventions en adoptant un boîtier orienté verticalement. C'est le créateur du boîtier de l'Apple II, Jerry Manock, qui doit s'atteler à la conception du boîtier du Mac, épaulé par un dessinateur, Terry Oyama. Comme l'on peut s'y attendre, le premier modèle proposé par Manock va déclencher les foudres de Jobs qui concédera tout de même un point :

« Il faut bien démarrer quelque part… »

Lors d'une réunion en juin 1981, Burrell Smith présente la carte mère du Macintosh. Steve en fait alors la critique, mais uniquement sur le plan esthétique :

« Cette partie est vraiment belle. En revanche, les puces mémoire, c'est horrible. Les puces sont trop rapprochées[*] !

– En quoi est-ce important ?, demande un nouveau membre de l'équipe. Qui se soucie du look de la carte mère ? L'important, c'est son fonctionnement. Personne ne verra jamais la carte mère. »

Steve Jobs réfute cet argument avec véhémence :

« Moi je vais la voir et je veux qu'elle soit aussi belle que possible, même si elle est à l'intérieur du boîtier. Un grand charpentier ne va pas utiliser du bois de mauvaise qualité pour le fond d'un placard sous prétexte que personne ne le verra jamais ! »

Le nouveau venu tente de faire valoir son point de vue tandis que les autres membres de l'équipe échangent des regards complices, sachant à l'avance qu'il s'engage dans une bataille perdue d'avance.

---

[*] *Ibid.*

Durant le mois de mars 1981, Jobs est invité à la *Ben Rosen Conference*, une réunion organisée par Ben Rosen, l'un des investisseurs vedettes de la Silicon Valley. Entraîné par son lyrisme, Jobs ne peut s'empêcher d'évoquer en filigrane la direction prise par Apple avec le Macintosh.

Dans l'assistance, un dénommé Bill Gates demeure électrisé par le discours de Jobs. Éditeur de logiciels, il dirige une jeune société, Microsoft. Au sortir de la conférence, ils s'entretiennent avec ferveur. Du même âge que son interlocuteur, Gates a signé un contrat majeur en fournissant le logiciel de base du PC d'IBM !

À force de cuisiner Steve Jobs, Gates comprend qu'il se prépare quelque chose de révolutionnaire chez Apple. La curiosité aiguisée, il insiste pour en apprendre davantage, faisant miroiter à Jobs la possibilité que Microsoft écrive des logiciels pour le mystérieux ordinateur qui se profile à l'horizon.

Le loup a mis un pied dans la bergerie…

Au printemps 1981, l'étudiant Bruce Horn s'apprête à recevoir son diplôme à Stanford lorsqu'il reçoit un appel de Steve Jobs. Ce dernier l'a repéré au Xerox Parc où Horn a souvent travaillé à temps partiel.

« Bruce, c'est Steve, qu'est-ce que tu penses d'Apple ?

– Apple est une boîte cool. Mais j'ai déjà accepté un job à VTI*.

– Tu as fait quoi ? Oublie ça et sois chez Apple demain matin à 9 heures. Nous avons plein de choses à te montrer. »

Le lendemain, Horn rencontre l'équipe Mac, à commencer par Jobs qui n'est pas économe de tirades. À l'entendre, Apple ne prépare pas un nouvel ordinateur, mais un objet de portée historique, quelque chose qui va révolutionner l'accès à la connaissance…

---

* Bruce Horn, "Joining the Mac Group", sept. 1981, www.folklore.org.

Durant deux jours, Horn est soumis à toutes sortes de démonstrations et, peu à peu, il se laisse emporter par la vague. Le lundi suivant, il appelle VTI pour dire qu'il entre chez Apple : il est désormais convaincu, lui aussi, que le Mac va changer le monde !

De même, sur l'insistance de Jobs, Chris Espinoza, qui a participé aux débuts d'Apple alors qu'il n'avait que 15 ans puis a repris des études, quitte l'école et rejoint l'équipe du Mac.

Afin d'avoir définitivement les coudées franches sur le projet Macintosh, Steve participe à l'éviction de Mike Scott. Le PDG d'Apple est remplacé par Mike Markkula. Jobs, pour sa part, est nommé président du conseil d'administration (*Chairman of the board*).

« Mike Scott avait licencié tous ces gens sans avoir suivi les procédures correctes, commente Wozniak. Cela lui a coûté sa place. Il s'était débarrassé des bonnes personnes, pour l'essentiel ! »

Mike Scott quitte officiellement Apple le 10 juillet 1981 après avoir rédigé une lettre de démission où il laisse transparaître son désenchantement.

Vers le début de l'été, Bill Gates rencontre Steve Jobs, Jef Raskin et Andy Hertzfeld chez Apple. Il est venu avec trois ingénieurs de Microsoft. Sur un prototype du Macintosh, les quatre hommes de Microsoft assistent à une démonstration éblouissante de l'interface graphique en cours de réalisation tandis que Jobs commente chaque action.

Gates presse Hertzfeld de questions afin de connaître les tenants et aboutissants de la machine miraculeuse. Steve Jobs s'alarme de la trop grande curiosité de Bill Gates et hurle à plusieurs reprises à Hertzfeld : « Boucle-la ! »

Pas question de laisser filtrer les informations relatives aux recherches en cours !

En attendant, Bill Gates et ses lieutenants paraissent excités par le Macintosh. Fin visionnaire, le patron de Microsoft perçoit instantanément quelle est la portée du futur ordinateur et juge qu'il serait avisé d'investir dans le projet. Après tout, répète-t-il, le Macintosh a besoin de logiciels !

Lors du dîner qui s'ensuit, un semblant d'accord est pris. Microsoft pourrait réaliser trois programmes pour le Mac : le traitement de texte *Word*, le tableur *Multiplan* et le logiciel graphique *Chart*. Comme Jobs prévoit alors de lancer le Macintosh en octobre 1982, il impose des délais extrêmement serrés.

Bill Gates, de son côté, songe déjà à développer un programme pour PC, *Windows*, qui serait inspiré du Mac. À peine de retour chez Microsoft, il prend contact avec Xerox afin d'acquérir une licence des outils graphiques développés au Parc.

Lors de la sortie officielle de l'IBM PC, en août 1981, Jobs se paye le luxe de saluer l'entrée dans l'arène de ce concurrent redoutable en s'offrant une pleine page dans le *Wall Street Journal* intitulée : « Bienvenue IBM, sérieusement. »

Wall Street Journal, 12 août 1981 :

« Bienvenue IBM.

Sérieusement.

Bienvenue sur le marché le plus excitant et le plus important depuis que la révolution informatique a commencé il y a trente-cinq ans.

Et félicitations pour votre premier ordinateur personnel.

En mettant la puissance d'un ordinateur entre les mains des individus, il est possible d'améliorer la façon dont ils travaillent, pensent, apprennent à communiquer et occupent leur temps de loisir.

Aujourd'hui, l'aptitude à l'informatique devient presque aussi fondamentale que savoir lire ou écrire.

Lorsque nous avons inventé le premier ordinateur personnel, nous estimions que, dans le monde, plus de 140 millions d'individus pourraient en acquérir un s'ils en comprenaient les avantages.

Dès l'année prochaine, nous estimons qu'un bon million d'individus auront eu cette compréhension. Durant la prochaine décennie, la croissance de l'ordinateur personnel se poursuivra de façon exponentielle.

Nous nous attendons à une compétition responsable, dans l'effort massif consistant à distribuer cette technologie américaine au monde. Et nous apprécions l'ampleur de votre engagement.

Ce que nous faisons, c'est accroître le capital social en développant la productivité individuelle.

Bienvenue à la tâche.

Apple »

La tactique de Jobs est avisée. Il martèle le message comme quoi Apple a été le premier à sortir un ordinateur personnel. Et en souhaitant la bienvenue à IBM, Apple joue les grands seigneurs, et laisse entendre que l'entreprise californienne n'a pas peur du numéro 1 de l'informatique. À cette époque, la société de Jobs et Wozniak a déjà vendu 300 000 Apple II, soit un tiers du parc total de micro-ordinateurs.

Pourtant, lorsque l'Apple III ressort dans une version améliorée en novembre 1981, Apple est à la peine. Le nouvel ordinateur est boudé par le public et rien ne semble pouvoir lui faire remonter la pente. L'IBM PC, pour sa part, connaît un démarrage plus qu'honorable pour l'époque : 50 000 machines sont écoulées entre septembre et décembre. Le numéro 1 de l'informatique se pose immédiatement en concurrent redoutable : sur l'année entière, Apple a vendu 135 000 machines.

Qu'importe… Jobs a une stratégie pour contrer l'arrivée tant redoutée d'IBM. Le projet Macintosh a pris l'aspect d'une croisade : il va représenter la liberté, le fun, l'esthétique, face à un IBM PC triste et sérieux. Certains ingénieurs d'Apple tels que

Hertzfeld achètent l'ordinateur d'IBM et le démontent. Ils découvrent alors que cette machine est ridiculement mal conçue !

Le groupe Macintosh – ceux que Jobs surnomme « les pirates » – s'acharne à créer un produit d'une tout autre envergure sous la houlette d'un esprit perfectionniste jusqu'à l'entêtement.

Côté cœur, Steve Jobs entretient une relation avec la chanteuse folk Joan Baez. Elle est alors âgée de 40 ans alors qu'il n'en a que 23. Avoir Baez comme dulcinée est tout un symbole. La chanteuse a été l'une des égéries du poète qu'il adule par-dessus tout, Bob Dylan. La relation sera toutefois brève. Peu après, Jobs va avoir pour nouvelle compagne une très belle femme nommée Christina Redse, que l'on compare fréquemment à Darryl Hannah[*]. Et comme Redse est aussi une femme de caractère qui ne s'en laisse pas compter, ils vont rester ensemble plusieurs années.

Un jour de décembre, Bruce Horn vient se plaindre auprès d'Andy Hertzfeld : le développement du Mac est effectué sur un prototype d'ordinateur Lisa, tandis que lui-même n'en a pas obtenu un.

« Je devrais peut-être aller bosser dans une vraie société, où l'on fournit les outils appropriés aux développeurs », lâche Horn, excédé.

Herztfeld n'apprécie pas ce commentaire et s'en confie à Jobs avec ces mots :

« Devrions-nous licencier Bruce ? »

À la grande surprise de Hertzfeld, Jobs répond :

« Non ! Trouvez-lui juste un ordinateur ! »

Le jour suivant, Bruce Horn reçoit un message de Steve lui indiquant de se rendre dans un certain bureau d'un bâtiment d'Apple et d'y emporter l'ordinateur qui s'y trouve. Horn se rend dans

---

[*] Alan Deutschman, *The Second Coming of Steve Jobs*, 2001.

la pièce en question et découvre que le nom de John Couch est placardé sur la porte. Un peu inquiet mais tout de même rassuré de disposer d'un mot signé de Steve Jobs, il emporte le Lisa qui se trouve sur le bureau du chef du projet Lisa !

« Je ne sais toujours pas à ce jour si Steve avait arrangé cela avec John Couch ou si ce dernier a eu la surprise de se retrouver avec un bureau vide !... », a raconté Horn[*].

Au début de l'année 1982, le bureau Texaco est devenu trop petit pour loger l'équipe du Macintosh. Jobs décide alors de rapatrier l'équipe dans un espace du campus Apple, d'une taille suffisante pour accueillir une cinquantaine de personnes.

À présent, Steve Jobs a pour préoccupation de trouver un patron d'envergure à Apple, quelqu'un qui aurait une stature adéquate pour préparer et accompagner le lancement du Mac. En premier lieu, il a sollicité Don Estridge, le cadre d'IBM qui a porté le projet de l'IBM PC jusqu'à sa mise en vente. Pour mieux l'appâter, il lui propose un salaire annuel supérieur à 1 million de dollars. Estridge décline l'offre dorée d'Apple.

En deuxième choix, Jobs jette son dévolu sur un as du marketing : John Sculley. Jobs est fasciné par la réussite de cet homme de 38 ans. Sculley a réussi à faire monter la cote de Pepsi-Cola auprès des jeunes, à une époque où cette marque était terrassée par Coca-Cola. Sculley a même gagné des parts de marché sur son compétiteur historique. Jobs perçoit là une marque de génie et juge que Sculley dispose du profil idéal pour une société comme Apple.

Signe de la popularité du fondateur d'Apple, lorsque John Sculley raconte à sa fille que Jobs va lui rendre visite, celle-ci s'écrie :

« Steve Jobs ! Tu vas voir Steve Jobs ? »

---

[*] Bruce Horn, "I Don't Have a Computer!", déc. 1981, www.folklore.org.

Comme s'il s'agissait de Mick Jagger...

« Comme tant d'autres, je fus subjugué par ce garçon précoce et envoûtant, déjà légendaire... » C'est ainsi que John Sculley a relaté sa première entrevue avec le fondateur d'Apple en 1982. Dès le premier instant, il est abasourdi par l'audace de ce franc-tireur de l'informatique. Jobs, pour sa part, apprécie l'ouverture d'esprit du président de PepsiCo.

« Depuis que je le connais, Steve a toujours adoré les beaux produits. Lorsqu'il est venu chez moi, il était fasciné parce que j'avais des charnières et des serrures conçues spécialement pour mes portes – j'avais fait des études de design industriel. C'était cette passion que nous avions en commun, pas l'informatique », a raconté Sculley*.

« Je n'y connaissais rien en informatique, pas plus d'ailleurs que qui que ce soit d'autre à l'époque. Nous étions au tout début de la révolution de l'ordinateur personnel. En revanche, nous avions tous deux une même foi dans les vertus d'un beau design. Steve estimait qu'il fallait concevoir le design en partant de l'expérience de l'utilisateur. Il regardait toujours les choses de ce point de vue. À l'inverse de nombreuses personnes opérant dans le marketing, qui auraient procédé à des études sur les consommateurs et demandé aux gens ce qu'ils veulent, Steve ne croyait pas à ces choses-là. Il disait : "Comment puis-je demander à qui que ce soit à quoi devrait ressembler un ordinateur basé sur l'interface graphique si personne n'a la moindre idée de ce que c'est ? Personne n'en a encore jamais vu." »

Lorsqu'il met les pieds à Cupertino, John Sculley est plutôt déconcerté par le style d'Apple. Comme il l'a raconté dans ses mémoires† :

---

* "John Sculley: The Secrets of Steve Jobs's Success", Cultofmac.com, 14 octobre 2010.
† John Sculley, *Odyssey: Pepsi to Apple... A Journey of Adventure, Ideas and the Future*, 1987.

« Mike Markkula m'a accueilli vêtu d'une chemise dont il avait remonté les manches et d'un pantalon de style décontracté. J'étais le seul à l'étage à porter un costume. Je me sentais peu à mon aise. J'étais surpris de voir que la plupart des gens chez Apple s'habillaient de manière moins formelle que le personnel d'entretien de Pepsi. En guise de bureau, Markkula disposait d'un petit box avec une table ronde au centre. L'endroit était propre et bien rangé. Derrière lui, quelques ordinateurs Apple faisaient apparaître les cours de la Bourse. »

La surprise de Sculley est plus forte encore lorsqu'il découvre le bureau de Steve Jobs au coin opposé de l'étage. Avant d'y entrer, il remarque une file de personnes à l'extérieur, attendant leur tour. On peut entendre le téléphone qui ne cesse de sonner. Steve Jobs, pour sa part, est vêtu d'une chemise à carreaux aux manches retroussées et d'un jean.

« Curieusement, Steve n'avait pas d'ordinateur dans son bureau, mais des pièces d'électronique et des boîtiers dispersés. Il y régnait une impression de fouillis et de désordre. Des affiches et images avaient été scotchées sur les murs. »

Jobs revient alors du Japon et sur son bureau se trouvent des éléments d'un nouveau produit qu'il a rapporté en Californie.

« J'ai découvert que chaque fois que Steve voyait quelque chose de nouveau, il voulait en savoir plus. Il l'achetait, le démontait, essayait de comprendre comment cela fonctionnait. »

Aidé d'un autre designer, Jerry Manock – le créatif qui a jadis conçu le boîtier de l'Apple II – propose six prototypes à Steve Jobs avant d'obtenir son approbation. Le design du boîtier du Mac est finalement prêt en février 1982. Pour l'occasion, une petite fête bien arrosée est organisée. Ce soir-là, Jobs arrive avec une idée extravagante. Étant donné que les ingénieurs du Mac sont des artistes, il estime normal qu'ils apposent leur signature sur leur œuvre. Il a donc décidé que les signatures des membres de l'équipe apparaîtraient sur la partie interne de la coque en plastique.

Durant la soirée, une grande feuille de papier circule sur la table afin que chacun la signe. La séance dure une bonne quarantaine de minutes. Steve est le dernier à apposer sa signature.

Tous les trois mois, Steve Jobs invite Bill Gates en Californie afin d'être informé de l'état d'avancement des logiciels. Le ton tourne à la récrimination : Microsoft n'avance pas assez vite pour être en mesure de tenir les délais ! Jobs malmène son interlocuteur, le presse de travailler de façon plus intense sur le Mac et de laisser tomber la collaboration avec IBM, une multinationale qu'il assimile au diable. De son côté, Gates se plaît à dresser la liste des problèmes rencontrés par les équipes de développement de Microsoft et nargue son interlocuteur :

« Steve, si tu ne corriges pas tous ces problèmes, vous ne vendrez pas un seul Mac ! »

Entre les deux surdoués, la relation est électrique. En privé, Gates s'avoue agacé par la personnalité de Jobs qui, selon lui, « se gargarise de phrases comme quoi le Mac va conquérir le monde ! ».

Un jour de mars 1982, Steve Jobs, Andy Hertzfeld et Burrell Smith reçoivent en entretien une recrue potentielle, qui leur a été recommandée par une personne d'Apple. L'homme qui se présente en costume cravate semble guindé et crispé. Comme il peine à répondre aux questions, Steve Jobs se lance soudain dans une incroyable agression verbale[*] :

« À quel âge avez-vous perdu votre virginité ?

– Qu'avez-vous dit ?

---

[*] Andy Hertzfeld, "Gobble, Gobble, Gobble", mars 1982, www.folklore.org.

– Est-ce que vous êtes vierge ? »

Hertzfeld et Smith éclatent de rire tandis que le candidat, troublé, ne sait quoi répondre.

« Combien de fois avez-vous pris du LSD ? », réattaque Jobs.

Pour venir en aide à l'infortuné candidat, Hertzfeld lui pose une question technique. Il reçoit alors une longue réponse. Steve s'impatiente et marmonne :

« Glou glou, glou glou, glou glou… »

À nouveau, Hertzfeld et Smith éclatent de rire, rejoints par Jobs. Le postulant se lève prestement et indique qu'il n'est pas la personne adéquate pour le travail recherché.

Steve Jobs conclut alors sèchement : « Fin de l'interview ! »

Les « pirates » qui développent le Macintosh ont fort à faire pour tenter de contrer certaines lubies de Jobs. L'une de ses idées bizarres concerne la présence de connecteurs d'extension dans le Macintosh. Ces connecteurs, présents sur les PC, permettent aux utilisateurs d'augmenter les capacités de l'ordinateur. Wozniak a toujours été un grand partisan de la chose : l'Apple II a été doté de sept emplacements pouvant recevoir des cartes d'extension.

Jef Raskin, lorsqu'il a démarré le projet Macintosh, en a décidé autrement. Il estime que la présence d'extensions rend les ordinateurs trop complexes. Étrangement, c'est l'un des rares points sur lesquels Jobs se montre d'accord avec Raskin. Pour le Macintosh, il prend une décision qui, avec le recul, paraîtra complètement infondée : cet ordinateur sera dépourvu d'emplacements d'extension. Et pour éviter toute tentation, le Mac sera logé dans un boîtier scellé, empêchant son ouverture par l'utilisateur.

Burrell Smith, qui est en charge de la conception du matériel, s'oppose tant bien que mal à cette idée[*]. Les composants électro-

---

[*] Andy Hertzfeld, *Revolution in the Valley: The Insanely Great Story of How the Mac Was Made*, 2004.

niques évoluent très vite, le Mac pourrait bien être perçu comme dépassé techniquement au moment de sa sortie ! Autant prévoir la possibilité d'en étendre les capacités. Il suggère de prévoir au moins un emplacement d'extension. Il reçoit un refus catégorique.

Inquiet, Burrell décide de contourner habilement la chose : avec son collègue Brian Howard, il conçoit une extension qu'il nomme « port de diagnostic », prétendant que cet emplacement va aider à diagnostiquer d'éventuelles erreurs de fabrication. Le subterfuge dure quelques semaines.

Un jour, pourtant, Rod Holt, qui assiste Jobs à la création du Mac, réalise que des sourires en coin se dessinent chaque fois que le « port de diagnostic » est évoqué. Il saborde alors cette extension…

De son côté, Jef Raskin n'a pas fini d'avaler des couleuvres. Un an plus tôt, Jobs a pris le contrôle de la création du Mac et a signifié à Raskin qu'il conservait la maîtrise du développement et des publications. En mai 1982, il vient voir à nouveau Raskin pour lui annoncer une nouvelle réduction de sa tutelle :

« Écoute, je prends également le contrôle du logiciel. Tu peux conserver les publications.

– Tu peux prendre également les publications ! », rétorque Raskin hors de lui.

Dans la foulée, il donne sa démission*.

Le départ de Raskin est pourtant mal vécu par Mike Markkula. Assez vite, Raskin se voit proposer de reconsidérer sa position :

« Tu ne peux pas quitter Apple. Donne-nous un mois, nous allons te faire une offre que tu ne pourras pas refuser. »

---

* Susan Lammers, *Programmers at Work: Interviews With 19 Programmers Who Shaped the Computer Industry*, 1986.

Raskin patiente durant un mois mais finit par refuser l'offre des pontes d'Apple. Sa rancœur envers Jobs demeurera vive au fil des années.

« J'ai été très amusé par l'article de *Newsweek* où Jobs disait : "J'ai encore quelques bonnes idées de conception en moi", va déclarer Raskin en 1986[*]. Jobs n'a jamais conçu quoi que ce soit. Il n'a pas conçu un seul produit. Woz a conçu l'Apple II. Ken Rothmuller et d'autres ont conçu le Lisa. Mon équipe et moi-même avons conçu le Macintosh… Qu'est-ce que Jobs a conçu ? Rien. »

Sur la conception du Macintosh, Jobs commet une autre erreur de taille. En août 1982, Burrell Smith plaide pour que le Mac puisse disposer d'une mémoire de 256 ko avec la possibilité de l'étendre à 512 ko, ce qui permettra de faire tourner des logiciels ambitieux. Là encore, Jobs met son veto et insiste pour que le Mac soit livré avec 128 ko sans possibilité d'étendre la mémoire ! Cette fois, Burrell va avoir gain de cause : sans en toucher mot à Steve, il réalise une carte mère qui sera susceptible d'accueillir 512 ko en temps voulu…

Sur le plan privé, Jobs achète un appartement dans le bâtiment The San Remo de New York, connu pour abriter de nombreuses personnalités dont Demi Moore, Steven Spielberg, l'acteur Steve Martin, la princesse Yasmin Aga Khan, la fille de Rita Hayworth… Il fait appel aux services de l'architecte I. M. Pei pour entreprendre la rénovation des deux étages supérieurs de la tour nord. Pourtant, il ne va jamais emménager dans cet appartement[†].

À Cupertino, l'équipe responsable du Macintosh connaît des semaines infernales de 90 heures en moyenne. En novembre 1982, Jobs va jusqu'à faire hisser un drapeau noir avec un crâne et deux os qui s'entrecroisent dans les bureaux afin de mieux marquer la différence du clan Mac qu'il se plaît encore et toujours à nommer les pirates !

---

[*] *Ibid.*

[†] Deux décennies plus tard, Jobs a vendu cet appartement à Bono, le chanteur du groupe U2.

En dépit d'un tel dévouement, l'équipe chargée de réaliser le Lisa prend de vitesse celle du Mac. Steve Jobs avait parié 5 000 dollars qu'il serait le premier à présenter un produit fini et il est contraint de s'acquitter de la somme auprès du directeur du projet Lisa, John Couch.

Apple achève l'année 1982 avec un chiffre d'affaires de 583 millions de dollars et une capitalisation de 1,7 milliard. Les 7 millions de parts de Steve Jobs lui apportent une fortune estimée à 210 millions de dollars.

À la fin de l'année 1982, le magazine *Time* caresse l'idée de nommer Steve Jobs « Homme de l'Année » et envoie un reporter en Californie pour interviewer le créatif californien. Pourtant, la rédaction change d'avis et décide de brasser plus large. C'est « l'ordinateur » qui se voit décerner ce titre ! L'article interne fait la part belle aux modèles de Commodore ou de Sinclair, mais aussi à l'Obsborne I, au TRS-80 comme à l'Apple II. Steve Jobs fait quand même l'objet d'un reportage admiratif intitulé : « Le nouveau Livre de Jobs. »

L'enfant terrible de la micro-informatique y est décrit ainsi :

« Il a 27 ans. Il vit à Los Gatos en Californie et travaille à vingt minutes de chez lui à Cupertino, une ville de 34 000 habitants qu'il a transformée à un point tel que certains habitants de San Francisco, 45 km plus haut, l'appellent Computertino. Jobs ne vit aucunement à la manière d'une superstar. Son domicile de Los Gatos pourrait difficilement faire l'objet d'un reportage de magazine dédié aux beaux intérieurs. Des chemises fraîchement lavées sont étalées sur le sol d'une chambre dépourvue de meubles, une lettre d'amour est accrochée sur le réfrigérateur, la chambre principale accueille une commode, un matelas, un Apple II et quelques photos encadrées (Einstein, son ami le gouverneur Jerry Brown, un gourou). Jobs a longtemps été végétarien mais a abandonné cette discipline ("il faut trouver un équilibre entre une vie plus saine et la nécessité d'interagir avec d'autres", dit-il) et s'habille de manière informelle mais stylée. »

Un peu plus loin, le reporter, Jay Cocks, note cette curieuse remarque de Jobs relative à sa vie alimentaire.

« La quantité d'énergie que votre corps dépense à digérer les aliments excède souvent l'énergie que nous obtenons de ces aliments. »

Cocks note également que Jobs planifie de donner 10 000 ordinateurs Apple aux écoles de Californie afin, selon le reporter, d'obtenir une belle réduction d'impôts et de mettre un pied dans le « marché des jeunes ».

Certains de ceux qui ont connu Jobs interviennent et dressent un portrait qui n'est pas toujours flatteur. Jef Raskin, qui ne rate plus une occasion de taper sur celui qui l'a éjecté du projet Macintosh, lâche cette saillie qui en dit long sur l'absolutisme du leader d'Apple : « Il aurait fait un excellent roi de France. »

L'ordinateur Lisa est présenté à la presse en janvier 1983, et suscite l'émerveillement des journalistes spécialisés. Steve Jobs prend des accents lyriques pour commenter la révolution accomplie. Pourtant, il ne peut s'empêcher d'évoquer l'autre projet en cours chez Apple, celui du Macintosh, précisant que ce micro-ordinateur analogue sera vendu cinq fois moins cher. Ce faisant, il contribue à tuer dans l'œuf l'intérêt du public pour le Lisa !

Lorsqu'un membre de la presse lui demande si le Macintosh répond à une attente du public, corroborée par des études de marché, Jobs a cette réponse cinglante :

« Vous pensez peut-être que Graham Bell a fait des études de marché avant d'inventer le téléphone ? »

Les discussions entre Steve Jobs et John Sculley s'éternisent plusieurs mois. Elles atteignent leur paroxysme le 20 mars 1983, alors que les deux hommes discutent au sommet d'une tour de New York[*].

---

[*] John Sculley, *Odyssey: Pepsi to Apple... A Journey of Adventure, Ideas and the Future*, 1987.

« Alors finalement, est ce que tu viens chez Apple ? demande Jobs.

– Steve, j'adore ce que tu fais. C'est excitant. Comment serait-il possible de ne pas être captivé ? Dans le même temps, ma venue n'a aucun sens. »

Sculley explique qu'il faudrait un appât financier de taille de la part d'Apple : un salaire de 1 million de dollars, 1 million de dollars de bonus d'embauche et 1 autre million de dollars à titre d'indemnités de licenciement pour le cas où tout ne se déroulerait pas comme prévu.

« Comment es-tu arrivé à ces chiffres ? demande Jobs.

– Ce sont des chiffres ronds, et ils me facilitent mes rapports avec Kendall (le cofondateur de Pepsi) !

– Même si je dois payer ces sommes de ma poche, je veux que tu viennes chez Apple. Nous devrons résoudre ces problèmes car tu es la meilleure personne que j'aie rencontrée. Je sais que tu es parfait pour Apple et Apple mérite le meilleur.

– Steve, j'adorerais être ton conseiller, t'aider de diverses façons. Chaque fois que tu passes à New York, j'aurai plaisir à passer du temps avec toi. En revanche, je ne pense pas que je puisse venir chez Apple. »

Après une pause, Steve lâche la phrase décisive, celle qui va hanter Sculley durant des jours et des jours et qu'il va encaisser comme un coup-de-poing à l'estomac.

« Est-ce que tu veux passer le restant de tes jours à vendre de l'eau sucrée ou veux-tu saisir une chance de changer le monde ? »

L'argument atteint Sculley de plein fouet. Un mois plus tard, il prend ses fonctions à Cupertino.

Les débuts de John Sculley chez Apple sont timides. La micro-informatique n'est pas son domaine et, durant de longs mois, il reste dans l'ombre de Jobs, tentant de comprendre les rouages d'Apple. La chose n'est pas aisée car le fondateur d'Apple préfère concentrer son attention sur la création du Macintosh, et ne se soucie aucunement des bénéfices et autres futilités.

D'une certaine façon, la venue de l'ancien PDG de PepsiCo chez Apple est un choc des cultures. Sculley est un homme au style Nouvelle-Angleterre en costume-cravate, formé au capitalisme rigoriste protestant et accoutumé à évoluer dans un milieu maniéré et poli. Il côtoie des babas cool en jean et T-shirt et assiste à des réunions qui tournent à la foire d'empoigne.

Sculley découvre au passage la méthode Steve Jobs, ce qui ne manque pas de le déconcerter[*] :

« Steve n'hésitait pas à qualifier le travail des ingénieurs de "sombre m…" et à le leur renvoyer avec rage. Ils se faisaient alors tout petits et rassemblaient juste assez d'énergie pour aller s'asseoir et redémarrer. J'étais stupéfait par son comportement, même lorsque la critique était justifiée.

"Tu te plantes complètement, pouvait dire Steve. Voilà comment il faut que tu procèdes." Il se lançait alors dans une longue harangue. "Pourquoi est-ce que tu ne peux pas faire les choses comme il faut ? Ce n'est pas assez bon. Tu sais que tu peux faire bien mieux que cela !

– Steve, nous ne pouvons faire cela. C'est trop complexe, lui disait un ingénieur de design.

– Je n'accepte pas cela. Si tu ne peux pas le faire, je vais trouver quelqu'un d'autre !" »

John Sculley n'en revient pas du dévouement que Jobs parvient à obtenir de ses troupes.

« Tout en se montrant extrêmement exigeant, Jobs apportait une inspiration phénoménale à son équipe, les incitant à accomplir quelque chose de grand. Il les poussait jusqu'à leurs limites, jusqu'à ce qu'eux-mêmes soient stupéfaits de voir ce qu'ils avaient

---

[*] *Ibid.*

pu accomplir. Il possédait un sens inné pour ce qui est d'extraire le meilleur des gens. »

Pendant ce temps, Apple essuie un sérieux revers avec Lisa : peu de cadres sont prêts à débourser les 10 000 dollars nécessaires à l'acquisition de ce micro-ordinateur de rêve. Pour combler le tout, cet ordinateur est incompatible avec l'Apple II et l'Apple III ainsi qu'avec le tant attendu Macintosh. Quelques mois plus tard, des rangées entières de Lisa invendus seront entreposées dans une déchetterie de l'Utah.

L'usine qui va produire le Macintosh est placée sous la responsabilité d'une jeune femme, Debbie Coleman. Chaque fois qu'il lui rend visite, Jobs arrive vêtu de gants blancs et effleure chaque surface. Il s'agace dès qu'il trouve la moindre poussière.

« J'en trouvais partout : sur les machines, au sommet des étagères, sur le plancher. Je demandais donc à Debbie de tout faire nettoyer. Je lui disais que nous devrions pouvoir manger sur le sol de l'usine. Cela rendait Debbie folle. Elle ne comprenait pas pourquoi il faudrait être en mesure de manger sur le sol[*] », va raconter plus tard Jobs.

« L'usine est devenue propre, mais des conflits persistaient avec Debbie sur d'autres points. Et puis un jour, je suis venu à l'usine et j'ai vu qu'elle avait réorganisé certaines des machines. Auparavant, elles se trouvaient sur le sol, un peu au hasard. Debbie les avait déplacées, elles les avaient mises sur une ligne droite et rendu l'endroit propre visuellement. Je n'avais rien demandé. Cela m'a indiqué qu'une lumière s'était allumée dans son esprit. Je n'ai plus jamais eu à lui en reparler. À partir de là, elle a décollé comme une fusée, car elle avait compris le principe sous-jacent. Et l'usine a fonctionné à merveille. »

L'une des premières décisions de Sculley se révèle avisée. À cette époque, la société concentre l'essentiel de ses efforts de

---

[*] "The Entrepreneur of the Decade: An Interview with Steven Jobs", *Inc*, 1er avril 1989.

promotion sur l'Apple III, sorti depuis mai 1980. Bien qu'il ait connu un démarrage chaotique et que ses ventes patinent, il a droit à des pleines pages de publicité dans le magazine *Time*. Un message est même véhiculé par Apple : l'Apple III est une machine pour les professionnels, alors que l'Apple II est essentiellement un ordinateur de loisir. Le public ne suit pas et l'Apple III affiche d'ores et déjà une perte de 60 millions de dollars sur l'année. Curieusement, les utilisateurs semblent lui préférer encore et toujours le bon vieil Apple II, un ordinateur pour lequel on trouve le plus de jeux et d'accessoires.

« On peut se demander pourquoi Apple a laissé tomber si longtemps l'Apple II qui produisait tant de bénéfices, déplore Wozniak. Il semble que certains cadres voulaient prouver leur propre génie. Ils ont même demandé à des ingénieurs d'ajouter à l'Apple II des puces qui désactivaient certaines caractéristiques ! Pourquoi y avait-il ce coup de folie pour l'Apple III, alors que ce produit avait très vite été un échec. À sa sortie, il comportait trop d'anomalies pour qu'il apparaisse jamais comme un bon choix. »

Sculley observe la situation d'un œil impartial et agit en bon gestionnaire : il coupe purement et simplement les vivres à l'activité Apple III. L'Apple II est réhabilité. Au même moment, Steve Wozniak revient chez Apple après deux années de pause. Il se voit spontanément affecté dans l'équipe Apple II afin de dorloter les nouveaux modèles tels que le IIc et le IIe. Toutefois, l'essentiel de l'attention reste rivé sur le Macintosh.

« John Sculley et Steve Jobs agissaient de façon très rapprochée. Si Sculley était indubitablement le président, Jobs le nourrissait continuellement d'informations sur le marché, les produits, les options, les technologies… Toutefois, le parti pris était clairement en faveur du Macintosh », ajoute Woz.

Vers le milieu de l'année 1983, la tension monte d'un cran entre Apple et Microsoft lorsque Jobs et Sculley découvrent que Microsoft a annoncé un programme pour les PC, *Windows*, qui s'inspire de l'interface Mac. Furieux, Jobs s'écrie :

« Je veux voir Bill Gates dans mon bureau avant le coucher du soleil ! »

Le fondateur de Microsoft débarque en Californie et se fait hurler dessus par Jobs qui affirme qu'il n'est qu'un traître : *Windows* n'est qu'un vol pur et simple de la technologie d'Apple ! Jobs pose alors la question : Apple peut-elle continuer de travailler avec ce plagieur qui a abusé de leur confiance ?

D'ordinaire, les interlocuteurs de Jobs se montrent intimidés. Pourtant, Bill Gates ne se laisse aucunement démonter. Calmement, il réfute les accusations de Jobs et indique qu'il s'est contenté d'agir de la même façon qu'Apple en s'inspirant des découvertes du Xerox Parc – sur lesquelles Microsoft a veillé à prendre un brevet !

Irrité, Jobs prépare ses représailles : à quelques mois du lancement du Mac, il lui explique qu'il serait préférable de ne pas livrer les logiciels de Microsoft avec le nouvel ordinateur. Bill Gates découvre bientôt que Jobs l'a berné : ce sont deux logiciels maison, *MacPaint* et *MacWrite* qui seront fournis avec la machine ! Gates est furieux, mais ne parvient pas infléchir la décision de Jobs.

Apple termine l'année 1983 avec un chiffre d'affaires qui dépasse le milliard de dollars, une performance essentiellement due à la popularité intacte de l'Apple II dont plus de 100 000 exemplaires sont encore diffusés mensuellement.

Toutefois, IBM a avancé à pas de géant. En l'espace de deux ans, le numéro 1 de l'informatique a capturé 30 % du marché des ordinateurs personnels et n'en laisse que 21 % à Apple. Apple n'est plus le numéro 1 de son secteur !

Qu'importe… Jobs est persuadé que le Macintosh va renverser la vapeur et permettre de terrasser le mastodonte de l'informatique.

À cette époque où IBM pèse 40 milliards de dollars et emploie près de 350 000 personnes, alors qu'Apple ne réalise que 1 milliard de dollars et compte 4 645 employés, Jobs ne rate jamais une occasion de désigner la cible à abattre : le géant des géants.

Comme Steve Jobs le rappelle avec malice et arrogance lors d'une allocution publique face aux fans d'Apple à l'automne 1983, IBM a raté selon lui toutes les bonnes opportunités...

En 1958, ils n'ont pas eu la clairvoyance d'acheter la jeune Xerox. Dix ans plus tard, ils n'ont pas vu venir le mini-ordinateur et DEC s'est engouffré dans la brèche. En 1977, Apple a inventé – à l'en croire – le micro-ordinateur que, là encore, IBM regardait de haut. Jobs dépeint les deux sociétés, Apple et IBM, comme engagées dans un combat sans merci, écartant tout autre compétiteur de la scène de la micro-informatique :

« Nous arrivons en 1984 et il semble qu'IBM veuille tout accaparer, assène Jobs. Apple est perçu comme le seul rival capable de concurrencer IBM. Les distributeurs qui avaient accueilli IBM à bras ouverts commencent à redouter une mainmise totale du marché et ils se tournent de plus en plus vers Apple, la seule force qui puisse assurer leur liberté future. IBM veut tout et elle pointe ses canons vers son dernier obstacle, Apple. »

Lorsqu'il lâche « Est-ce que Big Blue va dominer l'industrie tout entière ? », des voix s'élèvent dans la foule pour crier « Non ! ».

Il enchaîne alors avec ces mots : « Est-ce que George Orwell avait vu juste à propos de 1984 ? »

Il présente alors à la foule des fans d'Apple en avant-première un petit film appelé à devenir célèbre...

Un clip dans lequel IBM se voit comparée à Big Brother !

Chapitre 8

La révolution du Mac

« Les gens du Mac constituent le groupe le plus formidable avec lequel j'aie jamais travaillé. Ils sont exceptionnellement brillants. Pourtant, et c'est encore plus important à mes yeux, ils partagent une qualité à propos de leur vision de la vie : 'la récompense est dans le voyage'. Ils désirent vraiment que ce produit fasse sa place dans le monde. À l'heure actuelle, le Macintosh est plus important que leur vie personnelle.

La force motrice du Macintosh, c'est son équipe. Je ne peux pas passer suffisamment de temps avec eux, et c'est regrettable, car j'ai d'autres responsabilités. Dès que j'ai un moment disponible, je reviens au plus vite parmi eux car c'est l'endroit le plus fun du monde.

L'Apple II dégageait quelque chose de magique, de difficilement explicable. De toute ma vie, le Macintosh est la deuxième chose qui m'ait fait ressentir cela. Des opportunités telles que le

Macintosh n'arrivent pas très souvent. Dès le départ, vous savez que c'est quelque chose d'énorme. Nous voulons tous qu'il soit parfait et nous travaillons sans relâche en ce sens. Chacun se sent une responsabilité personnelle envers ce produit.

Le Macintosh est le futur d'Apple Computer. Il est réalisé par une bande de gens incroyablement talentueux. Dans la plupart des entreprises, on ne leur donnerait pas la chance de créer un tel impact. "Et même chez Apple, cela ne peut durer éternellement." Ils vont peut-être rester ensemble pour une autre version du Mac et puis chacun poursuivra son propre chemin. En ce moment particulier, nous sommes tous rassemblés pour créer ce nouveau produit. Nous le sentons : c'est probablement la meilleure chose que nous ferons dans cette vie. »

C'est pour le premier numéro d'un magazine dédié au Macintosh, *Macworld*, en 1984, que Steve Jobs a rédigé cet essai tout en lyrisme. Telle est sa conviction. Tout comme la plupart de ses collègues d'Apple, il semble certain que le Macintosh va représenter une révolution telle que l'adhésion du public ira de soi...

Les semaines précédant le lancement du Macintosh sont vécues dans une fièvre ardente. Les programmeurs en viennent à ne dormir que quelques maigres heures par nuit.

Quelques mois avant la sortie du Mac, Jobs s'est associé les services d'un designer de talent, l'Allemand Hartmut Esslinger, créateur du studio Frogdesign, afin qu'il peaufine l'allure générale de l'ordinateur. Habillé du boîtier monobloc dessiné par Jerry Manock et Terry Oyama et stylisé par Esslinger, le Mac se distingue par de fines lignes qui allègent ses surfaces et des angles subtilement arrondis. C'est une œuvre d'art à lui seul.

De leur côté, Steve Jobs et John Sculley s'escriment sur le prix du Mac. Les revenus d'Apple sont en baisse et le développement du Mac a fortement ponctionné la trésorerie de la société. Or, l'une des premières décisions de Sculley a été d'augmenter substantiellement le budget publicitaire d'Apple.

Le débat fait rage entre les deux hommes. Comment fixer le prix adéquat ? Le nouveau PDG souhaite récupérer ses investissements. Jobs argue que si le Mac est vendu trop cher, il risque de décourager des acheteurs potentiels. Par moments, pour stimuler leur réflexion, ils échangent leurs positions : Jobs prend le parti d'un prix élevé et John Sculley celui d'un prix faible.

« Steve et moi appréciions de défendre une position, puis prendre le parti opposé et adopter l'argumentaire de l'autre. Nous faisions cela constamment lorsque nous débattions sur de nouvelles idées, de nouveaux produits ou même à propos de collègues[*] », a raconté Sculley.

En parallèle, Jobs et Sculley rencontrent inlassablement les acteurs des médias afin de prêcher la bonne parole au sujet de la révolution du Mac.

Le magazine *Playboy* a réservé à Jobs son interview du mois avec une parution prévue fin janvier 1985. Avec des accents quasi messianiques, Jobs compare ni plus ni moins l'arrivée du Mac à l'invention du téléphone...

« Il y a cent ans, si quelqu'un avait demandé à Graham Bell : "Que serez-vous en mesure de faire avec un téléphone ?", il aurait été incapable de dire comment il allait bouleverser le monde. Il ne pouvait se douter que les gens pourraient un jour appeler pour savoir quels sont les films que l'on projette la nuit suivante, commander des marchandises chez leur épicier ou joindre un parent à l'autre bout du monde. Rappelez-vous cependant que le télégraphe avait été inauguré en 1844. C'était une percée fantastique dans les télécommunications. Vous pouviez envoyer un message de New York à San Francisco en un après-midi !

Pour améliorer la productivité des entreprises, il avait été envisagé de placer un télégraphe dans chaque bureau. C'était pourtant hors de question. Pour se servir d'un télégraphe, il fallait

---

[*] John Sculley, *Odyssey: Pepsi to Apple... A Journey of Adventure, Ideas and the Future*, 1987.

apprendre le Morse, un code étrange fait de points et de traits. Il fallait au moins 40 heures pour l'apprendre. La plupart des gens n'y seraient jamais parvenus.

Heureusement, Bell a déposé le brevet du téléphone vers 1870. Il accomplissait la même fonction que le télégraphe, mais les gens savaient immédiatement comment l'utiliser.

Aujourd'hui, nous sommes dans la même situation. Certains parlent de placer un IBM PC sur chaque bureau. Cela ne marchera pas. Cette fois, les codes qu'il faut apprendre sont les "barres obliques inversées". Ils ne les apprendront pas plus qu'ils n'ont appris le Morse. La génération actuelle des ordinateurs est déjà dépassée.

Nous désirons que le Macintosh soit semblable au premier téléphone. Un outil pour le grand public.

Voilà le rôle du Macintosh. C'est le premier téléphone de notre industrie ! »

Pour lancer le Macintosh, Steve Jobs a voulu un clip publicitaire hors du commun. Pour cela, l'agence qu'il a choisie, Chiat/Day, a fait appel au cinéaste Ridley Scott. Le mini-film conçu par le réalisateur de *Blade Runner* est fondé sur le livre de George Orwell, *1984*.

Apocalyptique, le spot dépeint une civilisation grisâtre avec des êtres fantomatiques se dirigeant, tels des esclaves amorphes, vers un auditorium. Ils écoutent alors le discours rageur de Big Brother.

Poursuivie par des policiers en noir casqués, une joggeuse blonde vêtue d'un short rouge vif et d'un T-shirt Macintosh se précipite dans l'auditorium. Armée d'un marteau, elle fracasse l'écran sur lequel apparaît Big Brother. Un vent frais se répand alors sur les visages des spectateurs qui reprennent vie, et un rayon de soleil s'infiltre dans la pièce.

Le message final est explicite :

« Le 24 janvier 1984, Apple Computer va présenter le Macintosh.

Vous verrez alors pourquoi 1984 ne sera pas comme *1984* ! »

Le clip *1984* doit être diffusé durant le Superbowl – la finale du championnat de football américain qui voit s'affronter les deux équipes sorties victorieuses de diverses rencontres de la National Football League (NFL). Événement majeur s'il en est, la soirée du Superbowl recueille la plus forte audience annuelle de la télévision américaine.

Seulement voilà : lorsque le clip *1984* est projeté au conseil d'administration d'Apple, une semaine avant le Superbowl, la plupart de ses membres se déclarent horrifiés. Contre l'avis de Jobs, il est décidé de revendre le temps de diffusion acheté pour la soirée du Superbowl !

La chance se montre du côté de Steve : Apple ne parvient pas à revendre ce créneau de diffusion.

« La chance est une force de la nature, dira Jobs à propos de ce clip. L'utilisation du thème de *1984* semblait une idée si évidente que j'avais peur que quelqu'un l'utilise avant nous. Mais personne ne l'a fait. »

Pour Noël 1983, Jobs organise une grande fête sur fond de valses de Strauss au St. Francis Hotel de San Francisco en l'honneur des artistes qui ont conçu le Mac. Chacun d'entre eux reçoit son propre Mac portant son propre nom gravé sur une plaque personnalisée.

À cette époque, un reporter interviewe l'équipe et à la suite de ces entrevues, il va écrire ceci :

« Le développement du Macintosh a été tour à tour traumatisant, joyeux, exténuant, dément, enrichissant. Il demeure que pour tous ceux qui y ont été impliqués, c'est le plus grand événement de leur existence[*]. »

Le 23 janvier 1984, le Macintosh est lancé par le spot publicitaire de Ridley Scott, projeté lors du troisième quart-temps de la finale du Superbowl à une heure d'audience maximale. 46,4 % des foyers américains découvrent l'ordinateur rêvé par Jobs au travers de ce spot dévastateur. Le clip *1984* va par la suite recevoir plus de trente-cinq prix, dont un au Festival de Cannes.

Le lendemain, Steve Jobs apparaît sur la scène de l'Auditorium du Flint Center de Cupertino. Le temps des blue-jeans est révolu : le Jobs nouveau est vêtu selon la mode des années quatre-vingt, avec un costume et une chemise blanche surmontée d'un nœud papillon. Les rangées du Flint Center sont bondées d'un public qui semble d'emblée acquis à la cause.

Jobs récite quelques lignes de son chanteur favori Bob Dylan : « Le monde et les temps changent » (*The times, they are changing*). Il évoque sa crainte de voir IBM régenter la micro-informatique, imposant les méthodes inhumaines dont cette société a usé vingt ans plus tôt.

Après avoir décrit le Macintosh comme « démentiellement géant », Jobs fait alors l'éloge de sa qualité graphique. Les yeux mouillés tant il est ému, il dévoile lentement l'enfant prodige, puis introduit une disquette dans la fente frontale.

Dans la salle, chacun retient son souffle, tandis que les haut-parleurs retentissent des accents grandioses de la musique du film *Les Chariots de Feu* qu'a composée Vangelis. Les mots « démentiellement géant » (*insanely great*) viennent s'inscrire sur l'écran. Puis, le dessin d'une geisha conçue sous *MacPaint* s'affiche avant de laisser la place à *MacWrite* et ses jolies polices d'imprimerie.

---

[*] "For the Rest of Us: a Reader-Oriented Interpretation of Apple's 1984 Commercial", *Journal of Popular Culture*, été 1991.

Dès la première seconde, il apparaît que le Mac a été pensé pour le grand public et non pour les informaticiens. Il n'est plus nécessaire de taper des instructions complexes comme sur le PC d'IBM. La technologie est dissimulée sous un univers familier : dessins, dossiers, documents, corbeille à papier… Dans *MacPaint*, le dessin est effectué le plus simplement du monde à l'aide d'un crayon et d'une gomme.

Pour mieux se distinguer, Macintosh salue l'utilisateur en souriant. Mieux encore, il parle…

« Nous vous avons beaucoup parlé du Macintosh récemment, déclare Jobs, sourire aux lèvres. Aujourd'hui, j'aimerais laisser le Macintosh vous parler lui-même. »

De la petite boîte blanche sort une voix synthétique et tandis qu'elle s'exprime, les mots prononcés s'affichent sur l'écran :

« Bonjour, je suis Macintosh.

C'est vraiment formidable d'être sorti de mon emballage.

Je ne suis pas habitué à parler en public mais j'aimerais vous confier une maxime qui m'est venue la première fois que j'ai vu un gros système IBM.

NE FAITES JAMAIS CONFIANCE À UN ORDINATEUR QUE VOUS NE POUVEZ PAS SOULEVER ! »

Dans la salle, les rires fusent.

« Il est clair que je peux parler. Mais pour le moment, je préfère me détendre et écouter. C'est avec une considérable fierté que j'aimerais vous présenter quelqu'un qui est comme un père pour moi : Steve Jobs. »

Il s'ensuit une ovation digne de la prestation d'un ténor de l'Opéra. Jobs en profite pour faire acclamer les membres de l'équipe qui a conçu le Mac et qu'il a répartis sur les cinq premiers rangs de l'auditorium.

Du jour au lendemain, l'IBM PC apparaît comme une vieillerie, un ordinateur ringard et démodé…

Le Macintosh fait l'objet d'une campagne à grande échelle visant à le présenter comme un micro-ordinateur fabuleux tirant un trait sur le passé. Apple investit un budget colossal – 15 millions de dollars – pour diffuser internationalement ce message.

Le Macintosh fait la Une de magazines branchés tels que *Rolling Stone* et Steve Jobs, devenu plus que jamais un héros de la culture américaine, donne plus de deux cents interviews et participe à d'innombrables séances photos. Le Mac est cité aux informations télévisées et fait l'objet de commentaires en radio.

L'euphorie liée au Macintosh est si intense qu'elle en vient à masquer un fait : l'Apple II demeure, bon gré mal gré, le best-seller maison. Si Apple a pu se maintenir à flot malgré les échecs successifs de l'Apple III et de Lisa, c'est grâce aux déclinaisons de l'Apple II.

Le 24 avril 1984, Apple lance l'Apple IIc, une version compacte de l'ordinateur conçu par Woz. Pourtant, au cours de la présentation sur la scène du Moscone Center, Jobs consacre la plus grande partie de son speech à faire l'apologie du Macintosh et des ventes qu'il a connues durant ses cent premiers jours.

« Il a fallu deux ans et demi pour que l'Apple II se vende à 50 000 exemplaires. Il a fallu 7 mois et demi à l'IBM PC pour atteindre ce chiffre. Il n'a fallu que 74 jours au Macintosh pour atteindre ce niveau ! »

Se gargarisant de tels chiffres, Jobs affirme que la cible qu'Apple s'est fixée a été dépassée, que le Mac en est déjà à 60 000 exemplaires et que les 70 000 exemplaires devraient être atteints d'ici le 2 mai. Enfin, il affirme que « le Mac est l'Apple II des années quatre-vingt », ce qui n'est pas pour plaire à Wozniak, qui est revenu chez Apple l'année précédente.

Au niveau des campus, le Mac est un succès. Harvard, Stanford, Princeton, Brown et huit autres universités s'engagent à en acquérir pour 2 millions de dollars dans les deux années à venir*. Pourtant, au niveau général, la déconvenue est rapide. Certes, le Mac est une vraie révolution. C'est la première machine qui fait ouvrir les yeux au grand public et amène le simple quidam à réaliser qu'il peut utiliser un ordinateur. Dans le même temps, fort peu de gens peuvent se l'offrir car la machine est chère – 2 500 dollars. De plus, alors que Jobs visait les millions d'employés travaillant dans des bureaux, l'ordinateur prodige peine à séduire les entreprises. Ses capacités sont tout simplement sous-dimensionnées.

En dépit de sa convivialité, le Macintosh est limité par ses 128 ko de mémoire et ne se révèle pas assez puissant pour supporter des logiciels complexes. La simple copie de fichiers est fastidieuse, nécessitant d'entrer une disquette, de la retirer pour en placer une autre, puis de réinsérer la première ! De plus, on ne peut aucunement lui connecter un disque dur, alors que cet accessoire qui permet de stocker des données est courant sur les IBM PC et ses clones.

Le Mac présente une autre tare, qui résulte là encore de l'obstination de Jobs : l'appareil n'intègre pas de système de ventilation – Jobs est rebuté par le bruit engendré par de tels appareils. En conséquence, certains propriétaires du premier Mac sont obligés d'acquérir un étrange accessoire, le Mac Chimney (« Mac cheminée »), une sorte de coiffe disgracieuse posée par-dessus l'ordinateur et qui a pour fonction de le rafraîchir.

L'autre grand souci est que le Macintosh manque cruellement de logiciels. Les grands éditeurs tels que Lotus ou Personal Software tardent à publier des programmes pour l'ordinateur d'Apple. *Multiplan*, de Microsoft, qui apparaît en avril 1984, n'est pas au point et doit être retiré des rayons avant de ressortir quelques mois plus tard.

L'IBM PC, bien qu'il soit fruste et sans panache, séduit le monde des grandes entreprises. Ce fabricant d'ordinateurs a acquis une réputation honorable au niveau du service rendu à ses clients. De plus, un adage a cours, que ce constructeur aime

---

* Jeffrey S. Young, *Steve Jobs: The Journey is the Reward*, 1987.

répéter à l'envi : « Personne ne s'est jamais fait virer pour avoir acheté de l'IBM... »

Au mois de juin 1984, les ventes du Macintosh entament une chute marquante. La situation devient progressivement alarmante, avec pour conséquence une détérioration des relations entre Steve Jobs et John Sculley. Ce dernier va toutefois attendre la fin de l'année avant de réagir. Sa venue chez Apple est récente et il apparaît comme submergé par la personnalité de Jobs. Pour sa part, ce dernier commence à se demander s'il a fait le bon choix avec Sculley et se surprend à rêver d'assumer lui-même la présidence d'Apple. De leur côté, les membres de l'équipe Mac se moquent souvent de Sculley et les demandes adressées par ce dernier sont traitées avec désinvolture, comme si son pouvoir était purement symbolique.

« Steve n'avait pas confiance dans ma capacité de diriger Apple, dira plus tard Sculley[*]. Il pensait que je n'en savais pas assez sur les produits pour opérer comme il faut. »

Pour l'heure, Jobs et Sculley se retrouvent côte à côte à chaque réunion, événement ou fête, et leurs propos sont fort similaires. Jobs apparaît comme le leader naturel tandis que Sculley tempère ici ou là son discours, dans un souci de séduire le monde des entreprises.

Pourtant, certaines prises de position de Jobs commencent à agacer de nombreux cadres d'Apple tant elles paraissent déconnectées de la réalité. Lors d'une réunion portant sur l'imprimante LaserWriter qu'Apple s'apprête à lancer au prix de 7 000 dollars, l'un des participants s'avise de lui faire remarquer que ce prix est trop élevé :

« Moi, j'en achèterais volontiers une, argue Jobs !

– Formidable ! Mais les milliardaires de 28 ans ne constituent pas un très grand marché pour nous, ou est-ce que je me trompe[†] ? », lui répond un responsable du marketing.

---

[*] Interview de John Sculley, *Playboy*, septembre 1987.
[†] Jeffrey S. Young, *Steve Jobs: The Journey is the Reward*, 1987.

Les semaines passent et les ventes du Macintosh ne se redressent pas, ce qui laisse Jobs désemparé, incapable de comprendre ce qui se passe et de plus en plus angoissé à l'idée que le Mac soit un échec, comme l'a été le Lisa...

Alors que l'automne s'en vient et que les ventes du Mac stagnent toujours, il apparaît qu'il manque toujours à l'ordinateur un logiciel phare, qui serait au Mac ce que *VisiCalc* a été à l'Apple II.

En novembre 1984, l'éditeur Lotus annonce la sortie prochaine d'un logiciel appelé *Jazz*. Il s'agit d'un programme « tout-en-un » qui rassemble un traitement de texte, un tableur et une base de données. Sa sortie est prévue pour mars 1985.

Jazz est attendu impatiemment par Apple car ce programme devrait séduire les grandes entreprises et relancer les ventes du Mac. Le logiciel *1-2-3* de Lotus est alors le numéro 1 des ventes sur PC, et c'est un favori des cadres de tout poil. *Jazz* reçoit donc le soutien officiel d'Apple : John Sculley en vante ouvertement les mérites et Steve Jobs prédit que *Jazz* va se retrouver sur 50 % des Macintosh.

Un autre éditeur a pourtant lancé un développement pour le Macintosh de façon plus discrète : Microsoft. Lorsqu'un émissaire de Bill Gates vient présenter ce logiciel, baptisé *Excel* à Steve Jobs, il reçoit un accueil pour le moins froid :

« Vous êtes dingues les gars ! *Jazz* sera le logiciel du Macintosh. Vous le retrouverez sur chaque bureau là où il y aura un Mac ! »

Bill Gates n'est pas de cet avis. Il est alors convaincu que les logiciels « tout-en-un » tels que *Jazz* sont voués à l'échec.

Vers la fin de l'année 1984, une réunion des forces de vente d'Apple est organisée à Hawaii et, pour la première fois, une tension peut se lire dans les relations entre Steve Jobs et John Sculley. Les deux hommes jadis si proches se sont chacun placés à une extrémité de la pièce. Durant toute la séance, le climat est à l'orage. Lorsque l'un des deux fait une blague, l'autre s'abstient de rire.

Alors qu'Apple est en difficulté et a fortement besoin de soutiens externes, Steve Jobs est capable d'adopter un comportement totalement imprévisible, se montrant aisément irascible. Peu avant les fêtes de Noël, il se rend à un rendez-vous chez Epson, près de Tokyo. Hélas, sur la route, le véhicule qui doit le conduire est bloqué à cause d'une avalanche. Jobs arrive avec six heures de retard et manifeste sa fureur devant ses hôtes d'Epson. Il commence par vociférer une liste de sushis qu'il faut aller lui chercher illico. Puis, une fois que le président d'Epson a dévoilé ses nouveautés, il s'exclame : « Tout ça, c'est nul ! Vous n'avez donc rien qui tienne la route ? » Il s'en va alors, laissant ses hôtes en état de choc*.

La période de Noël 1984 se révèle particulièrement rude. Au lieu des 85 000 ventes prévues pour les fêtes, le Macintosh plafonne aux alentours de 20 000 unités. Une fois de plus, c'est le bon vieux Apple II qui sauve l'entreprise du désastre : il représente 70 % des ventes de la période des fêtes.

Devant l'échec du Macintosh, Apple se retrouve sur des sables mouvants, et la perspective de pertes monumentales se dessine à l'horizon.

Pour sauver ce qui peut l'être, Steve Jobs n'entrevoit qu'une solution : se débarrasser coûte que coûte de John Sculley…

---

* *Ibid.*

Chapitre 9

La chute de Steve

D ans la solitude de son bureau présidentiel, Sculley tente de
prendre du recul par rapport à la situation d'Apple…

Emporté par ses lubies, Steve Jobs l'a mené en bateau, lui faisant
miroiter une victoire tranquille, un inévitable raz-de-marée, une
conquête digne d'Alexandre le Grand. Trop peu au fait de ce marché,
Sculley s'est laissé impressionner par les gesticulations de Steve, ses
emphases, ses affirmations n'admettant aucune réplique. Sculley
l'a vu s'agiter, dégainer ses suggestions à tout propos, insister pour
prendre en main le design du Macintosh et sa promotion, défendre
ses convictions bec et ongles. Jobs était partout. Ne connaissant pas
grand-chose au domaine de l'informatique, John Sculley s'est contenté
de le regarder faire, parfois déconcerté, souvent admiratif. Il
s'est jeté dans l'euphorie qui a précédé et suivi le lancement du
Macintosh.

« Steve était arrogant, outrancier, intense, exigeant et perfectionniste...

Il était aussi très immature, fragile, sensible et vulnérable.

Il était dynamique, visionnaire, charismatique mais aussi entêté, refusant tout compromis, totalement impossible à gérer[*]. »

Il a fallu plus d'un an pour que Sculley prenne ses marques. À présent, la lune de miel est révolue. Sculley prend peu à peu son indépendance et ses distances vis-à-vis de Jobs. La perception qu'il entretient de Jobs n'est plus empreinte de la grâce initiale...

En cette fin d'année 1984, Sculley a découvert que Jobs avait imposé des choix techniques incohérents pour le Macintosh et que ceux-ci sont en partie responsables des méventes de l'ordinateur.

Le fondateur d'Apple a insisté pour que le Mac ne comporte que 128 ko de mémoire – quatre fois moins que l'IBM PC. Burrell Smith et d'autres ingénieurs ont tenté en vain de l'en dissuader : une telle contrainte réduisait de façon significative les possibilités du Mac. Devant l'obstination du visionnaire, Burrell Smith a choisi secrètement de réaliser une carte mère dont la mémoire puisse être étendue à 512 ko. Face à la chute des ventes et au ralentissement des commandes, la nécessité de commercialiser ce Macintosh 512 ko s'impose. Le Mac retrouvera peut-être les faveurs du public et Jobs n'y sera absolument pour rien : il s'est opposé à ce choix ! Pourtant, lui-même semble aujourd'hui convaincu que le Mac 512 ko pourrait sauver l'affaire...

Seulement voilà, le Mac souffre d'autres lacunes, là encore imposées par Jobs : absence de ventilateur, pas de disque dur... L'aura de visionnaire de génie du cofondateur d'Apple s'atténue de jour en jour.

---

[*] John Sculley, *Odyssey: Pepsi to Apple... A Journey of Adventure, Ideas and the Future*, 1987.

Le souci immédiat de Sculley est de redresser Apple au plus vite : le conseil d'administration d'Apple lui demande des résultats et lui fait clairement comprendre que, faute de faire ses preuves, il est assis sur un siège éjectable. Or, en vieux routier du monde des affaires, Sculley sait où se trouvent ses alliés potentiels : dans ce même conseil d'administration d'Apple, un aréopage de banquiers, d'investisseurs, de gestionnaires avant tout anxieux de faire fructifier leurs deniers. Les envolées de Steve Jobs, ses coups d'éclat, sa manie de donner son opinion sur tout, ne peuvent que dérouter cette population sélecte. Alors que Sculley, par nature, est l'un des leurs.

S'il faut choisir un camp, c'est celui-là. Sculley n'est pas dupe. Jobs et son équipe le prennent de haut. Ils ne l'ont jamais totalement intégré et font fi de son autorité : ses demandes ne sont nullement suivies d'effet.

Il est temps de prendre le contrôle.

De son côté, Jobs n'a pas dit son dernier mot...

Comme le Mac n'a pas rencontré le succès attendu, Jobs a besoin de boucs émissaires et Sculley apparaît comme le premier d'entre eux. Ce gars n'a rien compris au film. Il n'est pas de la même génération, il n'est pas du même milieu, il n'a pas grandi avec Apple, il ignore ce qu'est le domaine des micro-ordinateurs.

Plus les semaines passent et plus Jobs se persuade qu'il est le seul à pouvoir mener Apple sur la première marche du podium. Il se targue de redresser Apple une fois qu'il aura les coudées franches. N'a-t-il pas fondé cette société, ne l'a-t-il pas menée vers les sommets, n'est-il pas reconnu de toutes parts comme le prodige de cette industrie ?

Dans cette ville, il n'y a pas de place pour deux shérifs.

L'un d'eux va devoir céder sa place...

La crise d'Apple s'amplifie au début de l'année 1985 lorsque des revendeurs réclament la possibilité de retourner les invendus. Apple est menacée de faillite, faute d'une reprise en main rapide.

Jugé responsable d'un grand nombre des maux dont souffre Apple, Jobs voit sa cote s'effriter au conseil d'administration. Mike Murray, directeur du marketing et pourtant très proche de Jobs, est le premier à tirer la sonnette d'alarme auprès de John Sculley et de Regis McKenna. Lors de la réunion annuelle d'Apple à Phoenix en Arizona, il demande à les rencontrer tous deux et livre son verdict : si l'on veut sauver Apple, il faut écarter Steve Jobs de la division Macintosh. Il suggère de le placer à la tête d'une division qui serait dédiée à la recherche, Apple Labs.

De son côté, Steve Jobs tient bon. À l'entendre, la percée du Macintosh n'est qu'une question de semaines, de mois. Une fois que *Jazz* sera disponible, les entreprises passeront commande. Jobs mise aussi sur la sortie prochaine de l'imprimante LaserWriter et sur les potentiels du Macintosh comme outil de publication, pour redresser la situation.

Pourtant, dans les coulisses, d'autres commencent à partager la préoccupation exprimée par Murray et à envisager un successeur à la tête de la division Macintosh. En premier lieu, Sculley estime nécessaire de mieux contrôler les dépenses et de reprendre la maîtrise des produits – il a progressivement réalisé que les lieutenants de Steve n'accédaient à ses demandes que pour la forme.

Un nom est suggéré pour reprendre la division Macintosh : celui de Jean-Louis Gassée. Le président de la filiale française se distingue par les résultats qu'il obtient ; en France, à la différence d'autres pays, le Macintosh est un réel triomphe. Contacté de manière discrète par Sculley, Gassée se montre favorable à la proposition.

Jobs pressent-il sans oser se l'avouer que ses jours chez Apple pourraient être comptés ? Toujours est-il que dans une interview que publie *Playboy* en février 1985, il s'exprime en des termes qui vont acquérir une sacrée teneur au fil des mois...

« Je resterai toujours lié à Apple. J'espère que jusqu'au bout, le fil de ma propre vie et celui d'Apple seront liés de manière inextricable, comme dans une tapisserie. Il se peut que je m'absente durant quelques années mais dans tous les cas, je reviendrai… »

Une autre crise fermente au sein d'Apple. Il se trouve que c'est le bon vieil Apple II qui a évité à l'entreprise de sombrer dans le marasme. Or, l'équipe responsable de cet ordinateur ressent de plus en plus amèrement le fait que le Mac accapare l'essentiel des médias. Toute l'attention de la société, tous les efforts publicitaires, toute la communication semblent porter uniquement sur le Macintosh qui est pourtant un échec commercial !

En février 1985, plusieurs membres du groupe Apple II, ulcérés par ce qu'ils perçoivent comme une injustice, donnent leur démission. L'un d'eux n'est autre que Steve Wozniak lui-même…

Woz vient annoncer à Sculley qu'il quitte Apple. Il se déclare écœuré de la façon dont il s'estime traité par Apple et par son ancien ami Jobs ! Le nom de l'Apple II n'a même pas été mentionné lors du meeting annuel.

La nouvelle du départ de Steve Wozniak fait grand bruit et fait plonger un peu plus l'action Apple. Sculley tempère la chose dans un article du *Wall Street Journal* paru en février 1985 :

« Cela fait partie de la vie. Il y a des gens qui n'ont pas su s'adapter et il est vrai que nous avons perdu quelques bons éléments. Mais Apple ne peut rester pour toujours à l'intérieur d'un garage. »

Jobs, pour sa part, tente de minimiser la nouvelle en termes fort peu élogieux :

« Woz n'a pas fait grand-chose durant ces dernières années. »

Une autre défection fait grand bruit, celle de Andy Hertzfeld, responsable du système d'exploitation du Macintosh depuis février 1981. Aux alentours du lancement du Mac, Hertzfeld a fait l'objet de portraits flatteurs dans des magazines tels que *Rolling Stone* et

Newsweek. À présent, il annonce quitter Apple suite à des désac-cords avec ce qu'il appelle la « bureaucratie du groupe Mac ».

Lorsque Bill Gates apprend qu'Andy Hertzfeld s'est mis à son compte, il le fait contacter au plus vite. Durant leur tête-à-tête, Hertzfeld explique qu'il entend développer un logiciel pour le Mac, le *Switcher*, facilitant le passage d'un programme à l'autre. Gates demande combien de temps il lui faut pour l'écrire.

« Environ deux mois, répond Hertzfeld, prudent.

– Et vous touchez combien en moyenne par semaine ?

– 5 000 dollars.

– Je propose de vous acheter le Switcher sur la base du temps passé, soit 40 000 dollars ! », propose Bill Gates.

Andy Hertzfeld réserve sa réponse et s'enquiert au préalable auprès de John Sculley. Ce dernier lui offre la coquette somme de 150 000 dollars pour le *Switcher*.

Un éditeur de logiciels, Digital Research, publie le logiciel *GEM* en ce même mois de février 1985. Il s'agit d'un système pour PC qui fait apparaître sur les écrans des icônes et fenêtres, plutôt rudimentaires et sans panache en comparaison avec le Macintosh. Il demeure que le public du PC n'y est pas indifférent : 150 000 exemplaires de *GEM* sont écoulés en quelques semaines.

Du côté d'Apple, la menace de *GEM* est prise très au sérieux. Les avocats d'Apple montent au créneau et brandissent la menace d'un procès pour plagiat. Acculé, Digital Research retire *GEM* de la vente et promet d'en modifier l'aspect, afin d'éviter toute ressemblance excessive avec le système du Mac. Le caractère excessif de la réaction d'Apple s'explique par le fait que l'en-treprise traverse une période de plus en plus sombre et qu'aucun signe d'espoir ne se montre à l'horizon.

Or, une autre menace émane de Bill Gates lui-même. Microsoft développe *Windows*, un logiciel qui lui aussi imite l'aspect du Macintosh sur les PC. Les conseillers juridiques d'Apple sont partisans d'adopter une attitude similaire à celle pratiquée avec *GEM* : brandir le spectre d'une attaque en justice. Pourtant, face à Bill Gates, Apple marche sur des œufs.

Jazz était attendu pour mars mais il semble que Lotus ne soit pas en mesure de l'achever à temps. En conséquence, après une réticence initiale, Steve Jobs commence à trouver un certain charme au tableur *Excel* que Microsoft prépare pour le Mac.

Informé des intentions d'Apple de poursuivre Microsoft en justice, Gates décroche son téléphone et demande à joindre Sculley toutes affaires cessantes. Il le somme de confirmer la rumeur selon laquelle un procès serait envisagé. Une réunion est organisée en toute hâte à Cupertino.

En joueur d'échecs avisé, Bill Gates traite ses interlocuteurs sans ménagement. Après avoir émis de sérieux doutes sur les chances de survie du Macintosh, il brandit deux armes implacables : si Apple choisit d'aller en justice, Microsoft cesse illico le développement d'*Excel*. De plus, il menace de retirer la licence du Basic de l'Apple II.

Le président d'Apple tente de calmer le jeu. Si Microsoft abandonne *Excel*, le Mac pourrait bel et bien en pâtir. La perte de licence du Basic de l'Apple II (le langage de programmation) serait tout autant préjudiciable pour le best-seller d'Apple. Sculley décide de plancher sur un accord formel qui autorisera Microsoft à réaliser *Windows*, tout en protégeant les aspects spécifiques du Macintosh. Steve Jobs souhaite aller plus loin : il exige que Microsoft s'engage à ne jamais adapter *Excel* sur l'IBM PC.

Habile stratège, Bill Gates impose ses propres conditions, et elles sont douloureuses pour Apple. Depuis deux ans environ, Apple œuvre à la réalisation d'un Basic pour le Macintosh. Gates exige que ce soit Microsoft qui fournisse ce Mac Basic. En échange, il s'engage à renouveler la licence du Basic de l'Apple II pour dix ans. Pour ce qui est d'*Excel*, il spécifie qu'il n'en publiera pas de version pour PC avant au moins deux ans.

Acculés, Jobs et Sculley accordent à Gates ce qu'il désire. Au passage, Apple perd le droit de diffuser le Mac Basic, un programme dont le développement a coûté plusieurs millions de dollars. Dégoûté, Bill Atkinson déclare au *Wall Street Journal* : « Gates a insisté pour qu'Apple se débarrasse d'un produit exceptionnel en pointant le fusil sur notre tête. »

Au sein de la division Macintosh, l'heure est aux économies. Le 25 février 1985, Jobs publie une note interne à l'attention des 700 employés de l'équipe*. Il explique que plusieurs menaces pèsent sur eux : les logiciels professionnels sont en retard, les ventes sont très inférieures aux prévisions et la division Macintosh est loin de justifier son existence. Il propose tout un éventail de mesures en attendant le retour des bénéfices.

1. La libre consommation de boissons est supprimée.

2. Les séminaires seront organisés sur place.

3. Les repas chez les traiteurs sont éliminés.

4. Les voyages seront effectués en classe affaires plutôt qu'en première classe.

5. Les heures supplémentaires sont supprimées.

6. Le déménagement prévu vers d'autres locaux est différé.

7. Les dépenses en services externes sont réduites de 50 %.

8. Les notes de frais doivent être réduites de 50 %.

9. Les embauches de personnels sont limitées.

En mars 1985, Mitch Kapor de Lotus confirme que *Jazz* aura du retard et cette nouvelle est un nouveau revers pour Apple. Kapor justifie ce contretemps en expliquant que ses programmeurs travaillent à rendre le programme aussi fiable que possible. Un mois

---

* Note reproduite dans le livre de Jeffrey S. Young, *Steve Jobs: The Journey is the Reward*, 1987.

plus tard, Sculley déclare à ses actionnaires que le retard de *Jazz* est en partie responsable des faibles revenus du premier trimestre.

Sur le plan personnel, Jobs hésite sur la marche à suivre. Murray lui a évoqué la possibilité de prendre la tête d'un département de recherche, les Apple Labs. Pour Jobs, la solution idéale serait tout de même qu'il reprenne la direction d'Apple.

Sculley considère de plus en plus Jobs comme un dangereux individualiste. Steve Jobs ne cesse de le dénigrer ici et là et ses critiques ont fini par remonter jusqu'à lui. En tant qu'ex-président de Pepsi, Sculley n'a pas l'habitude d'être traité de haut par un « gamin » qui se gargarise de phrases telles que « changer le monde ». Peu à peu, il en est lui-même venu à la conclusion qu'il pourrait bien mieux diriger Apple s'il écarte Jobs des opérations. Le temps de la confrontation est arrivé.

« J'ai dit à Steve que j'allais annoncer au conseil d'administration qu'il devait renoncer à la direction de la division Macintosh, a raconté Sculley[*]. Je pensais qu'il devait se contenter d'être le président d'Apple et concentrer son attention sur l'avenir de la société. Il devait esquisser la technologie de demain, peut-être diriger une équipe qui élaborerait les grands produits de la génération suivante, comme il l'avait fait pour le Macintosh. J'ai dit à Steve que j'en parlerais au conseil d'administration et que je voulais le lui faire savoir auparavant. »

La réunion critique se situe une dizaine de jours plus tard, les 11 et 12 avril 1985[†]. En ce début de printemps, Apple va particulièrement mal : les ventes sont très inférieures aux prévisions, de nombreux ingénieurs clés ont donné leur démission, de nombreux projets attendus n'ont pas avancé comme prévu...

---

[*] Interview de John Sculley, *Playboy*, septembre 1987.
[†] Jeffrey S. Young, *Steve Jobs: The Journey is the Reward*, 1987.

Après avoir réglé les affaires courantes, le conseil d'administration demande à John Sculley de prendre en charge le sauvetage d'Apple. Steve Jobs fait alors savoir qu'il est le mieux placé pour diriger les opérations. À sa grande stupeur, par un vote sans appel, le conseil d'administration d'Apple rejette sa demande.

Sculley décide alors de jouer son va-tout : il demande à assumer le commandement effectif d'Apple sans aucune interférence de Jobs. Les responsabilités de ce dernier seraient désormais restreintes à la conception de nouveaux produits.

« Je voulais que Steve soit à la tête d'une équipe travaillant sur un nouveau produit, qu'il se concentre sur les nouvelles technologies et me laisse diriger Apple. C'est pour cela que j'avais été engagé[*] », a raconté Sculley.

Là encore, le conseil d'administration lui donne son accord.

Les événements se précipitent. Sculley est à peine intronisé que le vote porte sur une autre question cruciale : faut-il retirer à Steve Jobs la direction de la division Macintosh ? À nouveau, Jobs tombe des nues : une majorité se dessine en ce sens ! Il est décidé dans la foulée de convier Jean-Louis Gassée à reprendre le flambeau.

Sous le choc, Jobs réalise qu'il a été désavoué par ceux-là même qui jusqu'à présent lui avaient accordé leur confiance…

Durant les semaines qui suivent, il va tenter une révolution de palais. N'est-il pas, après tout, le président du conseil d'administration ?

Le 2 mai 1985, Microsoft lance un logiciel jugé crucial pour l'avenir du Mac : *Excel*. En dépit de l'inimitié qu'il a développée envers Gates, Steve Jobs est présent à la conférence de presse et chacun est suspendu à ce que Jobs va déclarer – jusqu'à présent, il a toujours laissé entendre que son cœur penchait en faveur de *Jazz* de Lotus.

Après une brève introduction sur les vertus d'*Excel*, Bill Gates démarre la démonstration, intérieurement tendu : le programme

---

[*] Interview de John Sculley, *Playboy*, septembre 1987.

n'est pas encore tout à fait au point et un « plantage » n'est pas à exclure. Pourtant, tout se passe comme sur des roulettes.

Lorsque survient la séance de questions-réponses, Steve Jobs est interrogé sur ce qu'il pense d'*Excel*. De façon surprenante, il effectue une volte-face publique et déclare : « *Excel* va faire en sorte que Lotus ne mange pas seul le gâteau. » Puis, comme pour marquer sa déception envers la société que dirige Mitch Kapor, il explique qu'il ne croit guère aux vertus d'un logiciel « tout-en-un » – une façon de désigner *Jazz* sans le nommer.

Peu avant la fin de la conférence de presse, tombe une question pour Bill Gates susceptible de ternir l'ambiance :

« Allez-vous développer une version d'*Excel* pour le PC ? »

Bill Gates choisit de répondre de manière habile :

« C'est une question de leadership. Apple possède une avance certaine dans le domaine des interfaces graphiques. Mais tôt ou tard, toutes les technologies deviennent disponibles à tous les constructeurs. Les PC auront donc un jour une interface graphique… »

Sarcastique, Steve Jobs lui coupe la parole : « Ce jour-là, nous serons tous morts ! »

La salle éclate de rire. Gates attend que le bruit retombe et lance, l'œil espiègle : « Pas IBM ! »

Ce que Jobs ne sait pas encore, c'est qu'il vient de faire l'une de ses dernières apparitions publiques en tant que représentant d'Apple. Au sein de la société de Cupertino, ses jours sont comptés…

Le 11 mai 1988, Jean-Louis Gassée prend ses fonctions chez Apple en tant que directeur R&D et marketing du groupe. Trois jours plus tard, le Français assiste à une réunion houleuse concernant la division Macintosh, durant laquelle la discussion entre Sculley et Jobs tourne à la foire d'empoigne. Gassée rédige une note à l'intention de quelques cadres, dans laquelle il tente de tirer les aspects positifs de la situation* :

« La confrontation entre les membres du groupe était pour le moins franche. Je m'en accommode parfaitement. Une ligne de conduite claire est préférable. »

Il énonce alors une liste de problèmes non résolus concernant le Macintosh et met les points sur les « i » en proposant des solutions concrètes. Il conclut ainsi :

« Étant donné que nous ne semblons pas savoir qui et où sont les utilisateurs du Macintosh, il nous faut les chercher afin de valider nos stratégies. Jusqu'à présent, nous avons agi en aveugles. »

Steve Jobs, de son côté, prépare son putsch. Sachant que John Sculley doit partir pour la Chine à la fin du mois, il décide de réunir un nombre suffisant de ses partisans au sein du conseil d'administration chez Mike Markkula. Le coup de force doit intervenir durant le week-end et il entend faire voter la destitution de Sculley. Il informe plusieurs de ses proches mais commet l'erreur d'appeler la société d'investissement Morgan Stanley afin de les questionner : pourrait-il faire usage de sa position d'actionnaire privilégié pour révoquer un employé ?† Quelques minutes plus tard, Sculley est informé.

Dès le lendemain matin, Sculley convoque une réunion extraordinaire et accuse Steve d'avoir comploté pour le faire congédier. Il somme alors Jobs de quitter Apple ! Ce dernier refuse d'abdiquer et rétorque que c'est lui, Steve Jobs, qui, en tant que président du conseil, renvoie Sculley !

Jobs, qui d'ordinaire paraît si sûr de lui, semble toutefois traverser une période de forte incertitude. Dès le lendemain, il se rend au domicile de John Sculley et propose de faire la paix. Il

---

* John Sculley, *Odyssey: Pepsi to Apple… A Journey of Adventure, Ideas and the Future*, 1987.

† Jeffrey S. Young, *Steve Jobs: The Journey is the Reward*, 1987.

explique qu'il juge préférable qu'ils demeurent tous deux chez Apple, pour le bien de l'entreprise.

« Je n'ai que 30 ans et je veux encore avoir une chance de mener une activité créatrice. Je sais que j'ai encore en moi au moins une grande idée d'ordinateur. Et Apple ne m'accorde pas la chance de le réaliser.

– Nous te donnerons la chance de créer le prochain ordinateur majeur mais ce ne sera pas toi qui dirigeras les opérations. L'entreprise est dans une situation précaire et toutes nos énergies doivent être concentrées vers son sauvetage*. »

La détente paraît revenue. Pourtant, alors qu'il prend congé de Sculley, Jobs se ravise. C'est plus fort que lui : il ne peut s'empêcher de caresser la perspective d'un ultime coup d'État… Il demande à rencontrer Mike Markkula en compagnie de trois de ses fidèles chez Apple. Durant l'entrevue, tous évoquent à Markkula un plan alternatif de reprise en main d'Apple.

Le 28 mai 1985 au matin, Sculley vient voir Jobs pour déplorer qu'il ait tenté une fois de plus de le renverser. Atterré, il se résout, la mort dans l'âme, à envisager ce qui aurait semblé impensable : écarter une fois pour toutes Jobs de toute responsabilité directoriale !

Le conseil d'administration se range comme un seul homme derrière John Sculley.

Désavoué, rejeté, traité à la manière d'un paria… Steve Jobs encaisse tant bien que mal le choc. Au sein d'Apple, sa voix n'a plus le moindre poids. Certains de ses amis vont jusqu'à craindre qu'il soit tenté de mettre fin à ses jours.

Pour surmonter sa tristesse, Jobs passe plusieurs journées à faire du vélo le long de la plage. Dans l'espoir de se changer les idées, il prend l'avion pour Paris. Il y dîne avec Jean Calmon, le nouveau

---

* John Sculley, *Odyssey: Pepsi to Apple… A Journey of Adventure, Ideas and the Future*, 1987.

dirigeant de la filiale française. Au cours du repas, ce dernier a la surprise de voir Jobs s'effondrer en larmes, se plaignant qu'il n'a que 30 ans et que sa carrière semble déjà achevée. Jobs se rend ensuite en Italie. À fleur de peau, le génie torturé paraît inconsolable : le sort de la société qu'il a fondée lui a échappé. Fin juin, il se rend en Suède puis gagne l'Union soviétique.

Le deuxième trimestre d'Apple s'est achevé par un déficit de 17,2 millions de dollars, le premier de son histoire. Prenant acte de la médiocrité de ces résultats, John Sculley procède au licenciement de 1 500 employés, rien de moins. Des mesures draconiennes sont par ailleurs adoptées en vue de restreindre les dépenses. Le budget publicitaire est réduit à moins de 100 millions de dollars, un niveau très inférieur à celui de l'année précédente. L'usine de fabrication est arrêtée pendant une semaine afin de réduire les stocks. La production de la gamme Lisa est définitivement stoppée. Bill Gates, très pessimiste sur l'avenir d'Apple, conseille à Sculley de vendre la technologie du Macintosh à d'autres constructeurs !

À son retour chez Apple à la mi-juillet, Jobs est prié de déménager dans un bureau d'un immeuble situé loin des bâtiments de l'entreprise.

« J'ai emménagé dans cet immeuble et j'ai voulu m'assurer que tous les responsables de l'entreprise avaient mon numéro de téléphone, a raconté Jobs[*]. Je savais que John Sculley l'avait et j'ai appelé personnellement les autres pour m'en assurer. Je leur ai dit que je voulais me rendre utile d'une façon ou d'une autre, et qu'ils aient la bonté de m'appeler si je pouvais leur venir en aide sur quoi que ce soit.

Ils ont tous eu quelques mots gentils, mais aucun d'eux ne m'a jamais appelé. J'allais donc au travail tous les jours. J'étais au bureau. J'avais quelques coups de téléphone à donner, un peu de courrier à examiner. Pourtant, la plupart des rapports destinés à la direction n'arrivaient plus jusqu'à ma table. Certaines personnes ont pu voir ma voiture sur le parking et sont montées pour me

---

[*] "Showdown in Silicon Valley", *Newsweek*, 30 septembre 1985.

plaindre. Je déprimais de plus en plus. Je restais deux ou trois ou quatre heures puis je rentrais à la maison.

J'ai fait cela plusieurs fois et j'ai fini par me dire que ce n'était pas bon pour ma santé mentale. J'ai donc arrêté d'aller chez Apple et personne n'a vraiment regretté mon absence. »

Le coup final est porté durant l'été par John Sculley. Durant la réunion des actionnaires, il martèle :

« Il n'y a aucun rôle pour Steve Jobs dans les activités d'Apple, ni maintenant ni dans le futur. »

La nouvelle laisse Jobs en état de choc :

« Il vous est sans doute arrivé d'être frappé à l'estomac et d'avoir le souffle coupé, de ne plus pouvoir respirer. Plus vous essayez de respirer et moins vous y parvenez. Et vous savez que la seule chose que vous puissiez faire est de vous relaxer, afin de pouvoir respirer à nouveau », a relaté Jobs[*].

Steve Jobs évoquera plus tard cet épisode tragique de son existence lors d'une allocution aux étudiants de Stanford :

« C'est ainsi qu'à 30 ans je me suis retrouvé sur le pavé.

Viré avec pertes et fracas.

Ma raison d'être n'existait plus. J'étais en miettes.

Je restai plusieurs mois sans savoir quoi faire. J'avais l'impression d'avoir trahi la génération qui m'avait précédé – d'avoir laissé tomber le témoin au moment où on me le passait.

C'était un échec public, et je songeais même à fuir la Silicon Valley.

Et puis j'ai peu à peu compris une chose – j'aimais toujours ce que je faisais. Ce qui m'était arrivé chez Apple n'y changeait rien.

J'avais été éconduit mais j'étais toujours amoureux.

J'ai alors décidé de repartir de zéro... »

---

[*] *Ibid.*

Troisième vie

L'Odyssée

Chapitre 10

NeXT

Vers la mi-août 1985, Steve Jobs déjeune avec une connaissance de l'Université de Stanford, Paul Berg, un prix Nobel de biologie moléculaire. Ils se sont rencontrés lors d'un dîner organisé au printemps par le président de la République française, François Mitterrand, alors en visite en Californie.

Paul Berg lui parle des longs essais menés de manière expérimentale pour extraire l'ADN. Il lui explique qu'il aimerait aider les étudiants à mieux comprendre comment certains segments d'ADN peuvent être recombinés. Jobs argue qu'il serait possible de simuler de telles expériences de laboratoire sur ordinateur.

« Nous y avons pensé, mais les ordinateurs adéquats, les stations de travail coûtent des dizaines de milliers de dollars », réplique Berg.

La plupart des universités ne disposent pas du budget pour acquérir les ordinateurs et le logiciel nécessaires à la réalisation de simulations. Ces dernières seraient un formidable moyen de mettre les études des chercheurs tels que Berg à la portée des étudiants*.

Ce simple constat amène Jobs à réfléchir. Il se souvient avec fierté d'avoir fait entrer les ordinateurs dans le monde de l'éducation. Sous son impulsion, Apple a consenti de gros rabais aux écoles afin qu'elles puissent acquérir des Apple II. Pourquoi ne pas poursuivre sur cette lancée et réaliser un ordinateur dédié au monde de l'éducation supérieure ? Il aurait la puissance des stations de travail qu'utilisent les ingénieurs, mais son usage serait aussi simple que celui d'un Mac. Tandis que l'idée d'une telle machine fait jour, le besoin de créer revient le démanger.

Peu à peu, la perspective d'une nouvelle traversée des océans remet d'aplomb le capitaine désœuvré. Sa force, il l'a montré, réside dans la capacité à mener un équipage contre vents et marées vers un continent inexploré, une terre mythique. Apple l'a mis un peu trop tôt sur une voie de garage.

Qu'il le veuille ou non, le temps d'une séparation semble venu. S'il veut donner libre cours à sa créativité, il lui faut bâtir sur de nouvelles fondations…

Chez Apple, Bud Tribble est le premier à manifester un intérêt pour le projet de Jobs – Tribble a supervisé les développeurs de logiciels du projet Macintosh. Steve Jobs explique qu'il entend démissionner de la présidence du conseil d'administration. Il n'écarte pas la possibilité de vendre la licence de son nouvel ordinateur à Apple et qu'il soit commercialisé sous la marque Macintosh[†].

Jobs rallie également à son projet George Crow qui, comme Tribble, a fait partie de l'équipe de création du Mac, et Rich Page, l'un des ingénieurs qui a dirigé le groupe Lisa. Il convainc aussi

---

[*] "Good-bye Woz and Jobs: How the First Apple Era Ended in 1985", Lowendmac.com, 2 octobre 2006.

[†] Jeffrey Young et William Simon, *Icon: The Greatest Second Act in the History of Business*, 2006.

Vers 1975, Steve Jobs et Steve Wozniak examinent une « Blue Box » (boîte bleue), une création de Wozniak qui permet de téléphoner sans payer. Pour les deux compères, cette activité illicite n'a été que de courte durée. (Nos remerciements à Steve Wozniak pour cette photographie.)

Steve Jobs, le 27 janvier 2010, lors de la présentation de l'iPad, à San Francisco (Californie), devant une photo de Steve Wozniak et lui-même testant le premier prototype de l'Apple I vers 1976.

Le Lisa, ordinateur Apple lancé en 1983 et qui préfigurait le Macintosh. Vendu à près de 10 000 dollars, il n'a pas trouvé son public.

John Couch, directeur du projet Lisa, en 1983.

L'Apple IIGS, lancé en 1986, est le nouveau modèle de l'Apple II dont la première version datait de 1977. « GS » signifie *Graphics and sound*, en référence à ses améliorations techniques en matière de graphisme et de son.

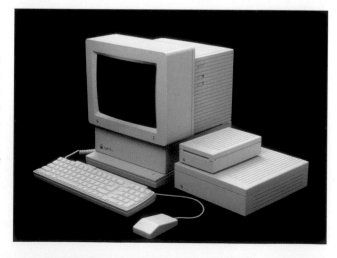

John Sculley, président d'Apple Computer (au centre), avec les co-fondateurs Steve Jobs et Steve Wozniak, en avril 1984 à San Francisco, pour la présentation de l'Apple IIc.

Steve Jobs et John Sculley au moment du lancement du Macintosh (1984). Si les relations entre les deux hommes-clés d'Apple sont alors au beau fixe, elles vont se gâter au cours des mois à venir.

Le milliardaire texan Ross Perot avec Steve Jobs en 1987. Déçu d'avoir raté l'opportunité de racheter la jeune société Microsoft de Bill Gates en 1979, Perot a investi des millions de dollars dans la nouvelle entreprise de Jobs, NeXT.

Steve Jobs et sa fille aînée, Lisa, à Palo Alto (Californie), en février 1989.

Michael Eisner (président de Disney), John Lasseter (directeur artistique de Pixar) et Steve Jobs (PDG de Pixar), à la première de *Monstres & Cie*, en octobre 2001.

Steve Jobs, un an après son retour aux commandes d'Apple, lors de la présentation de l'iMac à New York en 1998.

Bono et Steve Jobs, à San José (Californie), en octobre 2004, pour la sortie de l'iPod U2, une édition spéciale de l'iPod, gravée avec les signatures des membres du groupe U2.

Steve Jobs en septembre 2007.

L'iMac (sorti en 1998) a replacé Apple comme une entreprise à même d'innover au niveau du design.

L'iPod (première édition en 2001).

L'iPhone 4 (sorti en 2010 ; première édition en 2007).

L'iPad 2 (sorti en 2011 ; première édition en 2010).

L'Apple Store de New York, ouvert en mai 2006 sur la Cinquième Avenue, est devenu l'un des sites les plus photographiés au monde.

L'Apple Store Opéra, à Paris, ouvert en juillet 2010 – Steve Jobs adore la France, l'un des premiers pays à adopter le Macintosh en 1984 alors que ses ventes étaient encore faibles dans le reste du monde.

Susan Barnes de le rejoindre. Contrôleur financier d'Apple pour le territoire américain, Barnes lui est demeurée fidèle envers et contre tout. Son projet séduit tout autant Dan'l Lewin qui gère les relations avec le marché de l'éducation. Lewin s'occupera du marketing.

Le 12 septembre 1985, le conseil d'administration d'Apple se réunit. Curieusement, bien que les ventes n'aient pas connu d'amélioration particulière, John Sculley et ses lieutenants laissent entendre qu'Apple serait sur la voie du redressement.

En tant que président, Jobs est le dernier à s'exprimer. Il a longuement préparé son intervention et pressent qu'elle risque de susciter des remous. Mais l'inaction lui pèse et son tonus s'en ressent. Il se lève et s'adresse à ses pairs, d'une voix sans vie[*] :

« J'ai longuement réfléchi. Il est temps pour moi de faire quelque chose de ma vie. C'est clair, il faut que je fasse quelque chose. J'ai 30 ans… »

À la grande surprise de tous, il annonce alors son intention de donner sa démission de la présidence d'Apple.

Jobs fait savoir aux membres du conseil d'administration qu'il aspire à démarrer une nouvelle entreprise. Elle aura pour objectif de percer dans le marché des universités et, donc, ne sera pas concurrente d'Apple mais plutôt complémentaire[†]. Selon ses estimations, elle devrait atteindre un chiffre d'affaires de 50 millions de dollars par an d'ici à quelques années.

La stupeur se lit sur les visages de Sculley, Markkula et des autres membres. Comment réagir à cette nouvelle ? Il est demandé à Jobs de quitter la pièce pour en débattre entre eux. Au bout d'une heure de discussion, il est escorté à l'intérieur de la pièce.

Sur le moment, John Sculley se veut diplomate et favorablement disposé.

---

[*] John Sculley, *Odyssey: Pepsi to Apple… A Journey of Adventure, Ideas and the Future*, 1987.
[†] "The Adventures of Steve Jobs", *Fortune*, 14 octobre 1985.

« Steve, nous souhaitons tous que tu reconsidères ta décision de démissionner du conseil d'administration. En fait, Apple serait intéressée d'acquérir 10 % de ta nouvelle entreprise.

– Je vais y réfléchir, indique Jobs. Vous aurez ma décision jeudi prochain. »

Une fois la réunion achevée, Jobs sort à vive allure, évitant le repas traditionnel qui suit les réunions du conseil. Il rencontre les cinq cadres qu'il a prévu de débaucher d'Apple, à la Jackling House, pour un dîner auquel se joint un avocat, Al Sonsini. Ce dernier leur explique comment procéder pour éviter un procès d'Apple. Il est décidé qu'ils donneront leur démission progressivement, sur la base d'un par semaine*.

Le jeudi suivant, Jobs se rend dans le bureau de Sculley et lui confirme sa démission d'Apple. Se sentant en confiance, il ne parvient pas à tenir sa langue et lâche le scoop du jour : il compte emmener avec lui cinq cadres de l'entreprise. Il donne alors la liste de ces employés qu'il compte débaucher : Susan Barnes, Dan'l Lewin, Bud Tribble, George Crow et Rich Page. Sculley ne semble pas immédiatement réaliser la portée de ce qui lui est annoncé.

En apprenant que Jobs emmène avec lui cinq hauts cadres d'Apple, Mike Markkula et d'autres membres de la direction voient rouge. Des ingénieurs tels que Tribble, Crow ou Page sont au courant de la plupart des projets à venir ! Dan'l Lewin a tissé des relations avec de nombreux pontes du monde de l'éducation. Les cinq cadres requis par Jobs sont immédiatement escortés hors d'Apple, encadrés par des vigiles.

Avec l'accord de Markkula, Sculley menace d'intenter un procès à Steve Jobs au motif qu'il a opéré ses manœuvres pour débaucher des cadres alors qu'il était encore président, et qu'il aurait présenté ses objectifs de façon fallacieuse au conseil d'administration.

---

* Jeffrey Young et William Simon, *Icon: The Greatest Second Act in the History of Business*, 2006.

Jobs apporte sa lettre de démission à Mike Markkula mais en envoie une copie au magazine *Newsweek*, qui la rend aussitôt publique :

« Cher Mike,

Les journaux de ce matin semblent indiquer qu'Apple envisage de me retirer la présidence. Je ne sais pas d'où proviennent ces informations mais elles sont mensongères envers le public et injustes à mon égard.

Comme tu t'en souviendras, lors de la dernière réunion du conseil d'administration, jeudi dernier, j'ai fait savoir que j'ai moi-même décidé de démarrer une nouvelle entreprise et j'ai moi-même offert ma démission en tant que président.

Le conseil n'a pas voulu accepter ma démission et m'a demandé de la différer d'une semaine. J'ai accepté, compte tenu de l'encouragement que m'avait apporté le conseil d'administration qui a même déclaré qu'Apple pourrait investir dans ma nouvelle société. Vendredi, après que j'ai spécifié à John Sculley quelles personnes viendraient avec moi, il m'a confirmé la volonté d'Apple de discuter de collaborations potentielles.

Depuis, Apple semble adopter une position hostile envers moi et mon projet. De ce fait, je souhaite que ma démission soit immédiatement acceptée. Je souhaite que, dans toutes les déclarations concernant cette affaire, Apple indique clairement que la décision de démissionner de la présidence a été mienne.

Je suis attristé et perplexe devant l'attitude du management dans cette affaire, car elle me semble contraire aux meilleurs intérêts d'Apple. Ces intérêts me préoccupent toujours fortement, du fait de mon association passée avec Apple et en raison de l'investissement substantiel que je conserve dans Apple.

Je continue d'espérer que des voix plus calmes puissent se faire entendre chez Apple. Certaines personnes d'Apple ont dit craindre que je puisse utiliser des technologies maison dans ma nouvelle entreprise. Il n'existe aucun fondement à cette inquiétude. Si elle représente la source réelle de l'hostilité d'Apple à mon projet, je peux la dissiper.

Comme vous le savez, la récente réorganisation m'a laissé sans travail et sans même un accès aux rapports de gestion. Je n'ai que 30 ans et je veux encore contribuer et construire.

Étant donné ce que nous avons réalisé ensemble, je souhaiterais que notre séparation se fasse de façon digne et amicale.

Sincèrement,

Stephen P. Jobs. »

Dans l'interview qu'il accorde pour l'occasion à *Newsweek*, Jobs laisse toutefois éclater son dépit :

« Lorsque quelqu'un vous accuse publiquement d'être un voleur, vous êtes obligé de répondre. Je suis vraiment surpris de voir qu'Apple me poursuit en justice. Nous avons passé toute une semaine à parlementer avec les avocats d'Apple pour leur montrer que nous n'avions aucune intention d'utiliser une quelconque information confidentielle d'Apple, aucun élément technologique qui soit sa propriété légale.

Ce comportement ne fait honneur ni à Apple ni à ses employés.

Je ne savais pas que j'étais la propriété d'Apple, comprenez-vous ? Je ne pense pas l'être. Je suis mon seul propriétaire.

Nous n'allons utiliser aucune technologie appartenant légalement à Apple. Nous voulons même inscrire ce point noir sur blanc.

Rien n'empêche Apple de nous faire concurrence s'ils pensent que ce que nous faisons contient de bonnes idées. Il est tout de même étrange de penser qu'une entreprise de 2 milliards de dollars avec un personnel de 4 300 personnes pourrait se sentir menacée par six personnes en blue-jeans. »

Le 13 septembre 1985, la nouvelle secoue le Landernau micro-informatique : Steve Jobs quitte Apple !

Debout sur la pelouse, il s'adresse à la presse d'un ton drama-tique, presque trop, comme s'il voulait marquer la portée de ce moment clé :

« Si Apple devient un endroit où les ordinateurs sont un article comme un autre, où la romance a disparu et où les gens oublient que les ordinateurs sont l'invention la plus incroyable jamais faite par l'Homme, alors je sentirai que j'ai perdu Apple.

Si, en revanche, alors que je suis à des millions de kilomètres, ces gens ressentent toujours ces choses... alors je sentirai que mes gènes sont encore là. »

Quelques jours après sa démission d'Apple, Steve Jobs fait savoir au monde qu'il a trouvé un nom pour sa nouvelle société : NeXT. Un mot anglais qui signifie « au suivant », « la suite »...

Une fois de plus, son ambition est de créer l'ordinateur du futur. L'objectif premier est de produire l'ordinateur que l'on retrouve-rait sur le bureau de n'importe quel étudiant d'université. Pour mieux couper le cordon ombilical, durant les mois qui suivent, Jobs vend plus de 20 millions de ses actions Apple – en fait, toutes celles qu'il possède sauf une seule, ce qui lui permettra de rece-voir le rapport annuel. Il récupère ainsi plus de 150 millions de dollars et en investit douze dans sa nouvelle société NeXT.

De son côté, Apple met à exécution sa menace de procès à l'encontre de NeXT avec pour motif que Jobs aurait mis au point un « abominable stratagème » en vue de tirer avantage d'informa-tions internes auxquelles les cofondateurs auraient eu accès.

La rancune envers Sculley sera vive et durable.

Au niveau personnel, Jobs vit une expérience émouvante. Il sait depuis longtemps que sa mère biologique a eu une fille, et a entrepris de retrouver sa trace. Il parvient enfin à repérer la dénommée Mona Simpson.

Mona est écrivain et Jobs veut y voir un signe majeur. Il est frappé par la similarité des traits mais aussi du caractère. Qu'elle soit une artiste lui paraît du meilleur augure.

Un an plus tard, lors de la sortie du premier roman de Mona Simpson, *Anywhere But Here*, Jobs va officialiser leur parenté en se rendant à la fête organisée par l'éditeur du livre. Mona et Steve vont arriver tous les deux en même temps à la cérémonie, accompagnés de Joanne Schieble, leur mère.

« Je pense que c'est une curiosité naturelle pour les gens de chercher à comprendre d'où viennent certains traits, même si, personnellement, je suis avant tout un écologiste : je pense que la façon dont vous êtes éduqué, vos valeurs et l'essentiel de votre vision du monde viennent des expériences que vous avez eues en grandissant », indique Jobs.

À cette même époque, il se rapproche de Lisa et cherche à mieux connaître cette fille qu'il n'a pas souhaité reconnaître à sa naissance, et qui a maintenant 7 ans…

Lors des premiers mois de la société NeXT, Steve Jobs se montre prodigue. Dans les locaux qu'il déniche à Redwood City, dans le parc industriel de Stanford, il fait poser du parquet en bois dur, installer une cuisine avec comptoir de granit et disposer des sofas en forme de U.

Pour NeXT, comme pour le Macintosh, Jobs désire ce qu'il y a de mieux, sans le moindre compromis. L'une de ses premières décisions consiste à faire réaliser le logo de NeXT par Paul Rand, créateur du logo d'IBM. L'opération va lui coûter 100 000 dollars, mais elle est typique de son souci du moindre détail.

Lors du premier séminaire des employés de NeXT qu'il organise en décembre 1985, Jobs lance un défi à ses troupes : il faut impérativement que cette machine qu'il veut spectaculaire sorte au printemps 1987. La stupeur se lit sur certains visages. Un an et trois mois alors qu'il n'existe encore rien d'autre qu'un logo ! À croire que ses expériences passées ne lui ont rien appris… Les habitués,

Tribble, Crow et Page, sourient intérieurement. Ils connaissent leur oiseau et savent qu'il faudra faire avec ses récriminations, son impatience chronique, son incapacité à prendre en compte les vicissitudes terrestres... Les ingénieurs ne sont pourtant pas des magiciens !

Jobs n'en persiste pas moins avec cette déclaration de principe :

« Si nous n'y arrivons pas, alors je ne pense pas que nous soyons une entreprise digne de ce nom. Telle est ma conviction profonde*. »

À cette époque, Steve Jobs est également persuadé qu'un ordinateur destiné au marché de l'éducation ne devrait pas coûter plus de 3 000 dollars. Il a bel et bien pour ambition de produire une machine que l'on retrouve sur le bureau de chaque étudiant.

Afin d'insuffler une meilleure idée du standard d'excellence qu'il cible, en décembre 1985 il emmène son équipe à l'Université de Carnegie Mellon en vue d'y rencontrer des chercheurs de haut niveau. Il les fait ensuite conduire à Fallingwater (la Maison de la cascade), un chef-d'œuvre architectural de Frank Lloyd Wright[†]. Il cherche à mieux faire comprendre à son équipe ce que peut être une belle création. Dans un même souci de faire passer son concept de la perfection, Jobs emmènera plus tard son équipe assister à une démonstration d'aïkido.

Début 1986, une bonne nouvelle tombe : Apple abandonne son procès contre NeXT. Sculley et ses acolytes ont réalisé que l'affaire ne leur apportait rien de bon sur le plan médiatique.

Tout au long de l'année, NeXT recrute des ingénieurs par dizaines et, grâce à l'aura de Jobs, de très grands talents viennent proposer leurs services. Comme les stations de travail de Sun ou Silicon Graphics sous Unix sont alors les plus puissantes, Jobs embauche de nombreux spécialistes de ce domaine. La plupart du

---

* "Steve Jobs: Can He Do It Again?", *Businessweek*, 24 octobre 1988.
† Alan Deutschman, *The Second Coming of Steve Jobs*, 2001.

temps, Jobs refuse de dire au prospect quel est le poste auquel il sera affecté. Si l'intéressé fait la fine bouche, Jobs n'hésite pas à le secouer.

NeXT n'est pourtant pas la seule préoccupation de Jobs. Au début de l'année 1986, il place une partie de sa fortune dans le rachat d'une société de George Lucas, spécialisée dans l'animation en images de synthèse.

Cette division de Lucasfilm a été fondée par Alvy Ray Smith et Ed Catmull. Smith a fait ses armes au Parc de Xerox, ce fameux centre de recherche où sont nés les concepts qui ont permis la création du Macintosh. Il s'est lié d'amitié avec un autre spécialiste de l'animation sur ordinateur, Catmull, et ensemble ils ont convaincu George Lucas qu'il serait rentable de créer les images des sabres lumineux de *Star Wars* sur ordinateur. Lucas leur a donné carte blanche.

C'est en 1984, alors qu'il était encore chez Apple, que Steve Jobs a entendu parler de cette branche de Lucasfilm dédiée aux images de synthèse. C'est un ingénieur du Parc, Alan Kay, qui a attiré son attention sur ce studio. Par curiosité, Steve Jobs s'est rendu dans les bureaux de Lucasfilm à San Rafael, en Californie.

En découvrant ce qu'était le cinéma sur ordinateur, Jobs a eu un choc similaire à celui éprouvé en visitant le Xerox Parc en 1979 ! Cette année-là, Lucasfilm venait d'embaucher un jeune animateur particulièrement talentueux de Disney, John Lasseter. Ce personnage jovial a conçu une trentaine de minutes d'animation sur ordinateur pour le film *Tron*.

Dès 1984, Lucas a exprimé le souhait de vendre son département informatique. La raison était avant tout le besoin d'argent : il devait financer son divorce avec Marcia et désirait éviter de vendre des éléments de la licence *Star Wars* ! Il demandait alors 100 millions de dollars. Steve Jobs s'est contenté de lui dire :

« Si le prix chute, faites-le-moi savoir[*] ! »

En cette année 1986, Lucasfilm n'a toujours pas trouvé acquéreur pour sa division informatique. Disney ou Philips ont fait partie des soupirants. Ils ont admiré la promise mais n'ont pas voulu lâcher la dot demandée. À présent, Steve Jobs est en mesure de l'annexer, grâce aux dizaines de millions de dollars récupérés lors de son départ d'Apple. De guerre lasse, George Lucas en est venu à se montrer moins gourmand. En février, Jobs s'approprie le studio pour une miette : 10 millions de dollars, dont il se déleste sans souci.

L'une des premières décisions de Jobs consiste à renommer le studio d'images de synthèse d'un nom plus évocateur. À partir de l'abréviation de « Pixel » (un point sur un écran) et « art », il le rebaptise Pixar !

Pour réaliser les ordinateurs NeXT, Jobs met en place à Fremont (Californie) ce qui s'apparente à une usine du futur. L'essentiel de la fabrication de l'ordinateur est confié à des robots, avant tout pour des raisons de précision.

« Je suis aussi fier de l'usine que de l'ordinateur », déclare Jobs.

Le perfectionnisme de Jobs se manifeste jusque dans le choix de la couleur des robots assurant le montage des ordinateurs. Ces automates proviennent d'entreprises diverses et sont donc de couleurs différentes. Jobs exige qu'ils soient peints de la même teinte.

« Pourquoi est-ce si important de peindre ces machines d'une même couleur ? », demandent certains contremaîtres.

Jobs s'acharne alors à expliquer son point de vue : en premier lieu, il désire que l'usine soit belle. Il a l'intention d'y faire venir des clients et il faut qu'ils aient la sensation de se trouver dans une fabrique du plus haut niveau. Ce n'est pas la seule raison, comme il le confiera plus tard au magazine *Inc*[†] :

---

[*] Alan Deutschman, *The Second Coming of Steve Jobs*, 2001.
[†] "The Entrepreneur of the Decade: An Interview with Steven Jobs", *Inc*, 1er avril 1989.

« La véritable raison, c'est que nous ne voulons pas que les employés considèrent l'usine comme des îlots séparés les uns des autres. Nous voulons qu'ils la considèrent de manière globale. S'il se produit un goulot d'étranglement à un niveau, il n'est possible de rééquilibrer la ligne et de résoudre le problème que si vous pensez de façon globale. »

Il faudra six mois avant que le personnel d'usine intègre ces divers concepts, mais Jobs estime que ce temps a été bien employé.

Un nouveau séminaire réunissant des employés de NeXT est organisé en septembre 1986 dans un hôtel de Sonoma, au nord de San Francisco. Durant deux jours et demi de débats, certains choix majeurs sont opérés. Jobs s'est mis en tête de doter l'ordinateur NeXT d'un lecteur de disques optiques[*].

C'est lors d'une visite chez Canon au Japon, afin d'évoquer l'imprimante devant être associée à NeXT, que Jobs a découvert cette technologie. Sur un disque optique, il est possible de loger 256 Mo de données, soit davantage que les disques durs des PC de l'époque. Tel un gamin devant une vitrine de Noël, Jobs a décidé qu'il en voulait un pour l'ordinateur NeXT !

À Sonoma, Jobs plaide sa cause, expliquant que NeXT se doit d'être à l'avant-garde technologique. Comme il se doit, il ignore superbement les conseils de ceux qui l'exhortent à faire attention aux réalités du marché : la technologie de Canon est encore jeune et loin d'être éprouvée. De plus, elle risque d'alourdir la facture de l'ordinateur.

« Il faut rester en adéquation avec notre clientèle attendue. Nous ne pouvons pas partir du principe qu'ils seront prêts à payer n'importe quel prix pour obtenir la toute dernière technologie », argue un conseiller.

---

[*] "Steve Jobs: Can He Do It Again?", *Businessweek*, 24 octobre 1988.

Peine perdue. Comme à l'accoutumée, le pouvoir de persuasion de Jobs est trop fort. Les cadres de NeXT se rallient peu à peu à l'idée d'intégrer un lecteur de disques optiques, sans même prévoir de solution de rechange au cas où Canon ne serait pas prêt à temps.

Steve Jobs comptait lancer la station NeXT au printemps 1987, mais dès le début de l'année, il apparaît clairement que cet objectif ne pourra être tenu. La carte mère de NeXT dépend de deux puces fabriquées par Fujitsu, et les ingénieurs maison peinent à optimiser leur vitesse. Ils vont tâtonner durant une bonne année. En attendant, l'entreprise commence à manquer de fonds.

Un matin, un célèbre milliardaire américain appelle NeXT. Il s'appelle Ross Perot et a fait fortune en fondant la société Electronic Data Systems (EDS).

En 1979, Ross Perot aurait pu acquérir Microsoft, une édition de logiciels qui ne comptait alors que 28 employés. À cette époque, Bill Gates, son fondateur, avait été si impressionné à l'idée de rencontrer Perot qu'il était immédiatement allé chez le coiffeur. Perot était responsable d'une société pesant 1 milliard de dollars.

Gates a rencontré Perot au dernier étage de son immeuble de Dallas, planté d'un drapeau américain. Pendant la discussion, le fondateur de Microsoft s'est montré désinvolte et a demandé plus de 40 millions de dollars, ce qui a découragé le milliardaire[*].

Or, au printemps 1986, Microsoft est entré en Bourse avec panache. Au bout de quelques semaines, sa valeur boursière a dépassé les 661 millions de dollars. Avec ses 11 millions de parts, Bill Gates est entré dans la liste des 100 Américains les plus fortunés. En mars 1987, l'action Microsoft se situe à un cours quatre fois plus élevé que celui de l'introduction initiale.

« Je considère que c'est une des plus grandes erreurs que j'aie jamais faites en matière de business », déplore alors Perot.

---

[*] "I Blew It, Perot Says – He Didn't Buy Up Microsoft When He Had A Chance In '79", *Seattle Times*, 14 juin 1992.

Conscient d'avoir raté une superbe opportunité, le milliardaire texan est à l'affût d'un bel investissement. Or, un soir de ce début d'année 1987, dans un documentaire télévisé, *Les Innovateurs*, il découvre un tableau flatteur de Steve Jobs. Le lendemain matin, Perot appelle Jobs pour lui dire :

« Si jamais vous avez besoin d'un investisseur, appelez-moi[*] ! »

La transaction est rapidement concrétisée. Ross Perot place 20 millions de dollars dans NeXT et acquiert au passage 16 % de la société. Le milliardaire prend son rôle au sérieux. Peu après son entrée au conseil d'administration, alors que les ingénieurs peinent à optimiser les performances des puces de la carte mère, il se lance dans un speech d'encouragement :

« Les gars, j'ai connu ce que vous éprouvez un bon millier de fois. Je n'ai aucun doute : vous allez résoudre ce problème. Ne passez pas une seule minute à faire quoi que ce soit d'autre[†]. »

Une fois le design des puces achevé, Fujitsu a du mal à les fabriquer dans le temps imparti. Il faudra attendre août pour que la production soit d'une qualité irréprochable. Lorsque Jobs demande à huit des principaux cadres de lui indiquer à quel moment ils estiment pouvoir achever leurs parties de l'ordinateur, ils hasardent une date : octobre 1987[‡].

Pixar se trouve à Modesto, à deux heures de route du domicile de Jobs à Palo Alto. Il tente donc régulièrement de persuader Alvy Ray Smith et Ed Catmull de déménager Pixar à San Francisco. Les deux ingénieurs résistent pourtant à cette demande et bien leur en prend. Ils vont bénéficier pendant de nombreuses années d'une paix royale : entre 1986 et 1994, Steve Jobs ne viendra que cinq fois chez Pixar[§] !

---

[*] Alan Deutschman, *The Second Coming of Steve Jobs*, 2001.
[†] "Steve Jobs: Can He Do It Again?", *Businessweek*, 24 octobre 1988.
[‡] *Ibid.*
[§] "The Pixar Story: Dick Shoup, Alex Schure, George Lucas, Steve Jobs, and Disney", Lowendmac.com, 23 janvier 2007.

Et comme ce qui est rare est cher, les visites de Jobs ont l'allure de parades présidentielles, avec un mot d'ordre général : l'approcher, lui serrer la main, l'écouter parler... Comme l'a confié Alvy Ray Smith :

« Je l'observais s'adresser à nos employés et dans leurs yeux je pouvais lire de l'amour. Il faisait d'eux ce qu'il voulait. Jobs a un pouvoir de séduction incomparable. J'adorais aussi le voir entrer dans une pièce remplie d'inconnus et s'en emparer. Il a ce talent. Le talent de la communication. Et il en est conscient[*]. »

Chez NeXT, où il passe le plus clair de son temps, l'ambiance n'est pas aussi rose. Très vite, certains des travers de Jobs refont surface. Comme par le passé, il choisit de diriger ses collaborateurs sans se soucier de leur fierté personnelle. Il peut se montrer cassant et même humiliant.

« De nombreux collègues décrivent Jobs comme un homme brillant et vraiment charmant qui peut fortement motiver ses troupes. Dans le même temps, sa recherche de perfection est si extrême que les employés qui ne satisfont pas à ses demandes se retrouvent confrontés à de féroces attaques verbales, à même d'user les plus motivés[†]. »

D'après plusieurs témoignages, il commençait toujours par désapprouver ce qui lui était présenté, d'une manière systématique et non réfléchie...

« Un ex-employé de NeXT s'est rappelé que Jobs, par principe, rejetait souvent le travail fait par les autres la première fois qu'on le lui présentait. Pour éviter cette attitude déraisonnable, les employés en étaient venus à lui présenter délibérément en premier leur plus mauvais travail et à garder le meilleur pour une présentation ultérieure afin d'avoir plus de chances de satisfaire les attentes du boss[‡]. »

---

[*] Alan Deutschman, *The Second Coming of Steve Jobs*, 2001.
[†] "America's Toughest bosses", *Fortune*, 18 octobre 1993.
[‡] *Ibid.*

dépendent du bon déroulement de cette soirée. Peu avant le dîner, Jobs apprend que le personnel a oublié de lui préparer un plat végétarien. Au lieu de s'en accommoder ou de trouver une solution plus raisonnable, il décrète l'annulation pure et simple du plat principal pour tous les convives. Ses proches collaborateurs ne parviennent pas à le faire changer d'avis.

En cette année 1988, un fait contrarie particulièrement Jobs : Apple a repris des couleurs et John Sculley est dépeint comme l'homme qui a réussi son redressement. L'inimitié est restée vive entre les deux hommes. En octobre 1987, Sculley a fait paraître le livre *Odissey*, où il donne sa propre version des événements survenus chez Apple, laissant entendre qu'il a dû mettre Jobs sur une voie de garage pour le plus grand bien de cette société. À Noël 1987, l'ingénieur Bob Metcalfe a donné une fête à laquelle Jobs et Sculley étaient invités. Durant toute la soirée, ils se sont placés à une extrémité opposée de la maison de Metcalfe, évitant tout contact[*].

En attendant, les résultats d'Apple parlent en faveur de l'actuel PDG de la société de Cupertino. Lors du départ de Jobs, l'action s'échangeait à près de 10 dollars. À présent, elle se situe aux alentours de 40 dollars. Les revenus ont doublé et les bénéfices ont triplé.

Autant dire qu'en lançant NeXT, Jobs est en partie animé par un sentiment de revanche. Or, plus les mois avancent et plus il apparaît que la boîte noire NeXT est un bijou technologique d'une conception avant-gardiste remarquable.

Concernant l'aspect du futur ordinateur, après avoir donné leur chance à plusieurs designers, Jobs s'adresse à Hartmut Esslinger de la société Frogdesign.

Esslinger est le dessinateur allemand qui a conçu le boîtier de l'Apple IIc en 1982 et peaufiné l'aspect général du Mac. Le créatif n'accepte la proposition qu'à une condition : qu'il puisse donner libre cours à son imagination. Il ne lui faut qu'un week-end pour

---

[*] *Ibid.*

concevoir ce qui va devenir un impressionnant cube noir. La réaction de Jobs est inattendue :

« Je trouve cela très radical[*] ! »

Toutefois, Esslinger tient bon et Jobs va peu à peu se faire à l'idée…

Le lancement du cube NeXT est prévu pour le 12 octobre 1988 au Davies Symphony Hall de San Francisco. Peu avant cette date, lors d'une réception, Jobs effectue une démonstration que le roi d'Espagne Juan Carlos juge éblouissante. Le souverain hispanique devient l'un des premiers clients de NeXT !

Quelques jours avant la date fatidique du 12 octobre, Jobs est aux aguets, vérifiant soigneusement l'acoustique de la salle. Le cube NeXT est capable de jouer de la musique en stéréo, ce qui est alors unique.

Le 12 octobre, devant 3 000 spectateurs incluant le gratin du monde de l'éducation, de la presse et du logiciel, Jobs donne une fois de plus dans le lyrisme.

« Nous sommes sur le point d'expérimenter un moment rare, comme il n'en arrive qu'une ou deux fois dans une décennie d'informatique. C'est un moment où une nouvelle architecture est déployée, de nature à changer le futur de l'informatique. Voilà trois ans que nous y travaillons. Et c'est incroyablement grand !… »

Il dévoile le cube noir. Les acclamations pleuvent sur le système *NeXTSTEP* qui intègre, outre une barre où l'on retrouve les principaux programmes, une application de la messagerie électronique. Lorsque l'on déplace une fenêtre, son contenu continue de s'animer – du jamais-vu pour l'époque.

« Nous avons construit le meilleur ordinateur du monde », clame Jobs.

---

[*] "Steve Jobs: Can He Do It Again?", *Businessweek*, 24 octobre 1988.

Avec humour, Jobs déclare à la presse que NeXT s'apparente à ce qu'aurait dû devenir le Mac !

Ross Perot n'est pas à la traîne et y va de son propre couplet :

« Les gens de NeXT ont consacré un temps démesuré à rechercher la perfection. Jobs a de nouveau frappé ! »

Les médias répondent en masse à l'appel. Le magazine *Business Week* publie Jobs et sa machine noire en couverture. L'article évoque des capacités « stupéfiantes » en matière de stockage des données, sans s'appesantir sur le fait que le lecteur de disques optiques est d'une lenteur désespérante. C'est tout juste si le reporter déplore que la machine se contente d'un écran monochrome.

Le prix de l'ordinateur – 6 500 dollars – est très élevé, bien supérieur à ce que Jobs envisageait à l'origine. D'ailleurs, si on ajoute à la facture le coût d'une imprimante, il est même prohibitif : pas loin de 10 000 dollars. Enfin, le cube NeXT manque cruellement de logiciels. Bill Gates, pour sa part, ne se prive pas de clamer que Microsoft n'écrira aucun logiciel pour NeXT ! Jobs a beau répliquer qu'avec *NeXTStep*, trois personnes peuvent réaliser ce que deux cents personnes accomplissent chez Microsoft, son message n'est pas entendu.

Patience, la merveille existe à présent et sa séduction à grande échelle n'est qu'une affaire de temps. Pour assurer la survie de NeXT, Jobs fait entrer un autre investisseur au capital. Le Japonais Canon investit 100 millions de dollars en 1989. Il ajoutera 10 autres millions l'année suivante et encore 20 millions en 1991.

Le NeXT préfigure la décennie à venir : multimédia et communicante. Jobs n'est pas peu fier de cet ordinateur qui a une bonne dizaine d'années d'avance sur son époque et semble naturellement voué à devenir la nouvelle référence.

Pourtant, il est déjà trop tard. Le PC d'IBM et le Macintosh d'Apple se sont établis comme les deux incontournables. Les entreprises sont massivement équipées en micro-ordinateurs et il n'y a déjà plus de place pour un troisième standard.

Les mois à venir vont être cruels…

Chapitre 11

Désillusions

« La première impression est celle d'un adolescent. Il portait des jeans et un col roulé. Il était amical, cordial tout en manifestant un manque d'assurance de plus en plus prononcé au fil de l'après-midi. Profondément timide, il fait preuve d'une aversion quasi physique envers toute question qui pourrait être perçue comme personnelle. »

Telle est la description que donne un reporter du magazine *Inc* venu rendre visite à Steve Jobs au quartier général de la société NeXT. Pour son premier numéro du 1er avril 1989, cette revue a choisi de lui décerner le titre d'« Entrepreneur de la décennie ». Pourtant, en examinant les motivations de la rédaction, on demeure surpris : c'est pour un exploit remontant aux années soixante-dix qu'il récolte ces félicitations du jury. Pas un mot n'est glissé sur la réalisation du Macintosh ou du NeXT.

« Sans Jobs, il n'y aurait pas eu l'Apple II. Il a le mérite d'avoir démarré – et donné forme – à la révolution de la micro-informatique. »

Ce choix de *Inc* illustre bien la fascination que Jobs continue d'exercer sur le monde médiatique. Bien que son parcours ait été chaotique, qu'il ait été écarté de la direction d'Apple, Jobs continue de faire rêver et de recueillir un soutien implicite que bien des patrons lui envieraient...

Pourtant, si Jobs a fière allure sur la couverture de *Inc* du 1er avril 1989, l'année s'annonce amère. La plupart des signaux sont inquiétants. Plusieurs ingénieurs et cadres de NeXT commencent à se lasser des excès de leur boss, et les défections vont se multiplier au fil des trimestres. La demande pour les stations NeXT demeure chroniquement anémique.

En premier lieu, la fabuleuse usine de production automatique de l'ordinateur est loin d'assurer sa tâche comme prévu. À la fin de 1988, elle ne débite que 400 stations NeXT par mois, là où Jobs en espérait 10 000.

Les ventes sont catastrophiques. Dès le lancement de la station NeXT, il est clair que le prix demandé (10 000 dollars si l'on inclut l'indispensable imprimante laser) dépasse largement le budget des universités. En mars 1989, Jobs a changé de tactique et négocié une distribution auprès du grand public avec la chaîne Businessland. Pourtant, les cubes NeXT semblent s'écouler au compte-gouttes. À la fin de l'année, Businessland va afficher un triste bilan : 460 NeXT vendus en tout et pour tout[*].

Jobs convient d'une chose, il faut rendre la station NeXT plus attractive : le cube noir est détrôné au profit d'un modèle plus élégant et plus compact.

---

[*] Alan Deutschman, *The Second Coming of Steve Jobs*, 2001.

Quoi qu'il en soit, la perspective d'une période de vache maigre ne décourage pas Jobs. Plus que jamais, il est décidé à en mettre plein la vue à ceux qui pousseraient la porte de NeXT. La société emménage dans de nouveaux bureaux, face à un port de plaisance, à Redwood City. Le lieu restera célèbre pour sa décoration luxueuse : des sofas et téléphones de luxe et, surtout, un escalier en bois et métal conçu par l'agence de l'architecte I. M Pei*.

Un élément de la station NeXT est porteur d'espoir : le système d'exploitation *NeXTSTEP*. Son atout réside notamment dans la vitesse de développement d'applications qu'il permet : « Il est possible de bâtir du logiciel de cinq à dix fois plus vite, du logiciel fiable, facile à faire évoluer et plus puissant », affirme Jobs à propos de *NeXTSTEP*.

Une étude du cabinet Booz Allen & Hamilton confirme la chose : les programmeurs travailleraient deux à trois fois plus vite sur *NeXTSTEP* que sur les ordinateurs de Sun et autres constructeurs. Même le magazine *Sun World* qui semble voué à soutenir les machines Sun le reconnaît.

L'attrait de *NeXTSTEP* est si fort qu'il va jusqu'à attirer IBM. En cette année 1989, le numéro 1 de l'informatique est déçu de son alliance avec Bill Gates et a déjà tenté de rompre la liaison avec Microsoft – IBM se refuse alors à soutenir *Windows*, le cheval de bataille de Gates sur les PC. Pourtant, le créateur de Microsoft ne cesse de marquer des points, ses logiciels étant adoptés par tous les constructeurs de clones de PC.

Bill Lowe, l'homme qui a mené à bien le projet IBM PC, persuade sa direction d'acquérir une licence de *NeXTSTEP*. Ce système pourrait servir de cheval de Troie à IBM sur le marché alors détenu par Sun et peut-être aider à résister au rouleau compresseur Microsoft. La somme qu'IBM accepte de débourser pour acquérir la licence de *NeXTSTEP* laisse penser que le géant

---

* www.allaboutstevejobs.com, "Long Bio".

est désespérément à la recherche d'alternatives à Microsoft : 60 millions de dollars !

Un autre rayon de soleil pointe dans le jardin de l'affectif. Souvent invité à s'exprimer au sujet de l'informatique, Jobs fait une rencontre déterminante. Une âme sœur.

Un jour de l'automne 1989, il est invité à la Stanford Graduate School pour parler aux étudiants. Ce jour-là, il remarque une blonde élancée, particulièrement attrayante, qui s'est assise juste devant lui, exposant à sa vue ses jambes de sportive. C'est plus fort que lui : il ne peut la quitter des yeux.

Ce soir-là, Jobs a un dîner d'affaires prévu. Pourtant, il se ravise bientôt :

« J'étais dans le parking avec la clé dans le démarreur et j'ai pensé : si c'était ma dernière nuit sur Terre, est-ce que je préférerais la passer en réunion d'affaires ou avec cette femme ?

J'ai couru dans le parking et lui ai demandé si elle voulait dîner avec moi.

Elle a dit oui, nous avons marché dans la ville. »

Entre Steve Jobs et Laurene Powell, c'est le coup de foudre. Elle a tout pour plaire : elle est belle, a l'esprit vif et, pour couronner le tout, c'est une végétarienne militante. Ils ne vont plus se quitter.

L'autre société de Steve Jobs est tout aussi peu florissante que NeXT. Pixar est un gouffre financier et la situation ne peut durer. Le 30 avril 1990, le studio est démembré. La division « matériel » qui planchait sur de l'informatique dédiée aux images de synthèse est fermée, et le studio assume désormais une vocation essentielle : la création de films d'animation.

Là n'est pas tout. Le temps où Pixar vivait en toute indépendance est révolu. Jobs veut être en mesure de surveiller la productivité de ses artistes. Pixar déménage vers de nouveaux locaux à

Point Richmond, près de la baie de San Francisco. À présent, Jobs va pouvoir intervenir plus souvent dans la vie jusqu'alors paisible de John Lasseter et de ses acolytes.

La deuxième version de l'ordinateur NeXT est annoncée en septembre 1990, tandis que Lotus mijote un logiciel révolutionnaire développé spécifiquement pour cette machine, *Improv* (un tableur). Un autre éditeur de renom, WordPerfect, a porté son traitement de texte vedette sur NeXT.

Le nouvel ordinateur apparaît sous l'aspect d'un écran plat posé sur une petite plateforme. La grande nouveauté est un affichage en couleurs mais aussi la présence d'un lecteur de disquettes – ce que Jobs avait jusqu'alors refusé, estimant cet accessoire superflu et disgracieux. Le prix d'appel a été réduit, mais demeure élevé : 5 000 dollars.

Globalement, les nuages s'amoncellent sur NeXT. La demande pour l'ordinateur avant-gardiste est homéopathique et les signes d'espoir sont ténus. Dan'l Lewyn a été le premier des cofondateurs à quitter l'entreprise et d'autres se préparent à suivre son exemple.

Dans l'article de *Inc*, Jobs avait déclaré ceci :

« Nous nous devons de réussir à une très grande échelle. Notre plus petit concurrent pèse 1,75 milliard de dollars. Le monde n'a pas besoin d'une autre entreprise d'informatique pesant 100 millions de dollars. Nous devons atteindre une certaine envergure si nous voulons jouer dans le bac à sable. Nous bâtissons la prochaine société d'ordinateurs milliardaire en dollars. »

Avec le recul, cet objectif dressé plus d'un an et demi auparavant apparaît outrageusement démesuré. À la fin 1990, un chiffre d'affaires d'une centaine de millions de dollars aurait été bienvenu. NeXT termine l'année avec un revenu de 28 millions de dollars, très largement insuffisant pour faire vivre une société de 570 employés.

NeXT a beau sombrer lentement vers les profondeurs abyssales, Steve Jobs n'a pas perdu espoir. Pour raviver le moral des troupes, il se livre à des prestations filmées, tournées à l'économie, mais vouées à faire passer des messages majeurs.

Dans l'une des vidéos tournées vers le début de l'année 1991, Jobs se tient devant un tableau blanc le feutre à la main. Professeur Steve explique qu'il a longuement réfléchi afin de déterminer où se trouve le potentiel de NeXT.

D'un côté, les constructeurs de stations de travail tels que Sun, Apollo ou IBM. De l'autre, les PC et Mac. Les premiers intéressent avant tout la communauté scientifique, les seconds visent le grand public. Or, explique Jobs, NeXT serait en mesure de séduire un nouveau segment : des professionnels à la recherche d'ordinateurs aussi puissants que les stations de travail, mais faciles à utiliser.

Selon lui, en 1990, Sun a réussi à vendre 40 000 machines sur ce marché qu'il estime à 50 000 unités. À en croire diverses études, ce secteur devrait représenter 100 000 ordinateurs en 1992 et 300 000 en 1993. Or, selon Jobs, NeXT serait en passe de décrocher cette victoire…

« Nous avons été en compétition avec Sun une quinzaine de fois au cours des 90 derniers jours et nous avons gagné à chaque fois ! 15 sur 15. »

Lorsqu'il s'exprime ainsi, Jobs paraît capable de déplacer les montagnes. L'issue heureuse serait au bout du chemin. Sa puissance de conviction est restée intacte, comme s'il ignorait que ce navire prend l'eau…

Pixar est également toujours déficitaire – 8 millions de dollars de pertes en 1990. Trop c'est trop. En mars 1991, Steve Jobs tranche à nouveau dans le vif en divisant par deux la taille des effectifs. Il licencie l'essentiel du personnel de ventes pour conserver avant tout les ingénieurs clés de la division logiciels.

Côté cœur, une joie inespérée vient colorer l'existence de Steve : sa fiancée est enceinte. Pourtant, la bonne nouvelle est rapidement teintée d'une nuance moins plaisante. Laurene Powell demande à Jobs de l'épouser. Détestant les ultimatums, Steve n'accepte pas l'idée qu'on lui passe la bague au doigt. Outrée, Laurene quitte le domicile. Ce jour-là, Jobs arrive au bureau exténué et hors de lui*. Il va finalement lâcher du lest et accepter la demande de Laurene.

Le mariage est célébré le 18 mars 1991, selon le rite bouddhiste zen, à l'hôtel Ahwahnee du Parc National Yosemite. Steve et Laurene vont avoir trois enfants ensemble, le premier, Reed Paul Jobs, va naître en septembre.

NeXT semblait disposer d'un supporter majeur du côté d'IBM. Pourtant, les choses se gâtent dès lors qu'un nouvel homme, James Cannavino, prend la direction du pôle logiciels d'IBM. Décidé à ne pas s'en laisser conter par Jobs, il demande à le rencontrer seul à seul, sans la présence du moindre conseiller.

Cannavino entend redéfinir les relations avec la société de Jobs. Il se montre prêt à soutenir *NeXTSTEP* à grande échelle. Le nouveau ponte exige toutefois que Jobs consente à abandonner la production de l'ordinateur NeXT. Ses équipes doivent se concentrer sur *NeXTSTEP*, en faire un logiciel de développement d'applications hors pair, auquel IBM insufflera sa puissance de promotion. Jobs tient tête à Cannavino et le renvoie dans les cordes.

« Je ne suis pas suffisamment stupide pour vous donner tout ce que j'ai, alors que vous avez 27 000 vendeurs chez IBM† ! »

Sûr de son fait, Jobs est persuadé d'avoir habilement tenu tête à Cannavino et repart avec le sentiment d'avoir gagné la partie. Il n'en est rien. Cannavino n'est pas d'une nature à transiger et NeXT vient de perdre un allié de taille.

---

* Alan Deutschman, *The Second Coming of Steve Jobs*, 2001.
† Randall E. Stross, *Steve Jobs and the NeXT Big Thing*, 1993.

Cannavino tire un trait sur les 60 millions de dollars dépensés à la légère par son prédécesseur. IBM abandonne purement et simplement *NeXTSTEP*. Jamais plus Cannavino ne répondra aux appels de Steve Jobs[*].

Dans la foulée, le 29 avril 1991, *Forbes* publie un article très critique à propos de Jobs, pour évoquer les « Résultats décourageants de NeXT ».

La journaliste de *Forbes*, Julie Pitta, explique que les médias se sont toujours montrés élogieux à l'égard de Steve Jobs. Lorsque les maigres résultats de NeXT ont été dévoilés – 15 000 machines depuis le lancement, soit dix fois moins que ce que Sun vend en une année –, la plupart des journalistes ont continué à soutenir Jobs. Pitta se désolidarise du lot :

« Voici une autre façon de voir les choses : tout bien considéré, Sculley avait raison ! Jobs est un piètre manager. Chez NeXT, il bénéficie d'un pouvoir absolu. Or, il a pris des décisions fondamentalement erronées, à même de condamner l'aventure.

Jobs voudrait nous faire croire que sa machine gagne du terrain. "Nous avons été quinze fois en compétition avec Sun et nous avons gagné les quinze", dit-il tout en omettant de nommer ces clients. Il prétend avoir livré 8 000 stations au cours du trimestre alors que l'institut International Data n'en compte que 4 000.

Ce qui s'est passé, c'est qu'au sein d'Apple, le talent de Jobs était contrebalancé par celui de Steve Wozniak. Livré à lui-même, Jobs a tendance à s'entourer de gens qui, bien que talentueux, n'osent pas remettre en question sa vision. »

Il est vrai que Steve Jobs semble ne pas comprendre que la situation de NeXT devient de plus en plus alarmante. Un à un, les cofondateurs de la société quittent le navire...

---

[*] Alan Deutschman, *The Second Coming of Steve Jobs*, 2001.

Au printemps 1991, la responsable financière, Susan Barnes, est la deuxième de l'équipe originelle de NeXT à donner sa démission. Bud Tribble, l'un de ses plus fidèles compagnons – il a contribué à la création du Mac – jette à son tour l'éponge. Responsable du logiciel, Tribble déplore que Jobs ait laissé IBM abandonner *NeXTSTEP*. Il a suffi que Tribble passe un coup de fil à Scott McNealy, le PDG de Sun, pour que ce dernier le rappelle aussitôt de sa voiture et l'embauche*. Pire encore, Ross Perot se retire du conseil d'administration de NeXT, soucieux de limiter les pertes avant la débâcle finale.

Maigre consolation, en mai 1991, Steve Jobs débauche un cadre de Microsoft, Mike Slade. Il ne va pourtant rester en place qu'une année et son départ précédera celui de Rich Page, un autre cofondateur. George Crow sera le seul cofondateur de NeXT à rester à bord.

Au milieu des tribulations de Jobs, l'unique signe d'espoir survient en mai 1991 du côté de Pixar. Dans le milieu de l'animation, John Lasseter s'est fait un nom et ses productions remportent régulièrement des prix. En mai 1989, *Tin Toy*, un dessin animé en images de synthèse conçu par Lasseter a remporté un Oscar. Impressionné, Jeffrey Katzenberg qui codirige Disney, a proposé de l'embaucher mais il a refusé l'offre : chez Pixar, Lasseter se sent alors dans un cocon de rêve†.

Pragmatique, Katzenberg s'est résigné. Depuis peu, Disney a renoué avec les grandes productions animées comme *La Petite Sirène*. Le géant pourrait faire sensation en dévoilant le premier dessin animé d'envergure en images de synthèse. Est-ce que Lasseter pourrait réaliser un film d'animation pour Disney ?

À l'idée d'une telle perspective, Lasseter a du mal à toucher terre. Un long-métrage ! L'occasion serait trop belle de dévoiler à

---

* *Ibid.*
† www.allaboutstevejobs.com, "Long Bio".

grande échelle le savoir-faire élaboré par Pixar. Immédiatement, il envisage de réaliser le *Blanche Neige et les Sept Nains* de la 3D ! Les idées fusent, partent dans tous les sens, annonciatrices de jubilations potentielles. L'artiste maison soumet une ébauche de scénario dans lequel les jouets d'un enfant vaqueraient à leurs occupations dès que les humains ont le dos tourné : un dessin animé 3D qui s'appellerait *Toy Story*.

Accablé par les soucis, Steve Jobs a perdu une partie de sa légendaire combativité. À vrai dire, avant de recevoir la proposition de Disney, il s'était mis en quête d'un repreneur pour Pixar. Pendant la réunion avec Jeffrey Katzenberg, il demande 22 millions de dollars pour réaliser *Toy Story*. Katzenberg tente alors un coup de bluff et abaisse la somme de 5 millions de dollars. À sa surprise, Jobs, qui s'est pourtant adjoint les services de l'un des avocats les plus respectés d'Hollywood, accepte l'offre sans sourciller*. De plus, il ne demande que 12,5 % sur les ventes de billets pour Pixar, ce qui est très peu par rapport aux standards d'Hollywood.

En réalité, Jobs n'a plus le choix. Pixar vit là sa dernière chance et la somme que Disney se montre prêt à débourser est tentante. Le contrat de réalisation de *Toy Story* est signé en mai 1991. Il stipule que Pixar doit produire trois longs-métrages.

Le 26 août 1991, lorsque *Fortune* place en couverture les « deux enfants terribles de la micro-informatique », Bill Gates (35 ans) et Steve Jobs (36 ans), ce dernier fait grise mine. Les ventes de l'ordinateur NeXT demeurent symboliques – 10 000 machines tout au plus sont sorties d'usine durant le deuxième trimestre.

Le temps est bien loin où Bill Gates faisait les yeux doux à Jobs pour qu'il lui dévoile le Macintosh. L'IBM PC a fait la fortune de Microsoft. Bill Gates vient d'entrer dans le Top 10 des milliardaires américains et dispose d'une fortune en actions de 4 milliards de dollars. La société de Bill Gates apparaît même si

---

* Alan Deutschman, *The Second Coming of Steve Jobs*, 2001.

menaçante qu'IBM vient de faire alliance avec Apple pour tenter de contrer Microsoft ! Seul nuage dans cette envolée, le gouvernement américain trouve à redire sur certaines de ses pratiques commerciales et une enquête vient d'être lancée sur Microsoft.

Jobs dévoile une facette qu'on ne lui connaissait pas : en retrait, facilement sur la défensive, pondéré. Bill Gates est le numéro 1 du logiciel et l'on ne fâche pas un empereur. Qui sait, il pourrait encore vouloir écrire des programmes pour NeXT ? De façon générale, Jobs semble faire profil bas face à un Gates dominateur et rigolard, comme en témoignent ces extraits.

Fortune : Qu'avez-vous pensé lorsque le PC d'IBM est apparu il y a dix ans ?

Jobs : Nous ne l'avons pas pris suffisamment au sérieux. À cette époque, Apple livrait des dizaines de milliers de machines par mois. Malgré cela, un grand nombre de gens pensent qu'IBM a inventé l'ordinateur personnel. Bien évidemment, ce n'est pas vrai !

Gates : Ils sont également nombreux à croire que c'est Apple et cela n'est pas vrai non plus. Nous avons écrit notre premier programme pour l'Altair en 1975.

Fortune : Est-ce que le contrôle de Microsoft sur le système n'étouffe pas la compétition ?

Gates : Dans tous les aspects du logiciel, on trouve des gens en compétition !

Jobs : Je m'étonne tout de même que personne n'ait réussi à entrer en compétition avec Microsoft. Je ne t'accuse pas de quoi que ce soit. Je ne dis même pas que cela n'est pas bon. Mais il y a des centaines de compagnies qui fabriquent des PC et des centaines de logiciels pour cet ordinateur...

Gates : Exact.

Jobs : Malgré cela, ils sont tous obligés d'en passer par ce très petit orifice qui s'appelle Microsoft.

Gates : C'est un orifice très large ! *(rires)*

Jobs : Mais ils passent par une seule société !

Gates : Est-ce que tu voudrais dire qu'il y aurait quelque chose qui cloche avec notre popularité ? Mon approche a été la même depuis le tout début. Créer le standard de l'industrie. Rien n'a changé.

Fortune : Que pensez-vous de la décision récente d'Apple et d'IBM de collaborer sur le logiciel ?

Gates : C'est surprenant.

Jobs : Oui, nous ne le comprenons pas très bien.

Gates : Je ne comprends pas ce qu'Apple a à y gagner. Quelle est la contribution d'IBM ? Leur nom ? À croire qu'Apple se sentait vraiment mal pour faire cela…

Jobs : À mon sens, IBM ne peut pas survivre en vendant ce que vous pouvez trouver ailleurs pour 30 % moins cher. Ou alors il leur faut de la valeur ajoutée. Et pour rendre une machine unique, il faut un logiciel unique !

Gates : Je disais déjà cela dans les années soixante-dix ! *(rires)* Il y a autre chose que je ne comprends pas. Si IBM a déjà pris une licence de ton *NeXTSTEP*, pourquoi est-ce qu'ils vont chercher Apple plutôt que de capitaliser sur leur licence ?

Jobs : Je ne veux pas répondre à cette question. Il faut que je reste prudent. Je ne veux pas m'aliéner qui que ce soit chez IBM.

Gates : Nous avons ce même intérêt. *(rires)*

Jobs : Il y a quelques années, quelqu'un de chez IBM a vu en *NeXTSTEP* le diamant qui pourrait résoudre leur problème majeur. Hélas, il y a énormément de gens chez IBM. Quelque part, ce diamant a été jeté dans la boue et maintenant il se trouve sur le bureau de quelqu'un qui pense que c'est une motte de terre.

Si Jobs ne se montre pas plus combatif, c'est qu'il commence à pressentir que la fin de NeXT est proche. Seul Canon continue d'investir dans la société de Jobs, de peur de devoir faire une croix sur l'investissement initial. D'ailleurs dans le classement de 1992 des hommes les plus riches d'Amérique du magazine *Forbes*, Steve Jobs disparaît de la liste.

Pour mieux promouvoir NeXT, Jobs a recruté un Anglais du nom de Peter van Cuylenburg. En interne, ce dernier se distingue par une sévérité accrue. Mois après mois, les divers vice-présidents de la société viennent donner leur démission. Van Cuylenburg ne se démonte pas, affirmant :

« J'ai mis de la pression sur l'entreprise et tout le monde n'était pas prêt ni même disposé à l'accepter. De toute façon, il y avait trop de vice-présidents chez NeXT[*]. »

Pourtant, lui qui se plaît à donner des leçons va en prendre une. Un jour, Scott McNealy, PDG de Sun, reçoit un appel de Van Cuylenburg. Ce dernier lui propose un deal secret : Sun rachèterait NeXT, Jobs serait mis à la porte et lui-même, Van Cuylenburg, prendrait la tête de la société ! McNealy est un homme intègre, il appelle aussitôt Jobs pour l'informer de la trahison du numéro 2 de NeXT[†].

Steve Jobs mesure tant bien que mal l'ampleur de son erreur : sans s'en rendre compte, il avait recruté un nouveau Sculley !

Le 10 février 1993 est la journée du chant du cygne.

Jobs annonce la fermeture de l'usine NeXT et l'arrêt de la production de cet ordinateur. Seules 50 000 machines ont été

---

[*] Alan Deutschman, *The Second Coming of Steve Jobs*, 2001.
[†] *Ibid.*

construites et 250 millions de dollars ont été perdus dans l'affaire. Le Japonais Canon, qui avait acquis 18 % de NeXT, doit passer l'opération en pertes et profits. Au passage, 300 employés sont licenciés.

En ce jour détestable, les biens de NeXT partent un à un lors d'une pitoyable vente aux enchères. Des enfilades de disques optiques, d'écrans plats, de puces en tout genre. Certains rachètent cette électronique pour la recycler dans d'autres machines. D'autres sont avant tout intéressés à en extraire certains métaux, le reste part à la casse.

Pour Jobs, ce jour est aussi douloureux que celui de septembre 1985 qui l'a vu quitter Apple. La gifle est magistrale, il en ressort un peu sonné. Pour la deuxième fois de son existence, il mord la poussière. Cette fois-ci, il n'est pas désavoué par un conseil d'administration, mais il subit un rejet tout aussi affligeant : celui du public qui n'a pas été au rendez-vous.

La revanche espérée ne s'est pas concrétisée.

Chapitre 12

Renaissance

L a défaite a du mal à passer. Elle a quelque chose d'indigeste, de nauséabond.

Has been... Star du passé. Tel est le couperet qui menace Jobs. Deux lignes dans les livres d'Histoire, peut-être même dans un paragraphe dédié à la fabuleuse réussite de Bill Gates. Ou, pire encore, faire l'objet d'une rapide citation dans le dictionnaire des noms propres dans l'entrée relative à Sculley, dépeint comme le PDG qui a eu le cran de virer un iconoclaste du nom de Steve Jobs, juste à temps pour sauver Apple !

Que faire ? Pactiser avec IBM ou Bill Gates ? Reconnaître sa défaite et tendre l'autre joue ? Jobs n'est pas taillé dans cette joaillerie.

Assis à son bureau, Jobs fait le point. Les cofondateurs ont quitté le navire, Ross Perot a tenté en vain de sauver ce qui pouvait l'être, Canon pleure ses millions de yens volatilisés. La station

NeXT n'est plus qu'un souvenir. Pourtant, tout n'est pas perdu, loin de là. Ces années de labeur n'ont pas été vaines. Tant qu'il reste un seul combattant, la guerre n'est pas terminée… Or, une munition clé demeure : une bombe du nom de *NeXTSTEP*.

Si l'ordinateur NeXT a parfois fait des percées, si certaines entreprises ont envisagé l'achat de la machine, c'était avant tout pour le logiciel *NeXTSTEP*, la Rolls des interfaces graphiques. Nantie d'un outil de développement digne d'un magicien. Quelque chose que Microsoft ne saurait accomplir.

NeXTSTEP est beau, fluide, presque magique. Se servir d'un tel outil pour créer des applications donne le même sentiment que le violoniste aux commandes d'un Stradivarius authentique.

Les instituts d'analyse qui testent *NeXTSTEP* n'en croient pas leurs yeux. Le logiciel bat à plate couture ses divers concurrents, quand il ne les écrase pas de manière pitoyable. En comparaison, *Windows* apparaît comme une quincaillerie maladroite, un danseur boiteux qui aurait abusé de tequila.

C'est avec *NeXTSTEP* que va s'écrire le deuxième chapitre de l'histoire de NeXT. La perle est là, ceux qui l'ont approchée en témoignent. Au diable le matériel, c'est avec ce logiciel que va s'écrire la geste du chevalier NeXT.

La nouvelle mission de Jobs est tracée : imposer la perfection maison sur la surface brillante des écrans de cette petite planète. Sa croisade demeure encore et toujours la même : changer le monde en l'embellissant. Faire triompher l'esthétique et le bon goût.

L'ère de *NeXTSTEP* est avancée !

Que *NeXTSTEP* soit !

C'est en février 1993 que Jobs annonce que son nouveau combat s'articule autour de *NeXTSTEP*. Avec un leitmotiv : proposer *NeXTSTEP* sur tout ce qui peut ressembler de près ou de loin à un ordinateur, à commencer par les omniprésents PC.

C'est la société CKS Partners qui a aidé Jobs à définir cette nouvelle stratégie. Une longue enquête a été menée auprès des responsables informatiques des 500 premières entreprises américaines. Il en est ressorti que, pour la plupart, ils ignoraient les possibilités de *NeXTSTEP*. En revanche, un message plus marquant est venu des mordus d'informatique de ces mêmes sociétés : ils ont découvert que *NeXTSTEP* facilitait énormément la programmation de logiciels. Certains sont même allés jusqu'à clamer :

« Vous avez le meilleur produit jamais vu mais vous ne le savez même pas. Pis encore, vous n'essayez même pas de nous le vendre sous cet angle ! »

Comme l'a rapporté Jobs lui-même : « Les entreprises venaient nous voir pour nous dire : "Bandes d'idiots, vous n'avez rien compris !" »

« Notre mission principale est d'établir *NeXTSTEP* comme un système d'exploitation leader des années quatre-vingt-dix », déclare le Jobs nouveau. Désormais, c'est ce message qui va être martelé à tout-va. *NeXTSTEP* est la solution de rêve pour les entreprises, *NeXTSTEP* va leur faire économiser beaucoup d'argent, *NeXTSTEP* va même leur en faire gagner. L'un des arguments que Jobs assène régulièrement est qu'avec *NeXTSTEP*, trois personnes peuvent accomplir ce qui en réclame deux cents chez Microsoft[*] !

Dès le mois de juin 1993, *NeXTSTEP* fait son entrée sur les processeurs Intel 486. La conquête est en marche.

Hélas, la situation n'est toujours pas d'un rose éclatant et il semble que la traversée du désert soit appelée à durer. Pas un seul constructeur de PC ne semble encore envisager d'embarquer *NeXTSTEP* en remplacement ou même en complément du piètre *Windows*. Jobs vient faire l'article auprès de Hewlett-Packard, de Sun et autres acteurs majeurs de la scène informatique. En vain.

---

[*] "Eve Jobs", *Rolling Stone*, 16 juin 1994.

Le système avant-gardiste n'arrive pas à convaincre les fabricants d'ordinateurs.

En octobre 1993, le journaliste Joseph Nocera, de *Gentlemen's Quarterly*, résume la tonalité générale dans un article où il s'auto-flagelle, estimant qu'il s'est fait berner par le charisme de Jobs.

« Comme de nombreux autres, j'ai passé mon temps à me pâmer pour Jobs. Il savait exactement quels boutons pousser. Il a démarré NeXT avec une foi inébranlable dans ses propres communiqués de presse, faisant perpétuellement l'impasse sur ses erreurs, tandis que ses supposés triomphes étaient fortement survendus. »

NeXTSTEP n'est pas le seul facteur de soucis de Jobs. Le 17 novembre 1993, Jeffrey Katzenberg fait volte-face et annonce que Disney annule le projet *Toy Story* !…

Alors que la panique règne au sein de Pixar, John Lasseter prend le taureau par les cornes. Le scénario proposé à Disney est revu de fond en comble. Une idée forte ressort : celle de la rivalité entre deux jouets, d'une part Woody, le cow-boy à l'ancienne qui jouait jusqu'alors le rôle de chef incontesté et, d'autre part, Buzz l'Éclair, l'astronaute flambant neuf qui représente la modernité, la haute technologie, et qui va s'imposer naturellement comme le nouveau leader, au grand dépit de Woody. Comme dans tout bon Disney, cette concurrence va se transformer en franche camaraderie face au danger. Katzenberg récupère le nouveau synopsis et se laisse séduire : *Toy Story* est sauvé *in extremis*.

Tandis que ses équipes s'acharnent à faire évoluer *NeXTSTEP*, Jobs continue inlassablement de prêcher pour sa chapelle et de vanter les mérites de son logiciel.

Si quelques entreprises se laissent tenter par ce discours, l'actualité du moment semble ailleurs. Microsoft triomphe avec son brinquebalant *Windows* et sa domination paraît quasi irréversible…

À la longue, Steve prend acte de ce désaveu. Ses apparitions chez NeXT commencent à se faire rares. Tout au long de l'année 1994, il va concentrer ses efforts sur l'autre société dont il parraine la destinée : Pixar.

Au fil des années, Jobs a injecté des millions de dollars dans Pixar et a souvent été tenté de vendre ce studio d'animation.

« Si j'avais su en 1986 combien cela allait me coûter de maintenir Pixar en activité, je ne crois pas que j'aurais acheté la société, a admis Jobs. Le problème était que durant plusieurs années, le coût des ordinateurs nécessaires pour produire une animation commercialisable était extrêmement élevé. Ce n'est que durant les dernières années que le prix a baissé suffisamment pour justifier un tel business*. »

Jusqu'à ce que le travail sur *Toy Story* démarre en 1991, Pixar n'employait qu'une douzaine de personnes et John Lasseter était le seul animateur digne de ce nom. Pour réaliser *Toy Story*, le personnel de Pixar est monté à 110 personnes – soit un sixième du nombre de gens employés par Disney pour faire un film d'animation !

À en croire Jobs les relations avec Disney se passent plutôt bien. C'est du moins ce qu'il laisse entendre publiquement :

« Vous devez croire qu'il y a du vrai dans la réputation que traîne Disney comme quoi ils seraient durs en affaires. Pourtant, nous n'en avons pas fait les frais. Nous avons découvert que nous partagions les mêmes valeurs. Nous sommes tout aussi perfectionnistes qu'eux. Nous croyons pareillement que si vous produisez une histoire et un film de la meilleure qualité possible, le reste se réglera de lui-même et c'est ce qui s'est produit jusqu'ici†. »

---

* "Steve Jobs' Amazing Movie Adventure", *Fortune*, 18 septembre 1995.
† *Ibid.*

En août 1995, ceux qui aperçoivent Steve Jobs lors du salon *Sigraph* sont tout de même enclins à penser que le fondateur d'Apple est un héros d'hier. Il paraît éteint et, pour de nombreux observateurs du marché, le temps de sa gloire appartient à l'Histoire.

Un article de *Cnet** résume quel est alors le sentiment vis-à-vis de Jobs :

« Jobs a sombré dans l'obscurité. Lorsqu'on fait appel à lui, c'est de plus en plus souvent pour parler des bons vieux jours chez Apple. De ce fait, il a commencé à accorder de moins en moins d'interviews. Il en est même arrivé à ne plus vouloir du tout parler d'Apple. »

Pourtant, contre toute attente, quelques mois plus tard, Jobs va rebondir de la manière la plus inattendue qui soit…

La sortie du film *Toy Story*, le 19 novembre 1995, annonce un *blockbuster* : 39 millions de dollars sont récoltés dès le premier week-end !

Dix jours plus tard, dans un scénario savamment calculé, Steve Jobs introduit Pixar en Bourse à un prix d'appel particulièrement élevé, qu'il a imposé en dépit de l'avis des spécialistes de la finance accompagnant l'opération. Bien joué : le titre s'arrache immédiatement. En l'espace d'une demi-heure, le cours passe de 22 à 49 dollars. Durant la journée d'ouverture, il génère un volume d'achat de 152 millions de dollars. Les 70 % de parts possédées par Jobs se transforment en or : du jour au lendemain, il redevient multimillionnaire.

Longtemps délaissé par les médias, Steve Jobs fait un retour fracassant en première page des magazines. Le 19 décembre 1995, *Toy Story* passe le cap des 100 millions de dollars.

Le vent est soudainement en train de tourner. Sans attendre, Jobs décroche son téléphone et demande à rencontrer les gens de Disney en vue de renégocier le contrat de Pixar…

---

* "Fall and Rise of Steve Jobs", News.cnet.com, 20 décembre 1996.

Steve Jobs exige que désormais, Pixar et Disney se partagent les recettes des dessins animés à 50/50. À défaut, il promet d'aller vendre les services de Lasseter et de ses sbires aux concurrents de Disney une fois que Pixar aura réalisé les trois films auxquels l'entreprise est astreinte contractuellement. Michael Eisner, le nouveau président de Disney, n'a d'autre choix que d'accepter*.

Pendant ce temps-là, Apple est au plus mal. Le constructeur voit sa part de marché fondre comme neige au soleil – elle est passée de 12 % au début des années quatre-vingt-dix à un peu plus de 4 %. Cette dérive n'est pas nouvelle : déjà, en 1993, Sculley a été remercié par le conseil d'administration faute de résultats probants. Un grand nombre d'analystes financiers prédisent la fin prochaine de la société.

En avril 1995, Jobs a été invité au Smithsonian Institute et il a eu des mots cruels pour Sculley, montrant que la rancœur ne s'est pas émoussée, malgré les années qui passent :

« Ce qui a ruiné Apple, ce sont les valeurs. John Sculley a ruiné Apple et il l'a fait en privilégiant des valeurs corrompues. Il a corrompu certains des cadres qui étaient là, fait entrer des gens plus corrompus encore et les a payés des dizaines de millions de dollars. Il s'est davantage soucié de leur gloire et de leur richesse que de ce qui avait bâti Apple en premier lieu : réaliser de formidables ordinateurs pour les gens. »

En décembre 1995, Jobs va jusqu'à envisager de reprendre la tête d'Apple. Alors qu'il est en vacances à Hawaï avec son ami Larry Ellison d'Oracle, tous deux planchent sur un scénario de prise de contrôle d'Apple. Plusieurs investisseurs se sont ralliés à la cause et un pactole de 3 milliards de dollars a été potentiellement réuni pour opérer l'attaque en règle.

---

* Alan Deutschman, *The Second Coming of Steve Jobs*, 2001.

Au dernier moment, Jobs recule pourtant, comme va le raconter plus tard Ellison dans le *New York Times**.

« J'ai décidé que je n'étais pas l'homme d'une prise de contrôle hostile, a dit Jobs à Larry Ellison. S'ils m'avaient demandé de revenir, les choses auraient été différentes. »

Ellison ajoute cependant ceci :

« Steve est le seul qui puisse sauver Apple. Nous en avons parlé très sérieusement à de nombreuses reprises, et à la minute où il sera prêt à le faire, je serai prêt à l'aider. Je peux lever l'argent nécessaire en une semaine. »

Patience. Il faut laisser le temps au temps…

En février 1996, Steve Jobs accorde une interview au magazine *Wired*. Il semble avoir perdu une partie des espoirs qu'il caressait jadis sur la capacité de l'informatique à changer le monde…

Wired : Le Macintosh a donné la tendance pendant dix ans. Est-ce que c'est le Web qui a pris la relève aujourd'hui ?

Steve Jobs : L'industrie de l'informatique est morte. L'innovation a pratiquement cessé. Microsoft domine et innove fort peu. C'est fini. Apple a perdu. Le marché de l'informatique de bureau est entré dans une ère sombre et celle-ci va durer une dizaine d'années, ou au moins jusqu'à la fin de la décennie. Microsoft va tôt ou tard se désagréger du fait de sa suffisance et peut-être que quelque chose de neuf émergera. Mais d'ici-là, à moins d'une rupture technologique, le jeu est fini.

Wired : Quel est le changement le plus étonnant que le Web va apporter ?

Jobs : Le problème, c'est que j'ai vieilli. J'ai 40 ans à présent. Cette chose ne changera pas le monde. Pas du tout !

---

* "Creating Jobs: Apple's Founder Goes Home Again", *The New York Times Magazine*, 12 janvier 1997.

Quelques mois plus tard, Jobs apparaît dans un documentaire télévisé qui retrace l'histoire de l'informatique. Il livre alors des propos acerbes vis-à-vis de Bill Gates :

« Le problème, avec Microsoft, c'est qu'ils n'ont pas de goût. Je pèse mes mots. Je l'affirme haut et fort. Ils n'ont pas d'idées originales, ils n'apportent que peu de culture dans leurs produits. Leur succès ne me dérange pas. Ils l'ont mérité pour l'essentiel. Ce qui me chagrine, c'est qu'ils font des produits de mauvaise qualité. »

Au moment de la diffusion du documentaire, Jobs se sent penaud. Il décroche son téléphone pour appeler Bill Gates et s'excuse à sa manière :

« Bill, je pense chaque mot de ce que j'ai dit, mais je n'aurais jamais dû le dire publiquement ! »

En août 1996, la petite maison en briques rouges où vivent Steve et Laurene Jobs, meublée de bois mais de façon minimaliste, reçoit deux invités de marque : Bill et Hillary Clinton. S'il fallait un signe du regain d'importance de Jobs suite à *Toy Story*, celui-ci apparaît éclatant. Une douzaine de cadres de la Silicon Valley assistent au repas en compagnie du couple présidentiel et John Lasseter est l'un d'eux[*].

À cette époque, Jobs s'interroge sur l'opportunité de faire entrer NeXT en Bourse. À cette fin, il recourt aux services de la firme Goldman, Sachs & Company. Une inquiétude surgit alors : comme le lui font remarquer les conseillers ainsi recrutés, il ne manquera pas d'apparaître dans les documents financiers que Jobs passe plus de temps chez Pixar que chez NeXT et qu'il entend continuer d'opérer ainsi.

À défaut d'une entrée en Bourse, Jobs caresse alors une autre opportunité : et s'il vendait NeXT ?

---

[*] *Ibid.*

Quatrième vie

L'apogée

Chapitre 13

Retour chez Apple

Vers le milieu des années quatre-vingt-dix, Apple perd des millions de dollars.

L'image jusqu'alors cristalline d'Apple s'est ternie suite à la sortie d'une gamme bon marché d'ordinateurs, les Performa, d'une piètre qualité. De plus, la société de Cupertino connaît des problèmes de gestion des stocks qui ne lui permettent pas de répondre efficacement aux commandes. Enfin, MacOS, le système d'exploitation maison, a atteint ses limites.

Michael Spindler, qui a dirigé Apple après le départ de John Sculley, a tenté en vain d'opérer un rapprochement avec IBM. Face à l'échec de cette stratégie de séduction, il a bataillé pour vendre Apple à Sun comme à Philips. Sun a décliné l'offre et Spindler s'est alors retrouvé destitué par ses pairs.

Interrogé sur les déboires d'Apple, Steve Jobs a confié ceci au magazine *Fortune** :

« Vous savez quoi ? J'ai un plan pour sauver Apple. Je ne peux pas vous en dire plus, mais il s'agit du produit parfait et de la stratégie parfaite. Hélas, chez Apple, personne ne veut m'écouter. »

Transfuge de l'entreprise National Semiconductor qui crée des puces électroniques pour ordinateurs, Gilbert Amelio a été nommé à la tête d'Apple le 31 janvier 1996. Amelio a gagné sa réputation grâce à un livre, *Profit from Experience* (Savoir tirer profit de l'expérience) dans lequel il a raconté comment, en trois années, il a opéré un redressement spectaculaire de National Semiconductor, qui est passé de son pire résultat à son plus haut revenu !

Soucieux de réduire les coûts d'Apple, Amelio licencie 2 800 employés. Pourtant, cette restructuration ne fait que plomber les comptes d'Apple. Lors d'un cocktail, quelques mois plus tard, le nouveau PDG a ainsi décrit sa tâche alors qu'il s'entretenait avec un autre président de société :

« Apple est un bateau. Il y a un trou dans le bateau et donc il prend l'eau. Heureusement, il y a un trésor à bord. Le problème, c'est que tout le monde rame dans des directions différentes et donc le bateau stagne. Mon job, c'est d'amener tout le monde à ramer dans la même direction afin que nous puissions sauver le trésor†. »

Son interlocuteur s'est alors permis cette réflexion :

« Et le trou, qu'en fait-on ? »

Amelio a choisi de se faire épauler par deux autres cadres issus de National Semiconductor dont Ellen Hancock qu'il nomme responsable de la technologie, et qui a auparavant travaillé pour IBM. Seul souci, cette garde rapprochée n'est pas au fait du marché des micro-ordinateurs. Et les ventes continuent de s'effondrer.

---

* "Steve Jobs' Amazing Movie Adventure", *Fortune*, 18 septembre 1995.
† "Something's Rotten in Cupertino", *Fortune*, 3 mars 1997.

En interne, les développeurs d'Apple ont conçu un nouveau système pour les Macintosh, *Copland*. Il faut pourtant se rendre à l'évidence, *Copland* ne fait pas l'affaire. Plus tard, Amelio le décrira en ces termes peu élogieux :

« *Copland* n'était qu'une collection de morceaux distincts, chacun étant développé par une équipe différente... Tous semblaient espérer que l'ensemble se mettrait à fonctionner comme par magie ! »

En juillet 1996, Gilbert Amelio et Ellen Hancock annulent le projet *Copland*. Amelio se met en quête de trouver ailleurs un nouveau système qui pourrait animer ses ordinateurs. Ils envisagent de faire leurs courses chez Sun, chez Microsoft mais aussi chez Be, une société que dirige le Français Jean-Louis Gassée, ex-directeur d'Apple France et ancien lieutenant de John Sculley. Il y a urgence : il faut absolument qu'Amelio puisse annoncer la nouvelle stratégie d'Apple pour l'événement Macworld de janvier 1997.

Lorsqu'il apprend qu'Apple est en quête d'un nouveau système, Steve Jobs saisit l'opportunité au vol. Il décroche son téléphone et appelle Gilbert Amelio. Comme celui-ci est en voyage, il laisse un message à Ellen Hancock.

Surprise, Ellen Hancock le rappelle immédiatement[*]. Ils échangent leurs points de vue sur la situation d'Apple. Jobs laisse entendre qu'il n'est pas chaud pour la solution Be et qu'il considère celle-ci comme inadéquate pour Apple[†]. Il insiste pour rencontrer Amelio dès son retour.

Le 2 décembre 1996, Steve Jobs se rend à Cupertino où il est reçu par Gilbert Amelio et deux de ses conseillers. Une certaine émotion plane dans l'air. C'est la première fois qu'il remet les

---

[*] "Creating Jobs: Apple's Founder Goes Home Again", *The New York Times Magazine*, 12 janvier 1997.
[†] "Something's Rotten in Cupertino", *Fortune*, 3 mars 1997.

pieds sur le campus d'Apple depuis son départ de 1985. Il est clairement remué en découvrant que les bâtiments ont tant changé.

Dans la salle de conférences, Steve Jobs fait l'article : *NeXTSTEP* est le choix qui s'impose pour Apple. Outre la mirifique interface, le système dispose d'outils de développement de logiciels hors pair. Au passage, Jobs expose la stratégie à laquelle il a mûrement réfléchi concernant l'avenir d'Apple. Instantanément, il a retrouvé sa faconde, son pouvoir de persuasion, sa capacité à enthousiasmer un auditoire.

Les 9 et 10 décembre 1996, quatre sociétés sont réunies à l'hôtel Garden Court de Palo Alto pour faire une démonstration de leurs systèmes d'exploitation. Amelio est présent, entouré de sept hauts cadres d'Apple. Parmi les prétendants figurent BeOS, OS2 d'IBM, Solaris de Sun et *NeXTSTEP*.

Steve Jobs fait lui-même la démonstration de *NeXTSTEP* et s'applique à faire passer le message : à ce jour, le système de NeXT a plusieurs années d'avance sur ses concurrents. Ce faisant, il conseille à Apple d'acheter non pas la licence de *NeXTSTEP* mais la société elle-même avec ses ingénieurs spécialistes du système.

Une idée fait alors son chemin : en acquérant *NeXTSTEP*, Apple pourrait s'offrir l'assistance visionnaire de Jobs…

Les choses s'accélèrent alors de façon vertigineuse. Le 20 décembre 1996, Gilbert Amelio, président d'Apple, annonce le rachat de NeXT Software pour 400 millions de dollars. Jobs récupère au passage 1,5 million d'actions Apple. Dans la foulée, Amelio prie Jobs, non sans mal, de reprendre du service à titre de conseiller à temps partiel.

Dans son livre, *On the Firing Line*, Gilbert Amelio a affirmé que Jobs voulait être payé en cash et ne voulait pas d'actions Apple. Amelio a néanmoins insisté pour que Jobs récupère un lot d'actions afin qu'il se sente « impliqué dans le jeu ».

Retour aux sources ! Après une dizaine d'années d'exil, l'enfant prodige est attendu au bercail.

« La décision d'Apple a été la bonne et je tire mon chapeau à Amelio, commente Jean-Louis Gassée. Sur le coup, cela ne m'a pas fait plaisir, mais BeOS s'est rattrapé par la suite. Et avant tout, ce qu'Apple a acheté, c'était Steve le visionnaire et son équipe ! Jobs était en mesure de faire venir chez Apple des gens comme Avie Tevanian ou Bertrand Serlet. Un savoir-faire. De plus, il avait la légitimité historique. »

Au passage, Amelio lance un signe fort à l'immense communauté de ceux qui sont demeurés fidèles à la marque : l'heure de la réconciliation avec le créateur d'Apple est venue. Il était temps. Le 1er janvier 1997, il fait savoir à la communauté des investisseurs que les ventes d'Apple ont chuté de 30 % sur le dernier trimestre et les pertes dépassent les 100 millions de dollars !

Steve Jobs apporte un soutien mesuré à Amelio :

« Je suis là pour donner à Gil le meilleur conseil possible. Je continuerai de le faire jusqu'à ce qu'il cesse de m'écouter ou me dise de partir[*]. »

Le 7 janvier 1997, les deux hommes se retrouvent côte à côte à San Francisco lors de l'événement Macworld pour vanter les mérites de leur rapprochement. Mal à l'aise et perdu dans ses notes, Amelio se lance dans un pénible speech qui semble n'avoir ni queue ni tête. Pour sa part, Jobs s'acharne à démontrer que *NeXTSTEP* est la potion miracle qui s'impose pour guérir Apple.

Un matin de janvier, alors que Jobs se rend chez Apple au volant de sa Porsche, le journaliste Steve Lohr est à ses côtés et parvient à obtenir quelques confidences de ce chauffeur peu ordinaire[†].

---

[*] *Ibid.*

[†] "Creating Jobs: Apple's Founder Goes Home Again", *The New York Times Magazine*, 12 janvier 1997.

Jobs commence par dire à son passager qu'il n'a pas l'intention de lui parler d'Apple. Pourtant, il ne peut s'empêcher de s'épancher sur cette société qu'il a fondée et Lohr perçoit combien Jobs est ému de revenir sur les lieux où s'est déroulée une part essentielle de son existence.

« C'était comme le premier amour adulte d'une vie. Quelque chose qui comptera toujours pour vous, peu importe son déroulement », lâche Jobs.

Il se détend peu à peu et laisse entendre qu'Apple doit se réinventer et regagner son aura d'innovateur. L'homme de 41 ans paraît bien différent du rebelle forcené qui a dirigé l'équipe du Macintosh au début des années quatre-vingt. Il insiste sur le fait qu'il vient apporter à Apple beaucoup d'expériences et de cicatrices. »

Jobs décrit ce nouveau travail de conseiller comme une passion, la poursuite d'un but qui en vaut la peine. Ses amis lui ont d'ailleurs évoqué la « nécessité de faire quelque chose de grand ». Il a même ce commentaire qui en dit long sur son approche :

« Rejoindre Apple répond aux raisons spirituelles qui m'ont amené à démarrer NeXT. »

Jobs rencontre Amelio à plusieurs reprises et lui donne divers avis pour ce qui est de la remise sur pied d'Apple. Pourtant, en interne, il rencontre une résistance inattendue. À présent, Ellen Hancock trouve à redire au choix de *NeXTSTEP* et elle milite pour qu'Apple revienne sur sa décision et adopte le système Solaris de Sun*. Amelio se range du côté de Jobs et choisit de réduire les fonctions de Hancock.

Le 4 février 1997, une réorganisation d'Apple est annoncée autour de quelques personnes clés de NeXT. Avie Tevanian, ingénieur en chef chez NeXT, est nommé à la tête du département logiciel. Il est assisté de Bertrand Serlet qui, à peine arrivé,

* "Something's Rotten in Cupertino", *Fortune*, 3 mars 1997.

se voit confier un projet ultra-prioritaire : le développement de « Rhapsody », qui va devenir *Mac OS X*. Jon Rubinstein, qui a dirigé la division matériel de NeXT lorsque cet ordinateur était encore sur le marché, est nommé à la tête de l'ingénierie.

L'une des premières propositions de Jobs consiste à réduire la gamme d'Apple afin de ne conserver que quelques séries phares. En premier lieu, comme s'il désirait accomplir un acte de purification, il suggère d'abandonner le Newton, un ordinateur de poche qu'avait lancé John Sculley, celui à qui il n'a jamais pardonné son éviction. Amelio concède que ce produit n'est pas indispensable au catalogue d'Apple.

Le 3 mars 1997, le magazine *Fortune* publie un pamphlet à l'encontre de Gilbert Amelio tout en prenant immodérément position en faveur de Steve Jobs. L'article s'intitule « Il y a quelque chose de pourri à Cupertino » ("Something's Rotten in Cupertino"). Le journaliste, Brent Schlendler, n'est pas n'importe qui : il a la réputation d'être proche de la plupart des grands noms du domaine de la technologie.

Schlendler évoque les 20 millions d'utilisateurs, fidèles mais désemparés, du Macintosh, les 13 000 employés d'Apple décrits comme « traumatisés » et les 30 000 actionnaires infortunés. Avant tout, il évoque une sorte de lutte pour le pouvoir qui se déroulerait derrière le décor…

« Dans les locaux d'Apple à Cupertino, en Californie, un combat pour le pouvoir est en cours et il amène à se demander qui dirige vraiment la société et pourrait remettre Apple d'aplomb. Ironie de la chose, ce qui a déclenché ce feuilleton est ce qu'Amelio considère comme son coup de maître : l'acquisition de NeXT pour 400 millions de dollars et les conseils de Jobs qui sont venus avec.

Le super-coup d'Amelio commence à ressembler à une prise de contrôle d'Apple par NeXT. Peu importe que les revenus de NeXT aient été insignifiants au regard de ceux d'Apple, Jobs, l'âme noire de la Silicon Valley, s'est surpassé : non content d'avoir recueilli 100 millions de dollars et 1,5 million de parts d'Apple, ses empreintes digitales se retrouvent partout dans la réorganisation et la stratégie d'Amelio. Et pourtant, Jobs n'a même pas un siège au conseil d'administration ni un rôle opérationnel clairement défini.

Un grand nombre d'employés d'Apple espèrent que Jobs et son compère Larry Ellison vont venir au secours de la boîte. Au moment où les projets de fusion avec Sun et Philips se sont écroulés, Jobs et Ellison ont envisagé une reprise en force d'Apple. Pourtant, à en croire Ellison, Steve a rechigné à aller de l'avant : il ne voulait pas reprendre Apple à plein temps au moment même où Pixar commençait à devenir amusant.

Selon Ellison, lui et Jobs ont un plan qui implique de construire des Mac ultra bon marché et de vendre des réseaux d'appareils aux écoles, aux PME comme aux consommateurs. Toutefois, Jobs a déclaré qu'il ne désirait pas diriger à nouveau Apple. Que penser alors si l'on considère ce qu'il a fait dans les quelques semaines qui ont suivi le rachat de NeXT ? En premier, son riche ami Ellison a indiqué qu'il soutiendrait financièrement une prise de contrôle par Jobs. De plus, Jobs a réussi un coup de force en faisant remplacer Ellen Hancock par deux vétérans de NeXT.

Si la situation ne s'améliore pas, Jobs pourrait être tenté d'agir de façon plus franche. Ellison estime qu'il n'y a que 30 % de chances que lui et Jobs prennent le contrôle d'Apple : "La décision revient à Steve. Je ne le ferai pas sans lui. Mais comment savoir ? Il se peut que Steve n'ait pas envie de ré-épouser son ancienne petite amie [Apple], mais il pourrait en revanche être tenté de sauver sa vie." »

L'article de Schlendler a quelque chose de prémonitoire. Alors que le printemps s'achève, les résultats d'Apple continuent de plonger. Sur le premier trimestre 1997, Apple affiche une nouvelle perte de 708 millions de dollars. Un record en la matière. Pressentant un tel résultat, Steve Jobs a vendu toutes les actions

Apple qu'il avait reçues en décembre sauf une. La nouvelle ne fait qu'amplifier la chute du cours.

« C'est vrai, j'ai vendu mes parts. J'avais perdu espoir que le conseil d'administration d'Apple puisse faire quoi que ce soit. Je ne pensais pas que le cours puisse remonter », dira plus tard Jobs au magazine *Time*.

Le 9 juillet 1997, le conseil d'administration d'Apple force Gilbert Amelio à donner sa démission de la présidence. Étrangement, les dirigeants d'Apple ne s'activent pas pour nommer un successeur. À défaut, le directeur financier d'Apple, Fred Anderson, gère les opérations courantes.

Faute de leader, Jobs s'impose comme l'homme de la situation et il accepte l'idée potentielle d'un poste de président par intérim. Il fait entrer au conseil d'administration quelques proches dont son ami Larry Ellison, le PDG d'Oracle, Bill Campbell, qui préside l'édition de logiciels *Intuit* et Jerry York, un ancien directeur financier de Chrysler. Le vieil ami Steve Wozniak se voit sollicité à titre de conseiller. Deux fidèles de l'épisode NeXT sont nommés à des postes clés chez Apple : Mitch Mandich, qui devient responsable des ventes et Phil Schiller qui prend en charge le marketing mondial.

En atteignant la quarantaine, Jobs le rebelle a pris de la distance. Il ne croit plus qu'il soit possible de changer le monde avec la seule technologie et sait que la politique et le business ont leur mot à dire. Il faut sauver Apple et pour cela, Jobs se résigne, bien malgré lui, à un acte longtemps inconcevable. De façon discrète, il mène une négociation visant à faire la paix avec Bill Gates et Microsoft, une action amorcée alors qu'Amelio était encore en poste.

Il est vrai que la situation est critique. Comme va le révéler plus tard un échange d'e-mails entre Bill Gates et l'un de ses subordonnés, Ben Waldman, en juin 1977, Microsoft a clairement envisagé d'abandonner purement et simplement le développement de la version d'*Office** pour Mac. Cela étant dit, en cette époque pionnière du Web, l'édition de Bill Gates tente par tous les moyens d'imposer *Internet Explorer*, son navigateur Web, au détriment du jeune leader d'alors *Netscape*.

Dans une réponse à un message de Bill Gates, Waldman dit ceci :

« La menace d'annuler *Office* pour Mac 97 est certainement la plus grande arme de négociation que nous ayons car elle ferait un mal énorme à Apple. Il me semble qu'Apple prend cette menace très au sérieux. »

De fait, si Microsoft annule ce produit extrêmement prisé par les entreprises, un coup fatal serait porté aux ventes du Mac dans le monde professionnel ! Sur plusieurs pages de son message, Waldman plaide cependant la cause d'*Office* pour Mac, insistant pour que le produit ne soit pas annulé.

Gates accepte de conserver le développement d'*Office* pour Mac mais, au passage, il réalise un coup majeur : il propose d'acquérir 6 % d'Apple et impose en contrepartie *Internet Explorer* sur les Mac. Acculé, Jobs accepte de considérer cette proposition tout de même difficile à avaler...

Au vu de la situation, Michael Dell, fondateur de la marque Dell, s'autorise cette remarque assassine :

« Apple ferait mieux de fermer ses portes et de rendre l'argent aux actionnaires ! »

Offensé, Jobs adresse un e-mail à Michael Dell :

« Les présidents sont supposés avoir de la classe. Je vois que vous ne partagez pas cette opinion. »

Un éditorialiste très célèbre, Stewart Alsop, n'est pas plus tendre envers Apple dans sa chronique pour *Fortune*[†] :

---

* Suite bureautique qui regroupe les logiciels *Word*, *Excel*, *Outlook*.
† "Apple's NeXT Move misses the Mark", *Fortune*, 3 février 1997.

« Cela prend longtemps pour tuer une entreprise qui génère 11 milliards de dollars par an. Apple est déjà descendue à environ 8 milliards. Je ne lui donne que trois ans, avant le millenium, pour mordre la poussière. »

Clairement, Apple attend beaucoup de l'audace du visionnaire Jobs pour relancer les ventes. Nullement désarmé, ce dernier reste combatif :

« Je pense que nous avons l'opportunité de faire le prochain pas majeur en termes de technologie et de passer devant Microsoft et tous les autres ! », déclare Jobs.

Avant de passer à l'action, Steve Jobs tient une série de meetings. Il désire passer en revue l'intégralité de la gamme d'Apple, élément par élément, afin de clairement déterminer quels sont les actifs de l'entreprise. Installé dans une grande salle de conférences, il fait venir les divers responsables d'Apple, afin que chacun lui présente dans le détail les produits dont il a la charge et les projets en cours.

Durant ces entrevues, Jobs tente d'absorber le maximum d'informations sur l'existant. Jim Oliver, l'ancien assistant d'Amelio, assiste à ces réunions. Selon ce qu'il va rapporter par la suite, Jobs écoute avec attention chaque intervenant et ne se montre nullement provocateur[*]. C'est tout juste s'il adresse parfois quelques reproches aux intéressés s'ils ne semblent pas réaliser l'urgence de la situation. Son objectif : ne conserver que les produits de haut niveau et ceux à forte rentabilité.

Durant la première réunion avec une équipe, Jobs se contente d'écouter, mais dès la deuxième, il monte au créneau :

« S'il fallait supprimer la moitié de vos produits, lesquels supprimeriez-vous ? »

Il peut également faire appel à l'imagination des responsables maison :

---

[*] Alan Deutschman, *The Second Coming of Steve Jobs*, 2001.

« S'il n'y avait aucun problème d'argent, que feriez-vous ? »

À plusieurs reprises, Jobs dessine un diagramme sur un tableau blanc afin de montrer quel a été le déclin des revenus d'Apple de 12 à 7 milliards de dollars. Il entreprend alors d'expliquer qu'Apple peut tout à fait être bénéficiaire avec un revenu de 6 milliards de dollars[*].

« Ce que j'ai découvert, c'est qu'Apple avait des millions et des millions de produits. C'était stupéfiant, a raconté Jobs. Et j'ai commencé à demander aux gens : "Pourquoi devrais-je recommander un 3400 plutôt qu'un 4400 ? Quand est-ce que quelqu'un devrait être intéressé par un 6500, et non pas par un 7300 ?" Au bout de plusieurs semaines, je n'arrivais toujours pas à y voir clair. Et je me suis dit : si moi, qui travaille chez Apple avec tous ces experts qui me racontent leur salade, j'y perds mon latin, qu'est-ce que cela doit être pour nos clients[†] ? »

Dans les semaines qui suivent, de nombreux cadres vont se plaindre d'être harcelés au téléphone à tout moment par Jobs, lorsqu'il ne vient pas directement les importuner à leur domicile !

Jobs livre assez rapidement son verdict. Son premier constat est simple : la ligne de produits d'Apple – 600 références – est devenue bien trop complexe. Gilbert Amelio avait déjà commencé à la restreindre. Steve Jobs la réduit à 10 produits en tout et pour tout. Trop vaste, la gamme des PowerMac est ramenée à un seul modèle : le G3. Jobs décide au passage de miser sur de nouveaux processeurs d'IBM pour cette nouvelle génération de produits qui sera déclinée sous forme d'ordinateurs de bureau et de portables.

Une autre décision concerne la vente des ordinateurs au public. Jobs ferme les comptes de la plupart de ses distributeurs pour ne conserver que les plus efficaces. Pionnière en la matière, la société se lance par ailleurs dans la vente directe en ligne en rachetant

---

[*] Leander Kahney, *Inside Steve's Brain*, 2008.
[†] www.allaboutstevejobs.com, "Long Bio".

la société Power Computing, qui excelle dans cette forme de commercialisation.

Une autre décision majeure tombe : Apple ferme la porte aux clones* ! Depuis 1995, Apple a voulu suivre l'exemple de Microsoft avec *Windows* et a ouvert son système d'exploitation MacOS à d'autres constructeurs. Pioneer a ouvert le feu en 1995 au Japon, à la suite de quoi d'autres constructeurs sont entrés en lice tels que Power Computing. Tous proposent des clones opérant sous MacOS 7.5. Certains ont connu de jolis succès : Motorola a diffusé 40 000 Starmax compatibles Mac, entre novembre et décembre 1996. Power Computing a pour sa part vendu davantage de clones Mac en un an que Compaq, Dell et Gateway durant leur première année d'existence ! Certains modèles très originaux ont commencé à voir le jour tel le Genesis, de DayStar, qui est multiprocesseur au point que certains logiciels Mac sont spécialement aménagés afin de prendre en compte cette machine.

Jobs, pour sa part, voit d'un mauvais œil cette ouverture : les constructeurs de clones sont désignés comme le bouc émissaire de l'érosion des parts de marché d'Apple. Toute une industrie d'ordinateurs compatibles Apple est étouffée au moment où elle commençait à prendre son essor. Qu'il s'agisse de grosses sociétés telles que Pioneer et Motorola ou de petites entités, chacun se voit forcé de faire l'impasse sur les investissements effectués en la matière. L'une d'elles, Vertegri, déposera le bilan quelques mois plus tard.

« Beaucoup de gens l'ont critiqué pour cette décision, juge Jean-Louis Gassée. Pourtant, Jobs a simplement vu que les licences étaient en train de saigner Apple. Apple n'était pas, comme Microsoft, un éditeur de logiciels depuis ses tout débuts, mais un fabricant de matériel. Et l'on ne peut pas changer de modèle économique, passer d'un modèle à 1 500 dollars l'unité à un modèle à 100 dollars, sans que les profits ne plongent durant

---

* Les « clones » désignent des ordinateurs autres que Mac mais pouvant utiliser le système d'exploitation Apple.

deux ou trois ans. C'est ce qui s'est passé quand Apple a autorisé les clones : les marges ont été sucées par la concurrence. Chaque unité vendue par un concurrent enlevait 1 000 dollars de marge à Apple. En fermant la porte aux clones, Jobs a permis à Apple de retrouver une marge opérationnelle trois fois supérieure à celle de HP qui vend pourtant trois fois plus d'ordinateurs ! »

Durant toute cette période de restructuration, la vie privée de Steve Jobs pâtit fortement du temps qu'il consacre à Apple.

« Je n'ai jamais autant travaillé de toute ma vie, confiera-t-il par la suite. Je rentrais à la maison à dix heures du soir et m'écroulais dans mon lit. Le matin, je devais me tirer du lit, je prenais une douche et j'allais travailler. Tout le mérite revient à mon épouse pour m'avoir permis de me concentrer sur Apple à ce moment-là. Elle m'a soutenu et s'est occupée de la famille en mon absence[*]. »

Il reste à imprimer la patte du maître dans le design des ordinateurs comme au bon vieux temps du premier Mac. Or, pour Jobs, l'un des soucis de la société vient de ce que les ordinateurs Apple ressemblent désormais à de banals PC. Ils n'ont plus cet aspect distinctif qui caractérisait le premier Macintosh. De plus, Jobs est choqué de découvrir que l'entreprise ne dispose d'aucun ordinateur accessible à un prix grand public.

« La cure pour Apple n'est pas de réduire les coûts. La cure consiste à innover à sa manière afin de sortir de la situation actuelle », déclare-t-il.

Or, au cours de ses réunions, Jobs s'est lié d'affection avec un designer britannique de 31 ans embauché par la firme en 1992, Jonathan Ive. Ce dernier affiche deux credo : « Supprimer tout ce qui n'est pas nécessaire » et aller dans le sens d'une « totale sérénité ». Jonathan Ive est notamment sensible à ce fameux facteur que Jobs apprécie tant lui-même : les aspects « non quantifiables » d'un appareil. Autant dire que le courant passe aisément...

---

[*] "The Three Faces of Steve", Steve Jobs Interview, *Fortune*, 9 novembre 1998.

Jonathan Ive a vu le jour dans l'Essex, à l'est de Londres. Né d'un père orfèvre, il a toujours aimé construire des objets et avait jadis pour hobby la fâcheuse manie de démonter les appareils audiovisuels du domicile pour tenter de les remonter. Devenu étudiant dans une école d'art de Londres et attiré par la conception de carrosseries d'automobiles, il était un peu rebuté par ses pairs, qu'il trouvait étranges :

« Ils faisaient "vroom vroom" pendant qu'ils dessinaient… »

À Newcastle, où il étudiait le design, Ive a retenu l'attention de Clive Grinyer, devenu professeur et qui a témoigné de l'exigence de cet élève particulier :

« Ive pouvait construire cent modèles pour son projet final, là où la plupart des étudiants se contentaient de six. »

Son diplôme en poche, Jonathan Ive a été embauché par une société de conseil, Tangerine. En 1992, tandis qu'il concevait de nouveaux équipements pour salle de bains, il s'est vu confier d'émettre des idées neuves sur les ordinateurs portables pour le compte d'Apple. La chance a voulu qu'à quelques jours d'intervalle, son projet de salle de bains ait été refusé et que, en revanche, celui de l'ordinateur soit retenu. Peu de temps après, Ive s'est vu convié à rejoindre Apple dans ses locaux de Cupertino. Il y a conçu le Newton, un ordinateur de poche qui préfigurait le Palm Pilot.

À présent, Ive s'ennuie chez Apple et il est à deux doigts de donner sa démission. Il est vrai que la société n'a plus le panache qu'elle a eu par le passé. Depuis plusieurs années, Apple a perdu sa distinction, ce qui avait fait qu'un grand nombre d'utilisateurs adulaient la marque et se considéraient comme « membres de la tribu ».

L'une des idées émises par Jonathan Ive, mais rejetée en interne, séduit Jobs : celle d'un ordinateur constitué d'un écran de couleur en plexiglas… Aussitôt, le nouveau conseiller d'Apple s'écrie :

« Je veux ça ! »

Jobs a trouvé en Ive un créateur capable de « penser différemment ». Et l'idée le traverse : serait-il possible de produire un objet hors du commun et rééditer ainsi le coup du Mac originel avec son boîtier vertical ?

Si, pour l'occasion, Steve Jobs fonctionne au feeling, il pressent déjà qu'il devra affronter l'incrédulité du conseil d'administration d'Apple et des hauts cadres dépassés par les événements. Comment expliquer à cette cohorte de gens rationnels à la recherche d'une rentabilité assurée qu'il se base uniquement sur une intuition ? Aucune étude de marché n'a laissé entrevoir que le public serait preneur de boîtiers transparents. Jobs l'a simplement senti spontanément.

L'iMac est dans la couveuse.

Une chose est sûre, l'iMac sera produit dans le plus grand secret. Jobs est bien décidé à en finir avec les fuites. La presse spécialisée est généralement informée des nouveaux produits d'Apple plusieurs mois à l'avance.

Pour que la nouvelle ligne de conduite soit bien claire pour tous, Jobs accroche un poster de la Seconde Guerre mondiale dans son bureau : "Loose lips might sink ship" (Ceux qui ne savent pas tenir leur langue font couler des bateaux). À présent, toute personne qui laissera échapper des informations sur les projets en cours sera renvoyée sans autre forme de procès. Apple entre dans l'ère du culte du silence.

Pour sa part, Ive reçoit des consignes limpides : il dispose d'une totale liberté pour le choix des matières, des couleurs et des formes. Le designer britannique opte pour des couleurs acidulées et une coque translucide.

« La résine translucide a posé quelques problèmes en raison du volume de production : il fallait s'assurer que la couleur et le degré de transparence soient exactement les mêmes sur les premiers modèles que sur les suivants », a relaté Ive.

Afin de mieux maîtriser son ouvrage, le designer prend conseil auprès d'un fabricant de bonbons.

Le 7 août 1997, une douche froide attend les fidèles du Macintosh, venus à Boston témoigner leur soutien au fondateur d'Apple qui est de retour au bercail. Une fois n'est pas coutume, sur la scène, Steve Jobs paraît peu à son aise. Il commence par expliquer qu'il faut enrayer coûte que coûte la chute du chiffre d'affaires, tombé de 11,1 milliards de dollars en 1995 à 7 milliards. Il en vient alors au scoop du jour et, en plein milieu d'une phrase, s'interrompt pour boire un peu d'eau. Puis, il esquisse de grands gestes tandis qu'il parle tout en se déplaçant.

Jobs commence par habilement préparer la salle à ce qui va suivre en se faisant lyrique.

« Les relations destructives n'aident personne. Ces dernières semaines, nous avons envisagé divers rapprochements. Une entreprise est sortie du lot, avec laquelle nous n'avons pas toujours eu de bonnes relations. Pourtant, je pense qu'il existe un potentiel positif pour les deux entreprises. »

Le nom de Microsoft vient alors s'afficher sur l'écran. Si une partie de la salle applaudit, quelques cris d'effarement fusent, suite à cette déclaration. Comment se peut-il que l'on en vienne à fraterniser avec l'ennemi historique d'Apple ?

Jobs poursuit, et il paraît marcher sur des œufs.

« En réalité, les discussions ont démarré à propos de certaines questions de brevets… »

À ces mots, des rires se font entendre dans la salle et Jobs, pour la première fois, esquisse un sourire complice.

« En fait, je suis très fier que les deux sociétés aient réussi à résoudre leurs différends d'une manière très professionnelle. »

Jobs annonce alors une série de partenariats avec Microsoft. La querelle sur les brevets est enterrée et, en échange, la société de Bill Gates s'engage à développer des versions d'*Office* pour les Mac. Toutefois, lorsque Jobs annonce que *Internet Explorer* de Microsoft sera désormais le navigateur Internet des Mac, un sentiment de fureur et d'hostilité s'élève dans la salle. Jobs se fait huer mais il reprend très vite la salle en main.

« Mais comme nous croyons dans les vertus du pouvoir de choisir… »

Les rires reprennent…

« … nous livrerons d'autres navigateurs sur le Mac et l'utilisateur pourra en changer s'il le désire. »

Jobs lâche enfin l'essentiel : Microsoft va investir 150 millions de dollars en actions d'Apple et a donné son accord pour ne pas les vendre avant trois ans au moins !

Si la nouvelle est bonne pour Apple, dans la salle, on peut lire une déception sur le visage de bien des inconditionnels de la Pomme.

Pour terminer, Jobs demande à un « invité très spécial » de s'exprimer, par le biais d'une liaison satellite. Tout sourire, l'air serein, Bill Gates apparaît alors sur l'écran en live. Tel quel, son visage semble immense, bien plus grand que le corps fluet de Jobs qui est sur la scène. Cette différence de proportions semble évoquer la domination du seigneur du monde *Windows*.

Un tonnerre de huées retentit à la vue de Bill Gates. D'abord jovial, le fondateur de Microsoft semble agacé par cet accueil. Steve Jobs déploie des trésors de persuasion pour inciter la foule à de timides applaudissements.

« Certains des travaux les plus passionnants que j'ai accomplis dans ma carrière l'ont été avec Steve pour le Macintosh », déclare Gates. Il évoque alors le lancement du Mac, *Excel* et met en valeur les qualités du nouvel *Office* pour Mac.

La force de conviction de Gates l'emporte et, à de nombreuses reprises, la salle applaudit. Jobs conclut à la manière d'un sage par quelques phrases bien senties.

« Nous devons abandonner certaines notions. Nous devons abandonner l'idée que pour qu'Apple gagne, Microsoft doive perdre. Pour qu'Apple gagne, il faut qu'Apple accomplisse un excellent travail. Nous avons besoin de toute l'aide possible. Si nous faisons quelque chose d'incorrect, ce n'est pas la faute d'un autre, c'est la nôtre. L'ère de la compétition entre Apple et Microsoft est terminée pour ce qui me concerne. »

Jobs appelle ainsi à une plus grande coopération entre les deux géants. Enfin, il insiste sur le fait que, pour acheter un Apple, il a toujours fallu « penser différemment », et ce, depuis l'Apple II.

« Les gens qui achètent un Apple pensent différemment et ce sont les esprits créatifs de ce monde. Ce sont des gens qui veulent changer le monde. Nous faisons des outils pour ce type de gens. »

Ce faisant, il fait passer en filigrane ce qui sera le message d'une prochaine campagne marketing. Le public est globalement conquis. Nul ne peut le nier, Jobs a une façon de parler, de s'exprimer, de bouger qui est inimitable. L'artiste qui a mené à bien la création du Macintosh est bel et bien de retour.

Le 16 septembre 1997, Steve Jobs est nommé PDG d'Apple « par intérim ». Immédiatement, il lance la production de l'iMac dont il supervise la création avec une ambition : lancer une machine grand public. Ce faisant, il opère des choix surprenants pour l'époque, notamment en supprimant le lecteur de disquettes !

Comme prévu, durant plusieurs mois, Jobs doit aller à l'encontre de l'opinion générale. En interne, les cadres vont jusqu'à brandir des études de marché montrant que les consommateurs ne sont pas prêts à acheter un ordinateur tout-en-un. Jobs réplique fièrement :

« Je sais ce que je veux, je sais ce qu'ils veulent[*] ! »

La présence de Jobs aux commandes se fait sentir en interne. Parmi les nouvelles règles édictées sur le campus Apple, figure l'interdiction de fumer ou d'amener des animaux domestiques au

---

[*] "Steve Jobs in a Box", *New York Magazine*, 17 juin 2007.

bureau. Par ailleurs, Jobs fait ouvrir une nouvelle cafétéria dont la gestion est confiée à un traiteur célèbre de Palo Alto, Il Fornaio*.

Aux alentours de Noël 1997, Steve Jobs et Larry Ellison concoctent une farce qui fait grand bruit dans la Silicon Valley. Michael Murdock, un ancien employé de Pixar devenu consultant, a pris très au sérieux le fait que Jobs soit « président par intérim ». Il a donc posé sa candidature à la présidence d'Apple et pour cela, a envoyé maints e-mails à Steve Jobs comme à Larry Ellison.

Le 23 décembre, Michael Murdock reçoit un message de Larry Ellison disant :

« OK. Tu peux avoir le job. Larry. »

Quelques minutes plus tard, un e-mail de Steve Jobs confirme la chose en indiquant :

« Ouaip, Mike. La place est à toi. Quand peux-tu démarrer ? »

Murdock répond alors de façon enthousiaste qu'il peut venir prendre ses fonctions dès le 5 janvier. Cette fois, Steve Jobs estime que la plaisanterie a assez duré et lui répond très sèchement :

« Si tu mets les pieds chez Apple, nous te demanderons de quitter les lieux. Si tu ne t'exécutes pas, nous te ferons arrêter. »

La plaisanterie est citée dans les principaux médias de la région comme exemple des farces auxquelles peuvent se livrer les milliardaires de ce monde. Deux mois plus tard, une liste des employés de Pixar, avec le salaire de chacun, est publiée par un informateur secret et Michael Murdock va apparaître comme le suspect principal. Il s'acharnera pourtant à affirmer qu'il n'y est pour rien.

Le résultat des actions de Jobs commence très vite à se faire sentir, notamment avec le succès du nouveau Power Macintosh G3

---

* www.allaboutstevejobs.com, "Long Bio".

lancé en novembre – il va s'en vendre 1 million d'exemplaires en une année. Dès janvier 1998, Apple annonce 44 millions de dollars de bénéfices. En mars, Jobs recrute un cadre de Compaq, Tim Cook, afin qu'il le seconde à la tête d'Apple.

L'iMac voit le jour le 6 mai 1998. Avec son aspect translucide et ses couleurs acidulées, il remet Apple sur le devant de la scène. 150 000 précommandes sont immédiatement enregistrées. Dès sa sortie, l'iMac devient l'ordinateur le plus vendu du moment, toutes catégories confondues.

Jonathan Ive y va de son commentaire : « Les acteurs de l'industrie informatique sont obsédés par la performance et il en résulte des designs froids et sans âme. »

Dès la fin juillet, 278 000 exemplaires de l'iMac ont été écoulés. Le look de l'ordinateur fait école et se voit adopter dans toutes sortes d'objets. Le designer Jonathan Ive a gagné ses galons et sa « patte » va désormais s'inscrire dans les principaux objets maison.

Avant tout, le lancement de l'iMac assoit le grand retour de Jobs aux commandes. En cette année 1998, pour la première fois depuis bien longtemps, Apple affiche trois trimestres bénéficiaires de suite. En décembre, il apparaît que le cours de l'action s'est multiplié par trois depuis que Jobs a repris la direction !

Une autre décision majeure de Jobs consiste à recruter Lee Clow, de l'agence Chiat/Day, l'homme qui a été à l'origine des premières publicités pour le Mac, y compris le fameux spot *1984*. Ensemble, ils développent une campagne, *Think Different* (Pensez différemment) qui vise à repositionner Apple comme une marque à part.

L'idée vient alors de faire défiler les visages de personnalités marquantes de l'Histoire…

« Nous nous sommes dit : pourquoi ne pas rendre hommage à ceux qui ont pensé à des façons de changer le monde, et c'est alors que les noms de Gandhi et d'Edison sont venus dans la conversation », a raconté Lee Clow*. Jobs suggère des noms tels que l'inventeur Buckminster Fuller ou le photographe Ansel Adams. Il refuse toutefois d'apparaître lui-même dans la séquence, comme le suggère l'agence. Par la suite, Jobs lui-même demandera l'autorisation à Yoko Ono d'utiliser l'image de John Lennon, et celle d'Albert Einstein à ses ayants droit.

Sur le spot publicitaire, tandis que défilent les visages d'Albert Einstein, Pablo Picasso, Bob Dylan, Maria Callas, Alfred Hitchcock et autres personnalités clés, le message positionne clairement Apple comme une société pas comme les autres…

« À tous les fous…

Aux marginaux.

Aux rebelles.

Aux fauteurs de troubles.

À tous ceux qui ne se sentent pas à leur place.

Ceux qui voient les choses différemment.

Ils n'aiment pas les règles.

Et n'ont aucun respect pour le statu quo.

Vous pouvez les citer, être en désaccord avec eux, les glorifier ou les calomnier. La seule chose que vous ne pouvez pas faire, c'est les ignorer.

Parce qu'ils changent les choses.

Ils inventent. Ils imaginent. Ils soignent.

Ils explorent. Ils créent. Ils inspirent.

Ils poussent la race humaine vers l'avant.

Peut-être qu'il leur faut être fous.

De quelle autre façon pourriez-vous voir une toile blanche et visualiser une œuvre d'art ? Ou être assis dans le silence et

---

* The Crafting of Think Different. Lee Clow and the team at Chiat Day.

entendre une chanson qui n'a jamais été écrite ? Ou observer une planète rouge et voir un laboratoire sur des roues ?

Là où certains les voient comme des fous, nous voyons du génie.

Parce que les gens qui sont assez fous pour penser qu'ils peuvent changer le monde sont ceux qui le font.

Pensez différemment. »

En douze mois, l'iMac s'est vendu à 2 millions d'exemplaires et demeure le succès du moment. Une nouvelle version est prévue, avec des couleurs fruitées. En prévision du lancement de cette deuxième série et afin de savoir d'où viennent les fuites relayées par certains sites dont le français Macbidouille, Jobs a une idée brillante. En interne, il communique sur le lancement de six couleurs tout en donnant à chacune des divisions concernées une information différente quant à la sixième couleur ! Dès lors que l'information est reproduite sur un site, il repère où se trouve la taupe. Exit l'indiscret…

Du côté de Pixar, le conte de fées se poursuit de plus belle. *1 001 pattes* (*A Bug's Life*), le deuxième film réalisé par le studio, sort sur les écrans américains le 29 novembre 1998 et confirme qu'il faut désormais compter avec l'équipe de John Lasseter. Sur le seul week-end d'ouverture, *1 001 pattes* récolte 33 millions de dollars. L'année suivante, avec une sortie dans les principaux pays du monde, *1 001 pattes* surpasse *Toy Story* et devient l'un des cinq dessins animés ayant engrangé le plus de bénéfices de toute l'histoire du genre.

Pour Steve Jobs, Pixar n'est pas devenu une activité secondaire, bien au contraire, mais une façon de marquer l'Histoire à grande échelle. Il confie au *San Francisco Chronicle*, qu'il savoure l'idée de produire des films qui seront aimés du public durant plusieurs décennies, comme le *Fantasia* de Disney, alors qu'un ordinateur ne connaît son heure de gloire que durant une année ou deux.

En novembre 1999, *Toy Story 2* remporte à son tour un succès historique. Il devient le deuxième dessin animé le plus vu de l'histoire, derrière *Le Roi Lion*…

S'il accumule les succès, Jobs devient de plus en plus distant avec la presse, agacé par certaines « révélations » qu'il juge fallacieuses et méprisables. En septembre 1999, un reporter de *Wired* en fait les frais.

« À 44 ans, si vous pouviez revenir en arrière et donner un conseil au jeune homme de 25 ans que vous étiez, que lui diriez-vous ?

– De ne pas perdre son temps avec des interviews stupides ! Je n'ai pas de temps pour ces stupidités philosophiques. J'ai beaucoup de travail ! *

Wired va laisser tomber l'idée de l'interview…

À New York, lors du Macworld d'automne, Jobs, qui porte une barbe lui donnant l'allure d'un vieux hippie, dévoile la nouvelle série d'iMac avec leurs couleurs « fruitées » : orange, bleu, vert, rouge et mauve. Avec une présence digne d'un Mick Jagger ou d'un Bono, il raconte comment Apple a conçu son nouveau portable, l'iBook, tandis que la foule applaudit à tout rompre, littéralement électrisée…

« Nous avons demandé à nos clients : "Qu'attendez-vous au juste d'un portable ?" Nous les avons écoutés très attentivement. Et en synthétisant leurs désirs, nous obtenions un iMac avec lequel on puisse se balader. Un iMac qui laisserait tout le monde pantois. C'est ce que nous avons fait, enfin, nous l'espérons ! »

Jobs enchaîne en expliquant qu'Apple a conçu l'iBook avec une qualité visuelle relevant du jamais-vu, avec une vitesse qui surpasse tous les portables PC et une batterie qui affiche six heures d'autonomie. Il présente alors la bête aux contours orangés

---

* Alan Deutschman, *The Second Coming of Steve Jobs*, 2001.

à une audience en délire. Et chacun de s'interroger : pourquoi Dell, Compaq, Toshiba et autres comparses du monde *Windows* n'ont-ils jamais pu imaginer un portable aussi élégant et séduisant ? Jobs s'autorise même une comparaison mutine :

« Même l'arrière de notre ordinateur est plus beau que le devant du best-seller actuel des portables ! »

Clou de la démonstration, Jobs montre que même le chargeur a été conçu avec panache, d'une forme ronde, avec un système pour remontrer le câble !

À la fin de l'année 1999, l'action Apple s'échange à 118 dollars alors qu'elle n'en valait que 13 deux ans plus tôt. Durant toute l'histoire de l'entreprise, elle n'a jamais atteint de tels sommets.

L'iMac s'est vendu à 6 millions d'exemplaires, ce qui en fait le micro-ordinateur le plus vendu de l'Histoire. Décuplée, la capitalisation boursière de l'entreprise est désormais de 20 milliards de dollars. Quant à la part de marché d'Apple, elle a doublé.

Au tout début de l'année 2000, le conseil d'administration d'Apple parvient à convaincre Jobs de supprimer le terme « intérim » de son poste. Au passage, il se voit proposer 10 millions de parts d'Apple, et aussi un jet privé, Gulfstream V.

En janvier 2000, au Moscone Center de San Francisco, au terme d'un discours mémorable de deux heures et demie, Jobs révèle à la foule, avant de déclencher une ovation fiévreuse, qu'il n'est plus président d'Apple par intérim.

Il occupe officiellement la fonction de PDG d'Apple.

Chapitre 14

Musique !...

Les maisons de disques, accrochées à leurs ventes faciles, ont perdu la partie. Les téléchargements illégaux menacent les revenus confortables qu'ont pu engendrer les compilations et rééditions de CD à prix fort. Dans leurs bureaux, les directeurs artistiques vitupèrent et tentent de sauver ce qui peut l'être. Sans plus attendre, il importe de lâcher les chiens, d'opérer des raids surprises, faire frémir le pirate à la petite semaine.

À Cupertino, Steve Jobs observe ces gesticulations avec le recul d'un gourou placide, à l'image de ceux qui ont parsemé ses lectures de jeunesse. Ils n'ont rien compris au film... Retranchés dans leurs livres d'histoire, les directeurs de maisons de disques ont recours à des armes obsolètes. Ils ne réalisent pas qu'Internet est tissé d'une autre étoffe. L'ennemi présumé des *majors* est impalpable, réapparaissant au sud dès qu'on l'élimine au nord, se multipliant, faisant des petits, à la manière des balais de l'Apprenti Sorcier...

Mélomane convaincu, Jobs entend voler au-dessus de la mêlée. Les querelles entre l'industrie discographique et les apprentis pirates masquent l'essentiel : une formidable volonté d'écouter de la musique. Un cri du cœur qui remonte du grand public : donnez-nous des chansons à foison. Que l'on puisse à volonté se régaler d'un bon vieux Stones, d'un Daft Punk de récente cuvée, d'une fugue de Mozart...

Élégant et galbé, l'iPod va devenir le cheval de Troie de cette tranquille invasion des âmes. Jusqu'alors, les lecteurs de musique MP3 ressemblaient à des PC : de la quincaillerie lourde, peu maniable, aussi élégante que des tanks. L'iPod est une œuvre d'art.

Une fois le bonbon musical entré dans le foyer, il ne reste plus qu'à ouvrir en grand les tuyaux de la Musique avec un grand M. Surpasser le CD en offrant de composer ses propres recettes en picorant les morceaux au fil des albums : mélanger allègrement la techno de Detroit aux soupirs de Norah Jones, aux espagnolades de Paco de Lucia.

Tout comme le CD a détrôné le disque vinyle, le couple « iPod – iTunes » s'apprête à devenir le fait du jour...

La force de persuasion de Jobs est un élément clé de sa person-nalité. Pour distiller le message, il peut recourir à la poésie, la satire, l'emphase ou même les mots les plus simples qui soient. Qu'on lui offre une tribune et il s'exprime alors avec une intensité qui n'est pas sans évoquer celle de son barde favori, messire Bob Dylan.

En octobre 1999, Steve Jobs livre l'une des clés de ce qui a permis l'émergence d'un ordinateur tel que le premier Macintosh, ou celle du récent iMac : une vision guidée par le sens de la beauté, une pulsion fondamentale à naviguer sur la vibration de l'esthétique...

« Je n'ai jamais estimé que l'art et la technologie étaient des choses séparées.

Léonard de Vinci était un grand artiste et un grand homme de science. Michel-Ange était expert sur le découpage des pierres dans une carrière. Les ingénieurs informatiques les plus remarquables que je connaisse sont tous des musiciens. Certains sont meilleurs que d'autres mais tous considèrent qu'il s'agit d'une part importante de leur vie. (…) Le Dr Land, chez Polaroid, a dit un jour : "Je veux que Polaroid se tienne à l'intersection de l'art et de la science." Je n'ai jamais oublié cela[*]. »

Un peu plus tard, afin de mieux faire ressortir en quoi Apple est différent, Jobs va exposer la « Parabole de la Voiture Concept[†] ».

« Voici ce qui se passe dans de nombreuses entreprises.

Vous voyez une super-voiture dans une exposition et vous trouvez qu'elle est vraiment cool. Quatre ans plus tard, cette voiture est commercialisée et elle ne vaut plus rien. Vous vous demandez alors : qu'est-ce qui s'est passé au juste ? Ils avaient le succès au creux de leur main. Au lieu de cela, ils ont arraché la défaite des mâchoires de la victoire !

Ce qui s'est passé, c'est que les designers sont arrivés avec une super-idée. Et puis, ils l'ont montrée aux ingénieurs et les ingénieurs ont dit : "Non, nous ne pouvons pas faire cela. C'est impossible." Et donc cela a empiré. Par la suite, ils l'ont montrée aux gens de la fabrication qui ont dit : "Nous ne pouvons pas construire cela !" Et cela a continué d'empirer. »

Jobs, pour sa part, dit encourager un processus appelé la « pollinisation croisée », la « collaboration à un niveau profond ». Chez Apple, les réunions de discussion sont très nombreuses, mêlant les divers protagonistes d'un projet dans une même optique incontournable : atteindre l'excellence. Le designer Jonathan Ive y va de son propre couplet sur la question :

« La manière classique de développer des produits ne fonctionne pas quand on nourrit des ambitions telles que les nôtres.

---

[*] "Steve Jobs at 44", *Time*, 10 octobre 1999.
[†] "How Apple Does It", *Time*, 16 octobre 2005.

Lorsque les défis sont aussi complexes, il est nécessaire de développer un produit en collaboration, de manière globale*. » Ive va par ailleurs confier ceci à Marcus Fair, qui dirige un célèbre blog sur le design :

« Le nombre de modèles que nous réalisons est épuisant. Nous élaborons des tas et des tas de prototypes. Le nombre de solutions que nous abordons pour obtenir la solution est embarrassant. Pourtant, c'est ainsi que nous procédons et c'est sain. »

C'est au travers d'un tel processus, que certains pourraient juger épuisant, que va naître un objet appelé à devenir mythique, l'iPod...

Le fait majeur, en ce début de millenium, est la révolution créée par la musique en ligne. Un logiciel fait alors couler beaucoup d'encre : *Napster*...

En 1998, Shawn Fanning, alors âgé de 18 ans, est entré à la Northeastern University de Boston pour y suivre des cours d'informatique. Les colocataires de sa chambre d'étudiant se distinguaient par une forte consommation de musique MP3 mais ils se plaignaient de la difficulté à trouver des morceaux. Le plus souvent, les sites MP3 sont fermés après quelques semaines d'existence.

Fanning a eu l'idée d'une application communautaire, *Napster*, qui favoriserait la mise en relation de plusieurs internautes. L'astuce ? Les utilisateurs connectés à un moment donné s'échangeraient les fichiers musicaux résidant sur leurs disques durs.

À peine placé sur le Web en janvier 1999, *Napster* a attiré des milliers d'utilisateurs. Lorsque le site Download.com a reçu 300 000 demandes pour télécharger Napster, l'étudiant de première année a réalisé qu'il avait mis la main sur un filon. Il a

* *Ibid.*

monté sa petite entreprise, épaulé par une investisseuse de Boston, Eileen Richardson.

Avant de comprendre ce qui se passait, les responsables informatiques des universités américaines ont dû faire face à une situation inédite : l'essentiel des connexions à haute vitesse était absorbé par les trocs de fichiers musicaux !

À New York, au siège de la RIAA, qui défend les droits des auteurs compositeurs et éditeurs de musique, il a été jugé nécessaire de frapper un grand coup, afin d'enrayer ce phénomène. Le 7 décembre 1999, la RIAA a entamé un procès contre *Napster*, accusé de susciter un marché noir de la musique. La société protectrice de l'industrie du disque a demandé 100 000 dollars de dommages et intérêts pour chaque morceau téléchargé en violation des droits d'auteur ! En parallèle, la RIAA a battu le rappel de la profession et s'est évertuée à recueillir des témoignages d'artistes opposés à *Napster*.

Dixit Elton John : « Les opportunités ouvertes par Internet sont excitantes, car les artistes peuvent désormais communiquer directement avec leurs fans. Mais il ne faudrait pas oublier le respect du travail et sa rémunération. Je suis contre le piratage sur Internet et il n'est pas correct que *Napster* et d'autres puissent promouvoir le vol d'œuvres en ligne. » Lou Reed a emboîté le pas : « Les artistes, comme tout le monde, doivent être payés pour leur travail. »

À la mi-avril 2000, le groupe Metallica est monté au créneau. La goutte d'eau a été la diffusion via *Napster* d'une de leurs chansons avant même sa sortie sur disque. Hammet et ses acolytes ont assigné *Napster* en justice ainsi que trois universités américaines : USC, Indiana et Yale.

« Que les choses soient claires, a lâché Lars Ulrich, batteur du groupe Metallica, nous tolérons depuis longtemps que des fans puissent enregistrer nos concerts, et nous fournissons une écoute de notre musique sur le site de Metallica. Mais lorsque des œuvres protégées par copyright sont librement échangées, cela revient à du pillage de notre art. Aucun artiste ne saurait le tolérer. »

Venu au tribunal avec une liste de 317 000 utilisateurs de *Napster* qui se sont échangé des morceaux de Metallica, Lars Ulrich a enfoncé le clou, qualifiant les dollars engrangés par *Napster* d'« argent sale ».

Tel est le climat en ce début d'année 2000. La folie pour la musique en ligne est indéniable et Jobs tente d'analyser le phénomène. Il en ressort deux faits : les utilisateurs du Net sont séduits par la facilité avec laquelle ils peuvent désormais écouter la musique de leur choix. Toutefois, Steve Jobs est persuadé d'une autre chose : l'immense majorité de ces internautes est constituée de gens qui seraient prêts à acquitter leur dû pour les chansons si on leur offrait un service adéquat...

« Notre position, depuis le tout début, était que 80 % des gens qui volaient la musique en ligne ne voulaient pas réellement être des voleurs. Il se trouve juste qu'il y avait là une manière presque irrésistible d'obtenir de la musique. Une gratification instantanée.

Vous n'avez pas à vous rendre au magasin de disques. La musique est déjà numérisée, donc vous n'avez pas à convertir le CD en fichier numérique. C'est tellement pratique que des gens étaient prêts à passer pour des voleurs pour en bénéficier.

Leur dire qu'il fallait arrêter de voler sans offrir une solution légale avec les mêmes avantages sonnait creux.

Nous ne voyions pas comment convaincre les gens d'arrêter de voler, à moins de leur offrir une carotte et pas seulement un bâton. Et la carotte, c'est de leur offrir une meilleure expérience...[*] », dira Jobs pour résumer la démarche suivie par Apple.

En premier lieu, Jobs est conscient qu'Apple est en retard d'une diligence dans ce nouveau far west qu'est la musique en ligne. La toute première urgence consiste à disposer d'un logiciel

---

[*] "Steve Jobs: The Rolling Stone Interview – He Changed the Computer Industry. Now he's After the Music Business", *Rolling Stone*, 3 décembre 2003.

maison qui permette à tout un chacun de s'abreuver à volonté de musique. Comme le temps presse, Apple prend contact avec deux petits éditeurs de logiciels déjà bien avancés sur ce terrain. Un contrat est établi avec Casady & Greene afin de prendre en licence le logiciel *SoundJam*. Apple engage au passage le programmeur principal de *SoundJam*, Jeff Robbin, afin qu'il simplifie ce programme et le transforme en ce qui va devenir *iTunes*.

Tandis que Robbin élabore *iTunes*, Steve Jobs examine le catalogue des lecteurs MP3 et ce qu'il voit lui donne la nausée. L'aspect de la plupart des produits, notamment le Nomad, de Creative Design, est épouvantable. Que dire ? Apple a sa carte à jouer !

Jon Rubinstein, qui a rejoint Apple en 1997 après avoir œuvré chez NeXT, est chargé par Steve Jobs de superviser la création d'un lecteur MP3.

Une autre révolution, tout aussi majeure, se dessine en parallèle : elle vise à placer Apple au cœur des villes, à la rapprocher de son public, établir des lieux de convivialité où chacun pourra venir librement découvrir ce qui distingue l'iMac et ses confrères de la mêlée. Jobs a réalisé que la distribution des produits Apple laissait grandement à désirer.

« J'ai été effrayé, confie Jobs. Apple dépendait de plus en plus de méga-points de vente, des sociétés qui n'avaient pas de formation ni d'intérêt particulier à positionner les produits Apple comme des objets uniques.

Je me suis dit que nous devions faire quelque chose faute de quoi nous serions victimes de la tectonique des plaques.

Nous nous devions de penser différemment, d'innover... * »

Installer des vitrines de la marque Apple en pleins centres-villes, tel est l'objectif. Tout comme le pouvoir chrétien multipliait ses lieux de culte au Moyen Âge, il importe d'afficher sa présence

---

* "Apple: America's best retailer", *Fortune*, 8 mars 2007.

au milieu de la population. Jobs se met en quête de repérer le meilleur spécialiste possible en matière de chaînes de boutiques. Un nom lui est constamment soufflé : celui de Mickey Drexler, qui a supervisé la création de la chaîne de vêtements Gap. Son concours est immédiatement obtenu.

Drexler prodigue un conseil de choix à Steve Jobs : il faut qu'Apple loue un entrepôt puis bâtisse un prototype de boutique qui servira de modèle par la suite. Ce faisant, il sera possible de concevoir le magasin dans l'esprit maison, comme s'il s'agissait d'un ordinateur ou d'un écran Apple. Séduit par cette perspective, Jobs assure lui-même le design de la boutique, aidé en cela par une nouvelle recrue, Ron Johnson. Ce dernier est un ancien vice-président de Target, la deuxième entreprise de distribution des États-Unis.

En observant la première version de leur boutique, Jobs et Johnson font la grimace : ils l'ont spontanément organisée par famille de produits, au lieu d'avoir à l'esprit le besoin du consommateur ! Ils reprennent alors le design de A à Z. L'opération va s'étendre sur neuf mois et aboutir à une organisation autour des intérêts du public : photo, vidéo, enfants...

En février 2001, Jon Rubinstein se rend chez Toshiba, à Tokyo. Il découvre alors que le constructeur vient de créer un disque dur de taille minuscule : 1,8 pouce (4,5 cm). Toshiba ignore encore à quoi pourrait servir un tel disque miniature. Rubinstein estime qu'il détient là le composant essentiel pour réaliser un appareil compact. Il revient donc du Japon avec un message :

« Je sais comment fabriquer notre lecteur MP3. Je dispose maintenant de toutes les pièces nécessaires[*] !

– Fonce ! », répond Jobs.

---

[*] Leander Kahney, *Inside Steve's Brain*, 2008.

Pour aider à la conception de l'iPod, en ce mois de février 2001, Rubinstein embauche l'ingénieur Tony Fadell. Ce dernier a auparavant élaboré divers gadgets portatifs pour des sociétés telles que Philips ou General Magic. À cette époque, Fadell planche sur un lecteur MP3 à base de disque dur, et faute de disposer du financement nécessaire, il a proposé son projet à la société Real. La transaction n'a pas abouti.

« J'ai appelé Tony Fadell, a raconté Rubinstein. Il se trouvait sur une piste de ski lorsqu'il a pris l'appel. Je ne lui ai pas dit pourquoi nous sollicitions ses services. Jusqu'à ce qu'il se retrouve chez Apple, il ne savait pas sur quoi au juste nous comptions le faire travailler*. »

Fadell, laisse éclater son enthousiasme devant la vision de Jobs :

« Ce projet va permettre de remodeler Apple. D'ici une dizaine d'années, vous serez une entreprise de musique et non plus d'informatique ! », prophétise Fadell.

Jobs exige en premier lieu que Fadell abandonne les liens établis avec ses autres clients, imposant une exclusivité de ses services pour Apple. L'ingénieur se voit attribuer une équipe de trente personnes pour le seconder. Il est vrai que le temps presse : Steve Jobs entend disposer d'un produit fini pour l'automne 2001. Jobs impose diverses spécificités pour l'appareil, notamment un format de compression des fichiers, l'AAC, différent de l'ultra-populaire MP3, car bien meilleur au niveau de la qualité sonore.

Si, à cette époque, la méthode de compression MP3 fait merveille pour les musiques électroniques, la techno, la dance et autres morceaux récents, elle se révèle moins à l'aise avec les instruments naturels tels que la guitare acoustique ou le piano, dont les vibrations génèrent un grand nombre de sonorités secondaires. Lorsque le MP3 traite de telles informations, il peut en résulter une impression de « bouillie sonore ». Grand amateur de

---

* "Straight Dope on the IPod's Birth", *Wired*, 17 octobre 2006.

Dylan, des Beatles, d'Eric Clapton ou même de Beethoven, Jobs ne peut supporter que leur musique soit dévalorisée !

Comme il se doit, le design de l'iPod est confié au prodige britannique qu'est Jonathan Ive. On ne saurait mieux choisir : comme le confiera Ive, son équipe est animée par une formidable curiosité, tout en cultivant l'idée qu'on puisse se tromper : « C'est ainsi que l'on peut découvrir quelque chose de nouveau[*] ! »

À des fins de sécurité absolue, Ive et son équipe d'une douzaine de designers industriels opèrent dans un studio situé dans un bâtiment séparé d'Apple dont les portes et fenêtres sont teintées. L'accès est protégé par des laissez-passer électroniques qui ne sont accordés qu'à un très petit nombre de cadres. Les lieux sont équipés d'outils de prototypage ultra-perfectionnés.

Le groupe de design d'Ive dessine prototype sur prototype. Pourtant, l'appareil envisagé pêche au niveau de son aspect. Les modèles ressemblent trop à des appareils « informatiques » alors que Jobs veut un objet « si simple, si lumineux que l'on n'imagine même pas qu'il puisse avoir été fabriqué ». Message reçu : Jonathan Ive ferme la porte aux canons habituels de la hi-fi métallisée et conçoit le fameux boîtier blanc.

Jobs attache une importance majeure à ce qui va devenir l'iPod, et organise des réunions toutes les deux ou trois semaines afin de prendre le pouls. Il insiste notamment pour que l'appareil comporte un nombre minimal de boutons.

« La plupart des gens commettent l'erreur de penser que le design concerne l'aspect d'un appareil. Ce n'est pas notre approche. Le design, c'est : comment fonctionne l'appareil », dira Jobs au *New York Times*.

Selon ce qu'Ive va raconter au *New York Times*, « Très tôt, Steve Jobs a émis des observations très intéressantes sur la navigation

---

[*] "Radical Craft: The Second Art Center Design Conference", Core77.com, 2006.

dans l'appareil. Nous devions conserver un objectif en tête : avoir un minimum de manipulations. La clé de l'iPod était de se débarrasser d'un maximum de choses. »

« Il est intervenu dans les moindres aspects du projet, a confirmé Ben Knauss, l'un des adjoints de Fadell, dans *Wired*, et il est rare qu'il s'implique à un tel niveau. » Steve Jobs désire une simplicité de manipulation enfantine et s'emporte s'il lui faut appuyer plus de trois fois pour obtenir la chanson désirée.

C'est le directeur du marketing, Phil Schiller, qui a un jour l'idée de la molette[*]. Il émet une autre suggestion pleine d'astuce : plus on tourne la molette, plus les menus doivent se dérouler rapidement. Autant d'éléments qui vont distinguer l'iPod de ses concurrents.

Le volume maximal de l'iPod va être réglé à un niveau supérieur à ce qui est toléré dans d'autres pays tels que la France. Il se trouve que Jobs souffre d'une relative surdité. Durant les essais, il essaye l'iPod et lâche : « Vous me montez le volume, je n'entends rien ! »

Le 19 mai 2001 est une date clé. Steve Jobs inaugure les deux premiers Apple Store, l'un en Virginie et l'autre en Californie. Ces magasins à la décoration minimaliste mais stylée incluent un service innovant : le Genius Bar, une trouvaille de Ron Johnson.

« Nous avons réuni un groupe de gens de tous les milieux, a raconté Johnson[†]. Afin de briser la glace, nous leur avons dit : "Parlez-nous du meilleur service que vous ayez reçu." Sur les dix-huit personnes, seize ont répondu que c'était dans un hôtel. C'était inattendu. Mais en fait, le réceptionniste d'un hôtel ne vous vend rien, il est là pour aider. Nous nous sommes donc dit : créons un magasin qui ait la convivialité d'un hôtel Four Seasons. La réponse a été de placer un bar dans nos boutiques. Mais au lieu de servir de l'alcool, il dispense des conseils ! »

---

[*] "Straight Dope on the IPod's Birth", *Wired*, 17 octobre 2006.
[†] "Apple: America's Best Retailer", *Fortune*, 8 mars 2007.

Plus la date de sortie de l'iPod approche et plus l'implication de Jobs grandit : sur la dernière ligne droite, il prend quotidiennement des nouvelles du petit appareil. Il insiste au passage pour que l'appareil fonctionne de manière transparente avec iTunes : à peine connecté au Mac, la bibliothèque de chansons est mise à jour, sans la moindre intervention de l'utilisateur.

« Branchez-le. Whirrrrr. Terminé », résume Jobs.

C'est un rédacteur publicitaire de San Francisco, Vinnie Chieco, qui trouve le nom de l'iPod. À cette époque, Steve Jobs entretient une marotte qu'il appelle le « cœur numérique » (de l'anglais *digital hub*). Il pressent que le Mac pourrait devenir en effet le point central de connexion des éléments du foyer. Chieco réfléchit à la question et en vient à la conclusion qu'un vaisseau spatial serait le point de connexion ultime. Un passager pourrait s'en éloigner en empruntant un vaisseau de taille réduite, tels les « pods » ou engins volants de *Star Wars*, et s'en retournerait au vaisseau mère pour faire le plein d'énergie ou se sustenter. En voyant le prototype blanc conçu par Ive, il a une révélation :

« Dès que j'ai vu l'iPod blanc, j'ai pensé à *2001, l'Odyssée de l'espace*, raconte Chieco. Ouvre la porte du pod, Hal[*] ! »

Étrangement, Jobs rejette d'abord cette appellation. Pourtant, Chieco plaide ardemment sa cause. Quelques jours plus tard, Jobs l'informe, sans aucune explication, qu'il a retenu le nom iPod.

Alors que la date de lancement se précise, le projet manque d'être annulé : les batteries ne tiennent que trois heures. Acculé, Fadell se voit sommé de trouver une solution d'extrême urgence. Afin d'économiser l'énergie, l'iPod est doté d'une large mémoire qui charge les chansons à l'avance, ce qui évite de solliciter le disque dur. L'iPod est ainsi sauvé in extremis.

Pas si vite, toutefois… Quelques jours avant la date fatidique, Jobs trouve encore à redire au clic que produit le casque lorsqu'il est branché dans l'appareil. Un ingénieur reçoit pour mission de

---

[*] "Straight Dope on the IPod's Birth", *Wired*, 17 octobre 2006.

modifier tous les iPod destinés à la presse avec un jack produisant un clic satisfaisant*.

Peu avant le lancement, Jobs donne une interview à *Fortune* dans laquelle il distille quelques pistes sur le futur immédiat.

« Tout le monde nous demande de fabriquer un Palm. Pourtant, je m'interroge : quelle est l'utilité des assistants personnels ? Les civilisations primitives n'avaient pas d'organiseurs. Mais je sais qu'elles avaient de la musique. C'est dans notre ADN. Tout le monde aime la musique. »

L'iPod est lancé le 23 octobre 2001 suite à l'annonce mystérieuse par Apple d'un nouvel appareil qui ne serait pas un ordinateur. Les journalistes sont conviés à Cupertino. Sur la petite scène, Jobs, qui arbore un nouveau *look* (cheveux courts avec une barbe de trois jours), donne le ton.

« Nous avons choisi de nous intéresser à la musique. Pourquoi ? Parce que nous adorons la musique ! Et il est toujours bon de faire ce que vous adorez. Mieux encore, la musique fait partie de la vie de chacun. La musique a toujours été là. Et elle sera toujours là. »

Jobs fait alors remarquer que dans la nouvelle révolution de la musique numérique, il n'existe pas de leader du marché. Personne n'a encore trouvé la recette qui permette de créer un *hit*. Il en déduit qu'Apple peut y arriver. Il expose alors le pourquoi du comment avec un sens mesuré du suspense. Jobs énumère les diverses voies d'accès à la musique numérique.

- Un lecteur de CD donne accès à une quinzaine de chansons.

- Un lecteur à mémoire « flash » donne également accès à une quinzaine de chansons.

- Un lecteur MP3 peut accueillir 150 titres.

---

* Leander Kahney, *Inside Steve's Brain*, 2008.

- Un juke-box à disque dur offre un bon millier de morceaux.

Il explique alors qu'Apple entend se situer sur ce dernier terrain.

« Aujourd'hui, nous introduisons l'iPod. C'est un lecteur MP3 qui offre une qualité digne du CD. La chose importante est qu'il contient un millier de chansons. Il s'agit d'un bond prodigieux car cela représente la discothèque entière d'un grand nombre de gens. Combien de fois avez-vous emporté votre lecteur de CD pour ensuite vous dire : "Mon Dieu, je n'ai pas pris le CD que je souhaitais" ? Ce qu'il y a de plus cool avec l'iPod, c'est que votre discothèque entière tient dans votre poche. Cela n'a jamais été possible auparavant. »

Jobs décline alors ce qu'il considère comme les percées majeures du nouvel appareil. Bien qu'il soit minuscule, il est doté d'une mémoire pouvant loger l'équivalent de 20 minutes de musique. Il est donc possible de l'emporter pour faire de la bicyclette, de l'escalade, du jogging… De plus, le transfert des chansons est ultra-rapide : un CD entier est téléchargé sur l'iPod en dix secondes là où il faut cinq minutes avec les autres appareils ! Jobs ajoute qu'Apple a intégré une « batterie extraordinaire » avec dix heures d'autonomie. Et il garde le meilleur pour la fin :

« L'iPod est de la taille d'un paquet de cartes. Il pèse moins que la plupart des téléphones mobiles. De plus, il a un design à la Apple. »

Jobs dévoile alors la bête, commençant par la tranche, puis l'arrière en acier brillant, pour enfin dévoiler la face avant. Il le brandit ensuite à la foule sous les applaudissements nourris avant de le ranger dans sa poche de jean.

À peine dévoilé, le petit baladeur blanc avec sa molette délicate affiche sa différence par sa compacité et la pureté de ses lignes. C'est un objet que l'on caresse, pas un produit technologique ! Une fois de plus, Apple a frappé en prenant le parti de l'esthétique.

Suite au lancement de l'iPod, Jobs mène une croisade auprès des maisons de disques afin qu'un service de téléchargement légal puisse être mis en place. Ses interlocuteurs commencent par lui assurer qu'ils ont déjà la solution au problème par le biais de divers systèmes de protection des chansons...

« Au début, nous leur avons dit : les technologies dont vous parlez ne vont pas fonctionner. Nos ingénieurs diplômés connaissent la chose à fond. Il n'est pas possible de protéger le contenu numérique », explique Jobs.

Le message ne passe pas car les responsables des maisons de disques demeurent frileux face à la musique en ligne et préfèrent s'en tenir à des mesures de restriction d'accès aux chansons en parallèle aux manœuvres répressives. Pourtant, Jobs tente de leur expliquer que l'on ne peut rien y faire : n'importe qui peut copier un CD et le transférer sur le Net !

« Vous ne pourrez jamais stopper ça. Ce qu'il faut faire, c'est entrer en compétition avec ça ! »

Inlassablement, Jobs revient à la charge. Il lui faudra dix-huit mois pour convaincre les responsables de majors d'adhérer au modèle qu'il propose. Finalement, Warner se laisse séduire par son message, ses cadres ayant constaté qu'il avait vu juste. Universal ne tarde pas à suivre. L'une des raisons pour lesquelles ces maisons de disques se laissent convaincre vient de ce que, à l'origine, l'iTunes Music Store n'est censé concerner que le monde Apple.

« Nous leur avons dit. Vous savez quoi ? Si le virus se propage, cela ne polluera que cinq pour cent du jardin », a raconté Jobs. Il se trouve que pour ses débuts dans le monde de la musique, Steve Jobs se refuse à rendre l'iPod compatible avec les PC. Le logiciel de gestion des morceaux, l'iTunes, n'est donc disponible que sur les ordinateurs d'Apple. Une telle restriction limite le marché du baladeur aux 15 millions de Mac en circulation, contre 500 millions de PC. Comme il se doit, de nombreux membres de l'équipe iPod expriment leur désaccord. Pour toute réponse, Jobs affiche un refus obstiné, comme il sait si bien le faire :

« Je ne mettrai jamais l'iPod sur PC ! »

Pixar, de son côté, continue d'accumuler les succès : sorti en novembre 2001, *Monstres et compagnie* a généré plus de 520 millions de dollars dans le monde. Pourtant, les choses se corsent entre Steve Jobs et Michael Eisner, le président de Disney. En vérité, ils ne se sont jamais bien entendus.

Peu après la sortie de *Toy Story 2*, Eisner a demandé à Pixar de réaliser une suite, *Toy Story 3*, et Lasseter a accepté de s'y atteler. Pourtant, Steve Jobs n'a pas été enchanté par cette perspective. L'accord signé entre Pixar et Disney faisait état de dessins animés « originaux » et les suites ne devraient pas être considérées comme telles.

Le 28 février 2002, Michael Eisner apparaît devant une Commission du Sénat afin d'évoquer le problème de la piraterie en ligne qui a gagné le domaine des films. Afin d'illustrer son propos, il cite la campagne publicitaire d'Apple pour iTunes dont le slogan est "Rip. Mix. Burn" (copier, mixer, graver).

Or, le mot *rip* a deux sens. En jargon informatique, il signifie « copier un CD ». Mais l'expression *rip-off* a également le sens de « vol ». Eisner entretient volontairement la confusion.

Lorsqu'il est mis au courant de l'intervention d'Eisner, Steve Jobs prend la mouche. Il décroche son téléphone et appelle Roy Disney, le neveu de Walt :

« Cela ne peut plus durer. Eisner est un ringard. Il ne comprend rien à l'avenir de l'animation. Il faut le virer ! »

Jobs spécifie alors qu'il ne signera plus de nouveau contrat avec Disney aussi longtemps qu'Eisner présidera cette société[*].

---

[*] www.allaboutstevejobs.com

En parallèle à sa croisade auprès des maisons de disques, Steve Jobs rencontre personnellement de nombreux artistes afin d'obtenir leur accord pour une diffusion sur iTunes. Il prend contact avec les Eagles, Mick Jagger ou Bono, de U2, dans le but de les convaincre de placer des chansons sur la « boutique » d'Apple. Certaines stars telles qu'Alanis Morissette acceptent même de proposer quelques inédits sur iTunes.

En septembre 2002, Jobs dévoile publiquement *Mac OS X*, le nouveau système d'exploitation des Mac, réalisé à partir du logiciel de NeXT. Pour l'occasion, il organise un simulacre d'enterrement pour l'ancien système *Mac OS 9*. Sur fond d'orgues liturgiques, il extrait la boîte d'un cercueil, puis déclame une oraison avec un ton solennel qui déclenche bien des rires de la foule conquise d'avance...

« *Mac OS 9* était notre ami à tous.

Il a travaillé sans relâche pour nous, accueillant nos applications, ne refusant aucune commande, répondant toujours présent à l'appel, excepté de temps à autre lorsque nous oubliions qu'il devait être redémarré. »

Du jour au lendemain, *Windows XP* prend un sacré coup de vieux. *Mac OS X* n'est pas seulement beau, fluide, élégant, il est d'une efficacité redoutable.

L'iTunes Music Store est lancé en avril 2003. 200 000 chansons sont proposées en téléchargement payant. À 99 cents la chanson, le fondateur d'Apple prend le pari que les internautes préféreront télécharger des morceaux en toute légalité. La façon dont l'iPod communique avec l'iTunes Music Store séduit les utilisateurs occasionnels, réfractaires à la complexité habituelle de l'informatique. Le magasin en ligne accueille certaines chansons qui ne sont jamais sorties en CD, comme des inédits du groupe Fleetwood Mac. Au bout de cinq jours, 1 million de chansons ont été vendues.

À présent, Jobs passe à la phase suivante : persuader les majors de rendre iTunes Music Store compatible avec *Windows* ! Eh oui...

le président d'Apple a finalement assoupli sa position et juge qu'il serait effectivement dommage de fermer l'iPod aux centaines de millions de PC.

En réalité, ce revirement est venu après d'intenses discussions en interne. Jobs a estimé qu'ouvrir l'iPod aux PC était une façon d'attirer ces utilisateurs vers Apple. Selon Jon Rubinstein, en donnant aux habitués de *Windows* un aperçu de la technologie Apple, il serait possible de créer un « effet de halo » qui rejaillirait sur les autres produits de l'entreprise[*].

En mai 2003, Jobs est invité par Walt Mossberg, journaliste du *Wall Street Journal*, à la conférence *All Things Digital*. Apple a alors ouvert près de soixante boutiques et leur succès est remarquable. « Ils vous offrent la meilleure expérience d'achat d'un micro-ordinateur sur la planète. Nous avons eu 15 millions de visiteurs depuis l'inauguration du premier Apple Store ! », confie Jobs à Mossberg.

Au passage, Jobs revient sur la question de Michael Eisner et ne cache aucunement son dédain pour le discours que ce dernier s'est permis de donner au Sénat :

« Si vous connaissez les jeunes, vous savez que pour eux *rip* signifie prendre les bits d'un CD pour les mettre sur le disque dur. Cela signifie que vous possédez un CD qui théoriquement est à vous et vous en déplacez les bits sur votre disque dur. Certains cadres de l'industrie, et à Hollywood, qui n'avaient pas d'adolescents à la maison, ont cru que *rip* signifiait *rip off* (dérober). Et comme ils n'ont pas fait leurs devoirs, certains sont même allés à Washington pour témoigner !... »

Durant la même conférence, Jobs réaffirme son credo optimiste.

« Nous pensons que 80 % des gens qui volent de la musique en ligne ne souhaitent pas réellement agir ainsi. Nous pensons qu'ils préféreraient opérer dans la légalité si quelqu'un leur offrait une

---

[*] Leander Kahney, *Inside Steve's Brain*, 2008.

façon d'agir légalement. Nous avons estimé que la majorité des gens utilisant un iPod voulaient vraiment l'utiliser d'une manière honnête. »

Au passage, il prend la défense des maisons de disques couramment accusées de n'avoir pas vu venir le phénomène MP3.

« La chose la plus importante que font les maisons de disques, ce n'est pas de *distribuer* la musique, mais c'est de *choisir* parmi 500 personnes laquelle sera la prochaine Sheryl Crow. C'est ça qu'ils font et certains le font remarquablement bien. S'ils ne parviennent pas à faire ce choix correctement, le reste n'a pas d'importance. Et ceux qui le font bien se retrouvent finalement à la tête des maisons de disques.

Il n'est pas surprenant qu'ils n'aient pas compris *Napster* ni que la distribution de leur contenu sur Internet était la prochaine vague majeure.

Il y a quelques années, nous sommes allés les voir une première fois pour leur parler de cela. Nous leur avons fait des prédictions à ce sujet et ils nous ont demandé de partir.

Neuf mois plus tard, ils nous ont rappelés car nous avions vu juste sur plusieurs choses. Nous leur avons évoqué cette voie du milieu. »

Durant la séance de questions-réponses, Jobs révèle que la moitié des chansons vendues sur iTunes sont des albums complets. Il révèle aussi que, dans la plupart des maisons de disques, il n'est possible d'acheter que 20 % des chansons enregistrées (la majorité n'étant plus disponibles dans les rayons) : « Le reste ne se vend pas assez pour qu'ils continuent de vendre le CD. » Selon lui, avec une boutique en ligne, il devient possible d'ouvrir au public le catalogue des 80 % restants.

Le millionième iPod est vendu en juin 2003 et quelque chose semble se produire. L'objet revêt le même symbole que jadis le Macintosh originel, adulé des artistes. De Karl Lagerfeld, qui en possède plusieurs dizaines, à Alicia Keys, de Bono à Robbie Williams, de Will Smith à Steven Spielberg, l'iPod s'affiche dans les mains des *stars* qui semblent même prendre un malin plaisir à l'exhiber – il est accroché à la ceinture de David Beckham. Ce n'est plus un baladeur, c'est un objet *fashion* ! Sur une photo de Lagerfeld ou de Claudia Schiffer, on voit couramment un iPod. Dans les interviews, ils expliquent que pour rien au monde, ils ne se sépareraient de leur iPod !

Steve Jobs prend le pouls d'un tel phénomène alors qu'il se promène dans New York.

« À chaque coin de rue, je croisais quelqu'un avec des écouteurs blancs. J'ai alors pensé : oh mon Dieu, c'est en train d'arriver !... », déclare-t-il à *Newsweek*.

Au printemps 2003, Steve Jobs se rend chez Disney afin de négocier un nouveau contrat. Il met alors à exécution la menace proférée un an plus tôt à Roy Disney en proposant un deal intentionnellement déraisonnable : Pixar conserverait la propriété à 100 % de ses films et Disney ne toucherait plus qu'une rétribution de 7,5 %. De plus, l'exclusivité de distribution des dessins animés Pixar sera désormais limitée à cinq ans.

Comme on peut s'y attendre, Michael Eisner refuse la proposition. Jobs quitte les lieux en annonçant qu'il se met en quête d'un nouveau diffuseur*. Roy Disney, pour sa part, laisse éclater son exaspération vis-à-vis d'Eisner ; à l'automne 1983, Roy rend publique sa décision de démissionner du conseil d'administration de Disney et se lance dans une campagne visant à éjecter Eisner de la présidence.

Surprises de constater que la musique en ligne génère des revenus, les maisons de disques acceptent d'en étendre la portée. iTunes Store débarque en version *Windows* en octobre 2003. Dès

---

* www.allaboutstevejobs.com

le 15 décembre, Apple annonce que 25 millions de chansons ont été vendues.

L'iPod fait d'Apple le numéro 1 de son secteur, une chose qui ne lui était jamais arrivée et la furie ne fait que commencer. Plus incroyable, ce baladeur devient l'emblème d'Apple. De nombreux adolescents ne connaissent Apple qu'à travers l'iPod. Dès la fin de l'année 2003, il dépasse les 2 millions d'exemplaires.

Aux côtés de trentenaires tels que Sergey Brin et Larry Page qui ont fondé Google, ou de Jeff Bezos, qui a lancé Amazon, Steve Jobs apparaît comme l'un des héros du nouveau millenium, une sacrée performance à une époque où le nom de Bill Gates n'engendre plus beaucoup d'éloges.

Au cours de l'automne, une terrible nouvelle attend Jobs : lors d'un check-up de routine, il apprend qu'il est atteint d'un cancer au pancréas. La situation est potentiellement terrible : ce type de maladie est réputé incurable !

« À 7 heures du matin, le scanner a montré que j'étais atteint d'une tumeur au pancréas. Je ne savais même pas ce qu'était le pancréas. Les médecins m'ont annoncé que c'était un cancer probablement incurable, et que j'en avais au maximum pour six mois. Mon médecin m'a conseillé de rentrer chez moi et de mettre mes affaires en ordre, autrement dit : préparez-vous à mourir. Ce qui signifie : dire à ses enfants en quelques mois tout ce que vous pensiez leur dire pendant les dix prochaines années. Ce qui signifie : essayer de faciliter les choses pour votre famille. En bref, faire vos adieux. J'ai vécu avec ce diagnostic toute la journée. »

Par bonheur, l'examen d'un fragment de tissu vivant révèle que sa maladie est opérable et curable !

« Plus tard dans la soirée, on m'a fait une biopsie, introduit un endoscope dans le pancréas en passant par l'estomac et l'intestin. J'étais inconscient, mais ma femme, qui était présente, m'a raconté qu'en examinant le prélèvement au microscope, les médecins se sont mis à pleurer car j'avais une forme très rare de cancer du pancréas, guérissable par la chirurgie*. »

À la stupéfaction de nombreux intimes, Jobs n'envisage pas le moins du monde de subir une opération. Étant bouddhiste et végétarien, il affiche son scepticisme envers la médecine occidentale. Il souhaite employer une méthode alternative qui consiste à soigner le cancer au travers d'un régime alimentaire spécifique. Durant neuf mois, les membres du conseil d'administration d'Apple patientent en se rongeant les ongles. Après avoir pris conseil auprès de deux avocats externes quant à ses obligations, ils conviennent de garder le silence afin de ne pas effrayer les marchés†.

En janvier 2004, alors que le contrat avec Disney doit expirer l'année suivante, Steve Jobs se retrouve face aux actionnaires de Pixar dans une téléconférence. À cette époque, *Le Monde de Nemo* – sorti le 1er juin 2003 aux États-Unis – a rapporté près de 340 millions de dollars et dépassé le précédent record de Disney détenu par *Le Roi Lion*.

Il se trouve qu'Eisner n'avait pas apprécié *Le Monde de Nemo*. Steve Jobs mentionne un e-mail que le président de Disney a envoyé à son conseil d'administration avant la sortie de ce dessin animé qu'il décrivait comme « beaucoup moins bon que les précédents films de Pixar‡ ».

« Comme vous le savez, les choses ne se sont pas passées comme cela », s'amuse Steve Jobs.

Jobs exprime alors une inquiétude : Eisner souhaiterait disposer du droit de réaliser des suites aux premiers films de Pixar...

« Nous sommes écœurés à l'idée que Disney puisse réaliser de telles suites. Si l'on regarde la qualité de certaines suites,

---

* Discours de Steve Jobs aux étudiants de l'Université de Stanford, le 12 juin 2005.
† "The Trouble With Steve Jobs", *Fortune*, 5 mars 2008.
‡ www.allaboutstevejobs.com

comme celles du *Roi Lion* et *Peter Pan*, il y a de quoi se sentir embarrassé*. »

Il termine la conférence en rassurant les actionnaires : quatre autres grands studios de cinéma, Warner, MGM, Sony et Fox, ont offert de diffuser les futurs films de Pixar. L'enjeu est de taille : suite au succès du *Monde de Nemo*, Pixar et Disney s'apprêtent à se partager un bon milliard de dollars de bénéfices.

Peu après, Jobs annonce la fin des négociations avec Disney.

Le 15 mars 2004 est un moment clé : la 50 millionième chanson a été vendue sur iTunes MusicStore. Il s'agit de *The Path of Thorn*, de la chanteuse folk Sarah McLachlan. Dès le mois suivant, le cap des 70 millions de chansons vendues est franchi. Incontestable numéro 1 de la musique en ligne, le service dégage déjà des profits.

Au même moment, le *Washington Post* révèle que les choses ont bougé chez Disney. Sur l'initiative de Roy Disney lui-même, une révolte des actionnaires s'est déclenchée à l'encontre d'Eisner. De ce fait, Jobs a mis en pause ses négociations avec Warner, MGM, Sony et Fox. Il se déclare prêt à rempiler avec Disney si Eisner quitte la présidence.

L'incroyable se produit alors : lors de leur réunion annuelle en mars, 43 % des actionnaires de Disney font savoir qu'ils retirent leur soutien à Eisner...

À la fin juillet 2004, il devient nécessaire de rendre la nouvelle du cancer officielle car le boss d'Apple n'est pas guéri. Il s'est peu à peu fait à l'idée qu'il devrait subir une opération classique destinée à éliminer sa tumeur.

Le samedi 31 juillet 2004, Jobs est opéré au Centre médical de l'université de Stanford, à Palo Alto, non loin de son domicile.

---

* *Ibid.*

Dès le lendemain, dans un e-mail enthousiaste à ses employés, il annonce qu'il a frôlé la mort, qu'il est guéri et sera de retour à son poste dès septembre.

L'action Apple ne subit qu'un léger fléchissement à la suite de l'annonce : - 2,4 %.

En réalité, tout semble réussir à Jobs… À l'automne, Michael Eisner prend acte du désaveu subi au printemps et donne sa démission de Disney. Dès son entrée en fonction, le nouveau PDG de Disney, Bob Iger, appelle Jobs et Lasseter pour faire savoir qu'il est ouvert aux négociations*. iTunes Music Store atteint les 200 millions de téléchargements payants le 15 décembre 2004 et représente plus de 70 % de la musique légale en ligne.

Si les fans d'Apple jubilent, ils ne savent pas encore que leur héros leur prépare une surprise au moins aussi grande que l'annonce de l'entrée de Bill Gates au capital d'Apple en 1997. Depuis quatre ans déjà, Jobs a réalisé que Motorola, qui fournissait les puces des Mac, était à la traîne. Les processeurs conçus par Intel sont bien plus puissants.

Maturité oblige, Jobs s'est résolu à l'impossible : enterrer la hache de guerre avec Intel, une inimitié remontant aux premiers temps d'Apple en 1977, lorsque Andy Grove, le président d'Intel, avait refusé de souscrire aux conditions demandées par Jobs.

« Depuis ce temps-là, pour lui, Intel était juste de la m… Et rien ne pouvait changer cet état d'esprit », a confié Andy Grove.

En juin 2005, Jobs dévoile au public des Applemaniacs ce qui avait toujours paru invraisemblable : tous les ordinateurs Apple vont désormais tourner sur des puces Intel !

Ce que les fans irréductibles d'Apple ne savent pas encore, c'est que la marque qu'ils chérissent va désormais disposer de l'arme absolue pour inciter les fidèles du PC à changer de religion.

---

* www.allaboutstevejobs.com

Équipés de puces Intel, les Macintosh vont bientôt être en mesure d'exécuter aussi bien *Windows* que *Mac OS*...

Durant l'été 2005, Steve Jobs rencontre Bob Iger, de Disney, en qualité de président d'Apple. Il s'apprête à lancer un nouvel iPod vidéo et souhaite vendre en ligne des films et programmes TV. À cette époque, les deux séries télévisées les plus populaires, *Desperate Housewives* et *Lost* appartiennent à ABC, une filiale de Disney[*].

Au cours de l'Apple Expo, alors que Steve Jobs délivre son allocution, Bob Iger monte sur la scène et l'accord portant sur la diffusion des séries TV sur iTunes Store est annoncé. Une façon comme une autre de montrer que les relations entre Apple et Disney sont redevenues amicales.

À vrai dire, Iger a clairement pris conscience de l'importance de Pixar pour Disney et il se montre ouvert à une négociation à grande échelle. Au fil des mois, il en vient à proposer à Jobs de réaliser une fusion de Disney et de Pixar, ni plus ni moins !

La fusion est annoncée le 24 janvier 2006 aux studios Pixar de Emeryville : Disney acquiert Pixar pour 74 milliards de dollars. Il s'agit d'une sacrée performance si l'on considère que Jobs n'avait déboursé que 10 millions à George Lucas pour acheter Pixar. Comme Jobs possède encore 50 % des actions de cette société, il devient le premier actionnaire de Disney avec 7 % des parts !

Mois après mois, les performances d'Apple flirtent avec le beau fixe. Au printemps 2006, les Apple Store enregistrent un chiffre d'affaires de 1 milliard de dollars par trimestre. La chaîne bat les records en matière de croissance, dépassant la performance jadis établie par Gap.

---

[*] www.allaboutstevejobs.com

Jean-Louis Gassée, ex-directeur d'Apple France et ami de Steve Jobs, livre son analyse sur la question.

« Le rôle des boutiques Apple est d'être des étendards de la marque en termes de qualité de service. Ils ont des instructions très strictes : faire en sorte que le client reparte content. Mon Mac tombe en panne un dimanche matin. J'envoie un texto et je reçois peu après un message : ton Mac est prêt, il t'attend. Avec cette qualité de service, Jobs a fait monter le niveau du réseau de distribution. »

À la fin du printemps 2007, Apple dénombre plus de 3 milliards de chansons vendues sur iTunes et 100 millions d'iPod. Jusqu'alors, le record pour un appareil musical était détenu par le Walkman de Sony avec 350 millions d'exemplaires vendus. L'iPod est appelé à le dépasser. Le petit baladeur représente déjà la moitié des revenus de la société !

Signe de la folie iPod, pour la publicité de son nouvel ordinateur iMac, en août 2006, Apple utilise le slogan « Par les créateurs de l'iPod » !

Plus que jamais, Jobs, est redevenu un personnage de légende...

Chapitre 15

iPhone mania

Le temps serait-il venu de passer le relais ? Durant quelques heures cruciales de l'année 2003 Steve a bien cru que son épopée allait prendre fin prématurément. Ces heures ont été particulières, d'une intensité sans pareille. Elles ont enclenché une mutation. Quelque chose a changé en profondeur.

En cette journée ensoleillée de juin 2005, Steve Jobs n'est plus tout à fait le même. Le guerrier s'est métamorphosé en prince. Une mue s'est produite et elle a révélé une face humaine, altruiste, philosophe. Vêtu de la toge noire des enseignants de l'Université de Stanford, Steve est venu s'adresser aux diplômés de cette fin d'année.

Le moment est propice à un panoramique sur les années écoulées. Les errances et les doutes, les victoires et les désillusions. Calme et digne, il se livre en profondeur, évoquant sa jeunesse, son parcours, ses erreurs, les leçons qu'il a tirées de l'existence…

« C'est un honneur de me trouver parmi vous aujourd'hui et d'assister à une remise de diplômes dans une des universités les plus prestigieuses du monde. Je n'ai jamais achevé mes études supérieures. À dire vrai, je n'ai même jamais été témoin d'une remise de diplômes dans une université. Je veux vous faire partager aujourd'hui trois expériences qui ont marqué ma carrière. Rien d'extraordinaire. Juste trois expériences.

La première histoire concerne les incidences imprévues.

On ne peut prévoir l'incidence qu'auront certains événements dans le futur ; c'est après coup seulement qu'apparaissent les liens. Vous pouvez seulement espérer qu'ils joueront un rôle dans votre avenir. L'essentiel est de croire en quelque chose – votre destin, votre vie, votre karma, peu importe. Cette attitude a toujours marché pour moi, et elle a régi ma vie. »

Jobs revient sur le fait qu'il est venu sur cette Terre sans être désiré par sa mère, qu'il a été rejeté par le couple d'accueil parce qu'il n'était pas une fille, avant d'être adopté par le couple Jobs. Il raconte ensuite comment il a préféré abandonner la formation standard de l'Université de Reed pour suivre des cours de typographie en auditeur libre… Si cette décision était risquée, ce fut, dit-il, l'un des meilleurs choix qu'il ait jamais fait.

« Dès le moment où je décidai de renoncer, j'abandonnai les matières obligatoires qui m'ennuyaient pour ne suivre que les cours qui m'intéressaient. Et ce que je découvris alors, guidé par ma curiosité et mon intuition, se révéla inestimable pour l'avenir…

Le Reed College dispensait probablement alors le meilleur enseignement de la typographie de tout le pays. Dans le campus, chaque affiche, chaque étiquette sur chaque tiroir était parfaitement calligraphiée. Parce que je n'avais pas à suivre de cours obligatoires, je décidai de m'inscrire en classe de calligraphie.

Rien de tout cela n'était censé avoir le moindre effet pratique sur ma vie. Pourtant, dix ans plus tard, alors que nous concevions le premier Macintosh, cet acquis m'est revenu. Et nous l'incorporâmes dans le Mac. Ce fut le premier ordinateur doté d'une typographie élégante. Si je n'avais pas suivi ces cours à l'université, le Mac ne posséderait pas une telle variété de polices de caractères ni ces espacements proportionnels. Et comme *Windows* s'est borné à copier le Mac, il est probable qu'aucun ordinateur personnel n'en disposerait.

Si je n'avais pas laissé tomber mes études à l'université, je n'aurais jamais appris la calligraphie et les ordinateurs personnels n'auraient peut-être pas cette richesse de caractères. Naturellement, il était impossible de prévoir ces répercussions quand j'étais à l'université. Mais elles me sont apparues évidentes dix ans plus tard. »

La deuxième histoire que raconte Jobs concerne la passion et l'échec.

« J'ai eu la chance d'aimer très tôt ce que je faisais. J'avais 20 ans lorsque Woz et moi avons créé Apple dans le garage de mes parents. Nous avons travaillé dur et, dix ans plus tard, Apple était une société de plus de 4 000 employés dont le chiffre d'affaires atteignait 2 milliards de dollars. Nous venions de lancer un an plus tôt notre plus belle création, le Macintosh, et je venais d'avoir 30 ans.

C'est alors que je fus viré. Comment peut-on vous virer d'une société que vous avez créée ? C'est très simple, Apple ayant pris de l'importance, nous avons engagé quelqu'un qui me semblait avoir les compétences nécessaires pour diriger l'entreprise à mes côtés et, pendant la première année, tout s'est bien passé. Puis, nos visions ont divergé et nous nous sommes brouillés. Le conseil d'administration s'est rangé de son côté. C'est ainsi qu'à 30 ans je me suis retrouvé sur le pavé. Viré avec pertes et fracas. La raison d'être de ma vie n'existait plus. J'étais en miettes.

Je ne m'en suis pas rendu compte tout de suite, mais mon départ forcé d'Apple fut salutaire. Le poids du succès fit place à la légèreté du débutant, à une vision moins assurée des choses.

Une liberté grâce à laquelle je connus l'une des périodes les plus créatives de ma vie.

Pendant les cinq années qui suivirent, j'ai créé une société appelée NeXT et une autre appelée Pixar, et je suis tombé amoureux d'une femme exceptionnelle qui est devenue mon épouse. Pixar allait bientôt produire le premier film d'animation en 3D, *Toy Story*. Elle est aujourd'hui la première entreprise mondiale utilisant cette technique.

Par un remarquable concours de circonstances, Apple a acheté NeXT, je suis retourné chez Apple, et la technologie que nous avions développée chez NeXT est aujourd'hui la clé de la renaissance d'Apple. Et Laurene et moi avons fondé une famille merveilleuse.

Tout cela ne serait pas arrivé si je n'avais pas été viré d'Apple. La potion fut horriblement amère, mais je suppose que le patient en avait besoin.

Parfois, la vie vous flanque un bon coup sur la tête. Ne vous laissez pas abattre. Je suis convaincu que c'est mon amour pour ce que je faisais qui m'a permis de continuer.

Il faut savoir découvrir ce que l'on aime et qui l'on aime. Le travail occupe une grande partie de l'existence, et la seule manière d'être pleinement satisfait est d'apprécier ce que l'on fait. Sinon, continuez à chercher. Ne baissez pas les bras. C'est comme en amour, vous saurez quand vous aurez trouvé. Et toute relation réussie s'améliore avec le temps. Alors, continuez à chercher jusqu'à ce que vous trouviez. »

La troisième histoire concerne la mort, cette expérience qu'il a récemment frôlée…

« À l'âge de 17 ans, j'ai lu une citation qui disait à peu près ceci : "Si vous vivez chaque jour comme s'il était le dernier, vous finirez un jour par avoir raison." Elle m'est restée en mémoire et, depuis, pendant les trente-trois années écoulées, je me suis regardé dans la glace le matin en me disant :

"Si aujourd'hui était le dernier jour de ma vie, est-ce que j'aimerais faire ce que je vais faire tout à l'heure ?"

Et si la réponse est non pendant plusieurs jours d'affilée, je sais que j'ai besoin de changement.

Avoir en tête que je peux mourir bientôt est ce que j'ai découvert de plus efficace pour prendre des décisions importantes. Parce que presque tout – tout ce que l'on attend de l'extérieur, nos vanités et nos fiertés, nos peurs de l'échec – s'efface devant la mort, ne laissant que l'essentiel. Se rappeler que la mort viendra un jour est la meilleure façon d'éviter le piège qui consiste à croire que l'on a quelque chose à perdre. On est déjà nu. Il n'y a aucune raison de ne pas suivre son cœur.

Il y a un an environ, on découvrait que j'avais un cancer. J'étais inconscient, mais ma femme, qui était présente, m'a raconté qu'en examinant le prélèvement au microscope, les médecins se sont mis à pleurer, car j'avais une forme très rare de cancer du pancréas, guérissable par la chirurgie. On m'a opéré et je vais bien.

Ce fut mon seul contact avec la mort, et j'espère qu'il le restera pendant encore quelques dizaines d'années. Grâce à cette expérience, je peux vous le dire avec certitude : personne ne désire mourir. Même ceux qui veulent aller au ciel n'ont pas envie de mourir pour y parvenir. Pourtant, la mort est un destin que nous partageons tous. Personne n'y a jamais échappé. Et c'est bien ainsi, car la mort est probablement ce que la vie a inventé de mieux. C'est le facteur de changement de la vie. Elle nous débarrasse de l'ancien pour faire place au neuf.

En ce moment, vous représentez ce qui est neuf, mais un jour vous deviendrez progressivement l'ancien, et vous laisserez la place aux autres. Désolé d'être aussi dramatique, mais c'est la vérité. »

Une fois ces trois leçons de vie énoncées, Jobs poursuit en exposant sa philosophie de l'existence.

« Votre temps est limité, ne le gâchez pas en menant une existence qui n'est pas la vôtre. Ne soyez pas prisonniers des dogmes qui obligent à vivre en obéissant à la pensée d'autrui. Ne laissez pas le brouhaha extérieur étouffer votre voix intérieure. Ayez le courage de suivre votre cœur et votre intuition. L'un et l'autre savent ce que vous voulez réellement devenir. Le reste est secondaire.

Soyez insatiables. Soyez fous.

Merci à tous. »

En cette année 2005, Steve Jobs est loin d'avoir dit son dernier mot. Une nouvelle vision se dessine à présent, comme s'il percevait encore et toujours mieux que quiconque les aspirations indéfinies de ses contemporains. L'iMac était une audace qui a été payante. *Mac OS X* a été la conclusion heureuse d'une aventure démarrée il y a bien longtemps avec NeXT. L'iPod est devenu l'appareil de prédilection d'une génération.

Or, s'il est un objet qui semble voué à devenir l'inséparable compagnon de tout un chacun, celui que l'on porte couramment sur soi en toutes circonstances, ce n'est certes pas un lecteur musical. En ce milieu de décennie, le téléphone mobile a remplacé la montre d'autrefois : collé au corps, à portée de main, incontournable. Il reste à lui faire subir une mutation. Quelques *smartphones* sont apparus et ont tenté de le transformer en ordinateur sans grand succès. Pourtant, l'avenir du téléphone de poche est là : devenir un ersatz d'appareil universel, un ordinateur connecté au Web, une console de jeu, un lecteur d'e-mails, de musique, de vidéos…

Ce qui manque au téléphone mobile, c'est une interface digne de ce nom. Une facilité d'usage comparable à celle du Mac. Pour cela, il faut briser le consensus, repenser l'objet de fond en comble plutôt que de le calquer sur les appareils d'antan. Que faire d'un objet que l'on porte constamment en main ? Quelle serait la façon la plus évidente de le piloter ? Le tactile…

Vers la mi-juin 2004, Nintendo avait ouvert la voie avec une console de jeu que l'on commande à partir d'un stylet. La DS n'est pourtant qu'une ébauche, car le stylet le plus naturel qui soit, c'est le doigt... Toujours disponible.

Il ne reste plus qu'à définir une nouvelle façon d'utiliser ces doigts, la plus intuitive possible...

En 2004, l'iPod engrange 16 % des revenus d'Apple mais Jobs a clairement perçu que l'appareil serait menacé à terme par d'autres appareils, appelés à intégrer la lecture de chansons parmi d'autres services. Certains s'accordent à penser qu'un ordinateur de poche, dans la lignée du Palm, pourrait devenir cet objet d'usage universel. Jobs ne partage pas cette vision, comme il va s'en confier au *Wall Street Journal* :

« Nous avons eu une énorme pression pour créer un assistant personnel. Nous avons examiné la chose et dit : attendez un peu. 90 % des gens qui utilisent ces appareils désirent en tirer de l'information. Ils ne désirent pas nécessairement y insérer de l'information sur une base régulière. Or, c'est ce que vont faire les téléphones portables[*]. »

Dès 2002, peu après la sortie du premier iPod, Jobs a démarré une réflexion relative à un téléphone mobile d'un nouveau genre qui intégrerait un lecteur MP3 et l'accès à Internet. Toutefois, son penchant perfectionniste l'a amené à écarter cette cible : il n'existait pas suffisamment de facteurs de différence qui feraient d'un tel appareil un produit digne de l'iMac ou de l'iPod.

Si, deux années plus tard, son sentiment n'est plus le même, c'est en raison d'une percée technologique venue des laboratoires Apple : les interfaces multi-tactiles.

« Je vais vous dire un secret. Tout a commencé avec la tablette. J'ai eu cette idée que l'on pourrait se débarrasser du clavier et taper sur un écran tactile.

---

[*] "The Music Man", *The Wall Street Journal*, 14 juin 2004.

J'ai donc demandé à mes collègues : "Pourrions-nous conce-voir un affichage multi-tactile sur lequel je puisse poser mes mains et taper ?" Six mois plus tard, ils m'ont appelé et m'ont montré un prototype d'écran. Je l'ai donné à quelques-uns de nos chercheurs les plus brillants en matière d'interface utilisateur. Quelques semaines plus tard, ils m'ont rappelé et m'ont montré le défilement des icônes et d'autres choses.

J'ai alors pensé : Mon Dieu, avec cela, nous pouvons bâtir un téléphone !

Nous avons donc mis le projet de la tablette sur une étagère car le téléphone apparaissait plus important*. »

Conscient d'avoir mis à nouveau le doigt sur une innovation digne du Walkman, Jobs enclenche le branle-bas de combat. À partir de ce moment, tout ce qui touche de près ou de loin à l'iPhone va être breveté.

Étrangement, à Paris, une filiale d'Apple créée en 2000 sous la direction d'un ancien responsable de *NeXTSTEP*, Jean-Marie Hullot, a longtemps eu pour ambition de développer un téléphone mobile pour Apple…

« À cette époque, les USA étaient très en retard sur l'Europe en termes de téléphonie mobile. L'approche de Jean-Marie Hullot était donc que nous allions leur montrer quelles pouvaient être les interactions entre un Mac et un téléphone », confie Bertrand Guiheneuf, alors membre d'Apple.

Au début de l'année 2004, une équipe d'une vingtaine de personnes est secrètement montée en France par Guiheneuf en vue de créer un équivalent d'iTunes pour les téléphones.

« Nous avons dû signer des documents de confidentialité extrêmes qui, en gros, pouvaient mener à la prison quiconque divul-guait qu'Apple travaillait sur un téléphone », se rappelle l'ingénieur.

---

* *All Things Digital*, conférences, juin 2010.

Toutefois, le projet français ne va pas voir le jour. Deux équipes américaines travaillent en parallèle sur un même projet et l'une des deux emporte l'affaire. L'équipe française est sommée d'arrêter ses recherches, séance tenante.

Ironiquement, c'est un autre Français, basé à Cupertino, qui est placé à la tête du développement du logiciel de l'iPhone, Henri Lamiraux. Cet ingénieur va superviser la réalisation d'un petit tour de force : concocter une version réduite de *Mac OS X* pour la téléphonie mobile…

En février 2005, Jobs rencontre secrètement Stan Sigman, du réseau de téléphonie mobile Cingular, afin d'exposer le plan d'Apple concernant l'iPhone. Avec en tête la technologie d'écran tactile développée par ses ingénieurs, il laisse entendre qu'il dispose d'un système « à des années-lumière de ce qui existe ». Sigman et ses sbires adhèrent au plan de Jobs.

Le téléphone mobile devient rapidement le projet majeur de la société. Dès l'automne 2005, 200 ingénieurs d'Apple y sont affectés. Plus que jamais, un secret absolu enveloppe sa réalisation. Les divisions qui travaillent sur l'iPhone sont séparées les unes des autres et ignorent ce que les autres réalisent. Certaines salles sont pourvues de voyants lumineux, interdisant l'accès aux personnes non désirées.

« Apple était complètement paranoïaque sur l'iPhone, confirme Bertrand Guiheneuf. Plus que sur tout autre projet apparu auparavant. Les gens opéraient dans les locaux séparés, hermétiquement fermés où seuls entraient ceux qui y étaient habilités. »

En octobre 2005, les ingénieurs reçoivent pour mission d'accélérer le rythme et ne savent pas encore qu'ils vont faire face à des défis technologiques cauchemardesques. Selon une source citée par le magazine *Wired*, le développement va coûter 150 millions de dollars.

L'un des points de la stratégie liée à l'iPhone se déroule en négociations avec les opérateurs de télécoms. Pour ce qui est du territoire américain, l'accord officiel avec Cingular est signé au printemps 2006. Toutefois, Jobs impose des conditions qui relèvent du jamais-vu. Jusqu'à présent, les opérateurs ont dicté leur loi, imposant des appareils aux consommateurs à des prix plancher, pour mieux les enchaîner sur une ou deux années. À présent, Jobs renverse les rôles. Il réclame 10 dollars par mois sur la facture de l'opérateur, ce qui ne s'est jamais produit jusqu'alors. En échange, il fait miroiter une carotte : cinq années d'exclusivité de l'iPhone.

Le lancement de l'iPhone est alors prévu pour une date clé : le Macworld de janvier 2007…

Durant l'été 2006, l'image dorée d'Apple subit une belle égratignure de la part d'une association plus que respectée. En août, Greenpeace secoue le landernau de l'informatique en publiant un classement des entreprises « éco-responsables ». Apple y est fort mal placée dans tous les domaines sauf le recyclage.

Pour mieux justifier sa décision, Greenpeace publie une lettre ouverte sur son site officiel :

« On adore Apple. La marque à la pomme crée des ordinateurs au design épuré. Mais à l'intérieur, c'est autre chose… Mac, iPod, iBook, tous les produits Apple contiennent des substances chimiques (phtalates, plomb, mercure…) que d'autres fabricants sont en train d'abandonner. Pourquoi ? Parce qu'elles sont dangereuses : une fois obsolètes, ordinateurs, lecteurs MP3 et téléphones mobiles échouent dans des pays en voie de développement, où des travailleurs pauvres les recyclent, les désossent et s'intoxiquent. À la pointe du progrès technologique, Apple refuse pourtant d'utiliser des substances alternatives moins dangereuses pour la santé pour fabriquer ses produits. La pomme reste empoisonnée… »

Une pétition adressée à Steve Jobs est même placée en ligne afin d'aider à faire passer le message. Apple va essuyer plusieurs autres jugements péjoratifs de Greenpeace avant de rectifier le tir.

Un matin de l'automne 2006, une réunion est organisée avec les douze principaux cadres affectés au projet iPhone. Jobs opère alors un constat dramatique : l'iPhone n'est pas à la hauteur des espérances. L'énoncé des problèmes paraît ne jamais devoir s'arrêter. Il est fréquent qu'une communication soit coupée. La batterie cesse de se recharger avant de l'être totalement. Les applications rencontrent des soucis qui les rendent inexploitables… Le verdict tombe :

« Nous n'avons pas encore quelque chose que je puisse appeler un produit ! »

Jobs a parlé calmement mais, en réalité, un frisson parcourt l'échine des participants. L'effet est plus terrifiant encore que lorsqu'il pique une de ses colères légendaires.

« C'est l'une des rares fois chez Apple où j'ai eu froid dans le dos », a raconté l'un des participants à la réunion[*].

L'enjeu est pourtant clair : l'annonce de l'iPhone doit tomber le 8 janvier 2007 et ils ne disposent donc que de quelques mois pour redresser la situation vite et bien. Si Apple rate le coche, les critiques pleuvront, suscitées en partie par les partenaires de téléphonie qui ont cédé à ses exigences.

À partir de ce moment, les mois qui suivent s'apparentent à un cauchemar pour les équipes dédiées à l'iPhone. Les nuits blanches deviennent la norme, tout comme les engueulades et prises de bec. Comme à l'accoutumée, Jobs s'implique dans les moindres détails, allant jusqu'à influer sur la courbure du dos du téléphone.

À la mi-décembre 2006, le pari est gagné. À Las Vegas, Steve Jobs dispose d'un prototype qu'il peut exhiber au Texan Stan Sigman, de Cingular – devenu AT&T Wireless. Tout est là : l'écran tactile, le navigateur Web, les icônes… La réaction de Sigman est à la hauteur des espérances :

« C'est le meilleur appareil que j'aie jamais vu ! »

---

[*] "The Untold Story: How the iPhone Blew Up the Wireless Industry", *Wired*, 1er septembre 2008.

Le 9 janvier 2007, lors du Macworld, Jobs ménage ses effets en faisant monter l'attente du public.

« Nous allons faire l'Histoire ensemble aujourd'hui.

De temps à autre, un produit arrive et il change tout. En 1984, nous avons introduit le Macintosh. En 2001, nous avons lancé l'iPod.

Aujourd'hui, nous annonçons trois produits révolutionnaires :

– un iPod grand écran avec contrôle tactile ;

– un téléphone mobile révolutionnaire ;

– un appareil qui marque une percée dans les communications Internet. »

Jobs répète alors à plusieurs reprises ces trois thèmes : « un iPod, un téléphone mobile, un outil de communication Internet »… Il lâche alors le scoop du jour :

« Ce ne sont pas trois appareils distincts. C'est un seul appareil ! Et nous l'appelons l'iPhone.

Aujourd'hui, Apple va réinventer le téléphone. Nous utilisons le meilleur système de pointage du monde. Le système de pointage avec lequel nous sommes tous nés. Nous en avons eu dix à la naissance : nos doigts. Nous avons inventé une technologie : le "multi-touch". Elle est phénoménale et fonctionne magiquement. Vous n'avez pas besoin de stylet. Elle est beaucoup plus précise que n'importe quelle technologie d'affichage livrée jusqu'ici. Elle ignore les gestes non intentionnels. Vous pouvez faire des gestes avec plusieurs doigts. Et je peux vous dire une chose : nous l'avons brevetée ! »

Lorsque les applaudissements retombent, il poursuit de plus belle :

« Nous avons eu la chance d'introduire de nombreuses interfaces révolutionnaires sur le marché. D'abord la souris. Puis, la molette cliquable. À présent, nous apportons le multi-touch. Chacune de ces interfaces utilisateurs a permis l'arrivée d'un produit révolutionnaire : le Mac, l'iPod et aujourd'hui, l'iPhone. »

Jobs procède à la démonstration, dévoilant au passage l'écran d'accueil de l'iPhone. Il touche une icône et lance le service musical. D'un balayage du doigt, il fait défiler les chansons et joue un extrait de *Sgt Pepper's* des Beatles. Comme on peut s'y attendre, l'accueil est plus qu'enthousiaste.

Jobs dévoile alors le passage automatique du mode portrait au paysage par simple inclinaison de l'appareil. Et chacun s'interroge : pourquoi aucun autre constructeur de téléphone n'avait-il perçu combien cela pourrait être utile ?

· Du côté de la foule, un sentiment de fierté parcourt les participants. Apple conserve une fois de plus une longueur d'avance et frappe par ces petits détails anodins en apparence qui font toute la différence. La capacité d'agrandir ou réduire une photographie en écartant ou rapprochant les doigts semble couler de source, mais il fallait y penser. La possibilité d'écouter certains messages sans avoir à passer par ceux qui précèdent apparaît si évidente que l'on se fait la même réflexion. L'ajustement automatique du contraste selon l'éclairage ambiant est un autre détail qui souligne la perspicacité des concepteurs de l'iPhone. Le maître de cérémonie révèle au passage que plus de 200 brevets ont été déposés pour les inventions liées à l'iPhone.

Une fois de plus, le coup est magistral. Du jour au lendemain, les téléphones mobiles existants prennent un coup de vieux. Mieux encore, les smartphones accusent tout autant le coup, y compris le célèbre Blackberry avec son clavier intégré.

Une fois n'est pas coutume, pour cette présentation de l'iPhone, Jobs tient à rendre hommage à ceux qui ont travaillé jour et nuit pour que l'annonce de janvier devienne réalité. Une centaine de personnes se lèvent comme un seul homme et certains d'entre eux, qui accusent le poids des semaines passées, ne sont pas particulièrement beaux à voir. Jobs les remercie publiquement, conscient que peu de sociétés auraient pu récolter un tel dévouement.

Il profite aussi de l'occasion pour se servir de l'iPhone pour son usage premier, celui de téléphone. Il appelle ainsi la plus grande chaîne de cafés, Starbucks, afin de commander 4 000 cafés pour les participants de la conférence.

Sur abcNEWS, Jobs persiste et signe à propos de l'iPhone.

abcNEWS : « Vous semblez penser que cet appareil surpasse tous ceux apparus et vous avez dit que l'iPhone est né d'une frustration provoquée par les produits que nous utilisons tous ?

Jobs : Nous en sommes convaincus. Cet appareil est incroyablement plus puissant que tout appareil mobile ou téléphone jamais créé. Nous avons consacré les deux ans et demi passés à inventer l'iPhone. Il saute littéralement par-dessus ce qui existe ailleurs, avec cinq années d'avance.

abcNEWS : Comment définiriez-vous Apple aujourd'hui ? Êtes-vous encore un constructeur d'ordinateur ou bien une société de divertissement, de média ?

Jobs : Apple était auparavant une société d'ordinateurs mais toujours du côté créatif. Elle a toujours été la société la plus inventive du secteur. Nous nous sommes épanouis dans le sens d'une société qui réalise de beaux appareils mais qui aide aussi les gens à obtenir de beaux contenus sur ces appareils.

abcNEWS : Quel impact pensez-vous que l'iPhone aura sur l'industrie du téléphone mobile ?

Jobs *:* Il va l'emporter vers un niveau supérieur ! »

Ce même jour, Jobs annonce une nouvelle qui n'est pas anodine. Le nom de la société a été changé. Ce n'est plus Apple Computers mais Apple Inc. Une façon comme une autre de marquer la nouvelle identité de la société qui n'est plus un fabricant d'ordinateurs, mais un concepteur d'objets numériques liés à un style de vie.

Le 29 juin 2007, l'iPhone est mis en vente. Devant l'Apple Store de San Francisco une queue interminable d'Applemaniacs attend l'ouverture à 18 heures. Certains sont là depuis une journée et ont emporté siège et Thermos. Dès l'ouverture, après un compte à rebours scandé dans l'enthousiasme, les gardes tentent de contenir le raz-de-marée en faisant entrer les fans un à un.

Très vite, les ventes de l'iPhone établissent un record en matière de téléphone mobile. Un nouvel appareil mythique est né et l'aura de son fondateur n'en ressort que renforcée.

Au cours de l'été 2007, Apple déclare un bénéfice record de 818 millions de dollars. Au même moment, Dell, qui détient 30 % du marché américain et vend plus de cinq fois plus d'ordinateurs qu'Apple, n'enregistre que 2,8 millions de profits ! Le temps où Michael Dell se gaussait de ce constructeur qui ferait mieux de rendre l'argent aux actionnaires est bien loin...

Plus les mois passent et plus la stratégie de l'iPhone semble avoir été mûrement réfléchie en amont. Et si l'objectif poursuivi était aussi d'être l'ordinateur de poche le plus répandu ?

Le 10 juillet 2008, l'histoire de l'iPhone prend un nouveau tournant avec l'ouverture de l'App Store. Ce sont des centaines d'applications qui deviennent disponibles, ça ne s'improvise pas...

Car c'est bien avec ces applications que l'Iphone veut faire la différence. Si des milliers de logiciels existent déjà sur la plate-forme concurrente, *Windows Mobile*, le succès de ces téléphones n'a pas été massif : on ne compte que 18 millions d'appareils en circulation pour un système apparu en 2003.

La grande originalité des belles applications iPhone réside notamment dans leur prix, souvent inférieur à 1 euro, et dans le fait qu'elles sont téléchargeables directement depuis l'appareil. 60 millions sont acquises en un mois, avec quelques beaux succès : 1 million de Facebook téléchargés en un jour. On note aussi un premier hit en matière de jeux vidéo : *Super Monkey Ball*. Si, durant ce premier mois, la plupart des téléchargements concernent des logiciels gratuits, Apple engrange tout de même 30 millions de dollars – le constructeur prélève aux éditeurs d'applications 30 % du prix de vente.

Alors que tout semble être au beau fixe pour Steve Jobs, une affaire vient égratigner sa belle image… Le 18 mars 2008, Jobs est convoqué devant la SEC (*Security and Exchange Commission* – équivalent américain de la Commission des opérations boursières) à propos d'une affaire de titres Apple qui ont été antidatés.

La pratique de l'antidatage a longtemps été monnaie courante dans la Silicon Valley. Elle consiste, pour celui qui possède des actions, à modifier la date à laquelle elles ont été acquises afin d'en tirer une plus grande valeur. En 2006, un article du *Wall Street Journal* a dénoncé l'usage de cette pratique dans plusieurs sociétés renommées. Une enquête gouvernementale a révélé qu'elle s'était produite chez Apple entre 1997 et 2001. La déposition de Steve Jobs a lieu le 18 mars 2008 et révèle des préoccupations étonnantes de la part du chef d'Apple…

SEC : Pour revenir dans le temps, j'aimerais comprendre quelque chose. Vous êtes d'abord entré chez Apple comme consultant et non pas comme président ?

Jobs : Lorsqu'Apple a acheté NeXT, la société était dans un sale état. J'essayais d'aider Apple en procurant des emplois à certains salariés de NeXT en mesure d'apporter leur contribution, c'est essentiellement ce que je faisais.

SEC : Est-ce que le conseil d'administration a renvoyé Gilbert Amelio ?

Jobs : Oui.

SEC : Avez-vous alors assumé la présidence ?

Jobs : Non. J'étais préoccupé par le fait que Pixar venait d'entrer en Bourse. À ma connaissance, il n'y avait pas eu auparavant de cas d'une même personne présidant deux sociétés. J'avais l'impression que si je prenais ce poste chez Apple, les actionnaires et les employés de Pixar pourraient avoir l'impression que je les abandonnais.

SEC : Hmm…

Jobs : J'ai donc décidé que je ne pouvais pas faire cela. J'ai pris le titre de président d'Apple par intérim. Il était entendu que durant 90 jours je devais aider à recruter un président à plein temps.

SEC : Comment s'est passé ce recrutement ?

Jobs : J'ai échoué.

SEC : Vous voulez dire que vous n'avez trouvé personne qui soit qualifié pour le job ?

Jobs : Oui. Apple allait mal et tout le monde le savait. Les candidats que nous proposaient les chasseurs de têtes n'étaient pas très talentueux.

SEC : Ils n'étaient pas de nature à transformer Apple ?

Jobs : C'est cela.

SEC : Et après 90 jours, que s'est-il passé ?

Jobs : Je suis resté. J'ai conservé le titre de président par intérim pendant plusieurs années.

La SEC s'interroge alors sur les 4,8 millions d'actions Apple qui ont été distribuées à des hauts cadres d'Apple en octobre 2000. Comme Jobs l'explique, il espérait que ces dons de titres feraient office, pour reprendre son expression, de « menottes dorées ».

Jobs : Apple se trouvait dans une situation précaire. La bulle Internet avait explosé. Il me semblait que l'équipe dirigeante d'Apple et sa stabilité constituaient nos forces de base. J'étais préoccupé parce que Michael Dell, l'un de nos principaux concurrents, avait fait venir Fred Anderson, notre directeur financier, au Texas avec sa femme pour essayer de le recruter. Deux responsables techniques très importants étaient également vulnérables. J'avais donc peur qu'Apple perde son équipe dirigeante en raison de l'environnement économique et des concurrents qui essayaient de les recruter. Comme je considère que ces talents sont la clé d'Apple, j'en ai parlé au conseil d'administration...

SEC : Qui étaient ces personnes clés ?

Jobs : Timothy Cook qui était alors VP des Opérations, Fred Anderson, notre directeur financier, John Rubinstein, le responsable du matériel, Avi Tevanian, le responsable du logiciel. Est-ce que j'en oublie ? Je crois que c'était ces quatre-là.

Le souci se trouve pourtant ailleurs. Le conseil légal d'Apple n'a pas été en mesure de distribuer ces titres en temps voulu. Or, entre-temps, le cours a monté, ce qui pose problème. Il a alors été décidé de les antidater – du 7 février au 17 janvier – ce à quoi Steve Jobs aurait donné son accord. De cette façon, les intéressés ont réalisé un bénéfice conséquent : une simple augmentation de 1 dollar sur un million d'actions se transforme en 1 million de dollars de gains ! Sur cette question de l'antidatage des titres alloués aux cadres, Jobs ne minimise nullement son rôle.

Jobs : Pour que ces titres aient une valeur, l'action se doit de monter quelque peu… Il fallait que ces gars réalisent qu'ils gagneraient des dizaines de millions de dollars en demeurant chez Apple. Ce sont vraiment des gens d'exception. Plusieurs d'entre eux pourraient diriger de grandes sociétés.

L'autre partie du dossier concerne une manipulation intervenue en octobre 2000. De 1997 à 2000, Jobs n'a pas souhaité toucher de salaire d'Apple, à l'exception de 1 dollar symbolique par an. Toutefois, en janvier 2000, après qu'il a annoncé qu'il acceptait le titre de président, le conseil d'administration l'a récompensé en lui offrant un jet privé Gulfstream V d'une valeur de 88 millions de dollars[*] et 20 millions de titres Apple – environ 6 % des parts de la société.

Or, en 2001, lorsque le moment est venu pour Jobs de toucher ces actions, la bulle Internet avait explosé et le cours d'Apple s'était divisé par deux. Jobs est donc retourné voir le conseil d'administration. En août 2001, 7,1 millions de titres lui ont été accordés. Toutefois, du fait de complications comptables, la négociation s'est prolongée jusqu'en décembre 2001, date à laquelle le cours d'Apple était remonté[†]. Le conseiller légal d'Apple, Nancy

---

[*] www.allaboutstevejobs.com, "Long Bio".
[†] *Ibid.*

Heinen, a donc antidaté ces titres d'un mois, faisant gagner – sur le papier – quelque 20 millions de dollars à Jobs. Concernant cette transaction, Jobs reconnaît avoir durement négocié, estimant qu'il n'obtenait pas la reconnaissance méritée :

Jobs : Chacun aime être reconnu par ses pairs, et en ce qui me concerne, il s'agit des membres du conseil d'administration. J'ai passé beaucoup de temps à prendre soin des gens d'Apple, à leur donner envie de poursuivre une carrière chez nous. J'avais l'impression que le conseil n'agissait pas ainsi à mon égard.

SEC : OK.

Jobs : Et donc, j'en souffrais. Le conseil m'avait donné quelques titres mais ils avaient plongé, du fait de l'explosion de la bulle Internet. J'avais donné quatre ou cinq ans de ma vie à Apple, au détriment de ma famille, et j'avais l'impression que personne ne prenait vraiment soin de moi. J'ai donc voulu qu'ils fassent quelque chose et nous en avons parlé. Je faisais vraiment un très bon travail. J'aurais préféré qu'ils viennent me voir d'eux-mêmes pour dire « Steve, nous avons pensé à une nouvelle subvention pour toi », sans que j'aie à leur suggérer ou à négocier quoi que ce soit. S'ils avaient agi ainsi, je me serais senti mieux.

Il va ressortir de l'enquête que Jobs n'a pas gagné quoi que ce soit dans l'affaire. En mars 2003, il a échangé ces fameux titres contre 10 millions d'actions à « rendement restreint ». Au moment où se situe l'enquête de la SEC, il se révèle alors qu'il a fortement perdu au change.

Au sortir de l'enquête de la SEC, seuls deux fautifs se voient réprimandés : Nancy Heinen, la conseillère légale qui a procédé à l'antidatage, et Fred Anderson, l'ancien directeur financier d'Apple. La première va devoir verser 2,2 millions de dollars d'amende à la SEC tandis que le second devra débourser 3,6 millions de dollars. Steve Jobs sort indemne de l'affaire.

« S'il était conscient de la sélection de certaines dates, ou s'il l'a recommandé, indique le rapport de la commission, il n'était pas conscient des implications comptables. » L'entreprise Apple se voit même félicitée pour « sa coopération rapide, étendue, extra-ordinaire » et « la mise en place de nouveaux systèmes destinés à empêcher que cette conduite frauduleuse se reproduise ».

L'honneur est sauf pour Jobs.

De toute façon, il en est ainsi.

Icône vivante, il semble planer au-dessus des terrestres vicissitudes.

Chapitre 16

Apothéose

S teve Jobs était né pour la gloire. Lorsqu'il apparaît sur une scène, lorsqu'il est sur la couverture d'un magazine, on peut respirer la joie qui fuse à travers son âme. Comme s'il savourait chaque seconde de ces moments rares.

La gestation d'un iPhone, d'un *Mac OS X*, d'un iPad s'apparente à une virée au long cours, un slalom au milieu de la tempête, un plongeon en jungle hostile et inexplorée. Ce n'est qu'au terme d'une vaillante épopée que le survivant goûte à la félicité.

Pour Jobs, ces moments où il va à la rencontre de la foule sont en tous points privilégiés. Deux jours avant une allocution, il répète inlassablement son discours, sélectionnant les points clés, testant ses bons mots devant un public restreint d'ingénieurs et de cadres. Le jour J, il se livre à deux répétitions générales, comme pour la première d'une pièce de théâtre. Il est vrai que sa prestation est appelée à faire le tour du monde, offerte à la curiosité de chacun au présent comme au futur, par la grâce des YouTube, Dailymotion et autres pourvoyeurs de vidéoclips.

Durant l'année 2010, les louanges s'élèvent de toutes parts, des simples utilisateurs jusqu'aux personnalités les plus en vue. Célébré, adulé, Jobs n'a plus grand-chose à envier à ces artistes qu'il n'a cessé d'admirer de Bob Dylan à John Lennon. Comme eux, sa parole est bue, ses prises de position décortiquées, sa vision encensée.

« Selon lui, il n'y a que quelques grands hommes dans l'Histoire : Shakespeare, Newton… Très peu de gens. Steve Jobs se voit comme l'un d'eux ! », juge Steve Wozniak, le compagnon des débuts, cofondateur d'Apple.

« Selon moi, on devrait dresser huit statues à Steve Jobs », estime pour sa part Jean-Louis Gassée, ancien dirigeant d'Apple France.

« La première pour l'Apple 2,

la deuxième pour le Mac,

une troisième pour Pixar,

une quatrième pour ce que j'appelle "Apple 2.0" quand il remit Apple d'aplomb,

une cinquième pour l'iPod,

une sixième pour iTunes,

une septième pour l'iPhone,

et probablement une huitième pour l'iPad… »

Dans cette liste figurent des objets que le public a spontanément adoptés, comme s'ils étaient une évidence. Et l'on a souvent pu se demander pourquoi d'autres n'y avaient pas songé. Gassée a sa propre explication des choses :

« Steve a le don de dire des choses "rétroactivement évidentes". Pourtant, à chaque fois qu'il propose un nouveau produit, c'est la bagarre au sein d'Apple. Il est recommandé de ne pas s'aplatir devant lui, car alors il n'accorde pas sa confiance. Il n'a confiance que dans ceux qui ont de vraies opinions personnelles. »

La deuxième décennie du millenium s'ouvre sur une sorte d'apothéose, tandis que tombent les records et les satisfecit : PDG de la décennie, rentabilité record, distinctions en tout genre, résultats financiers au beau fixe… les flashs d'information se succèdent et consolident une success-story hors pair. Parfois, ils relèvent de l'abracadabrant comme lorsqu'Apple passe devant la jadis omnipotente Microsoft ou lorsque la société de Cupertino se classe numéro 2 des États-Unis !

Le ciel serait-il la limite ? D'une certaine façon. De temps à autre, un signe vient pourtant rappeler que messire Jobs appartient, bon gré mal gré, au royaume des provisoires. Une question demeure alors : Jobs est-il taillé dans un diamant de généreuse confection, apte à diffuser son éclat à d'autres gemmes ?

Le 27 août 2008, une invraisemblable dépêche nécrologique est émise par l'agence d'information Bloomberg. Destinée à une clientèle d'entreprise, elle est accompagnée d'un avertissement. « Ne pas publier pour l'instant. »

À la fin d'un texte biographique qui reprend les grandes étapes de la vie de Steve, le rédacteur, Connie Guglielmo, écrit ceci :

« Les interrogations sur la santé de Jobs ont refait surface en juin 2008, après qu'il est apparu à la conférence annuelle des développeurs. La maigreur de Jobs était fort apparente. Jobs avait dit le 1er août 2004 avoir subi une intervention pour éradiquer une tumeur cancéreuse au pancréas. Sa forme de cancer, appelée tumeur neuroendocrine, peut être guérie si elle est diagnostiquée à temps. C'était le cas pour Jobs, comme il l'a écrit dans un e-mail adressé à ses employés depuis son lit d'hôpital.

Jobs, qui était bouddhiste et végétarien, a gardé son cancer secret tandis qu'il cherchait des alternatives à la chirurgie, a rapporté *Fortune* en mai 2008, citant des personnes au fait de la situation. Après consultation de leurs avocats, les managers d'Apple, qui craignaient que la divulgation de la maladie de Jobs puisse être une menace pour le cours de l'action, ont décidé qu'il était préférable de ne pas en informer les investisseurs.

Après l'apparition de Jobs en juin 2008, Apple a expliqué qu'il souffrait d'une "infection commune". Jobs a par la suite déclaré au *New York Times* que, bien que sa maladie soit plus qu'une "infection commune", elle ne présentait pas de risque pour sa vie. »

À cet instant du communiqué, Bloomberg entreprend de spéculer sur ce qui arriverait au cours de l'action Apple et propose un paragraphe intitulé :

« POUR LE CAS OÙ LE COURS DE L'ACTION CHUTE :

La baisse du cours n'est pas une surprise pour les investisseurs et analystes, car ils étaient nombreux à considérer Steve Jobs comme irremplaçable. Gene Munster de Piper Jafray & Co à Minneapolis avait dit que si Steve Jobs quittait l'entreprise pour une raison quelconque, le cours pourrait s'effondrer, perdant jusqu'à 25 % de sa valeur. »

Le communiqué s'achève ainsi :

« Jobs n'a jamais nommé de successeur. Au lieu de cela, il a dit en mars 2008 aux actionnaires que le conseil pourrait choisir parmi divers cadres pour le cas où il devrait se retirer de la présidence pour une raison quelconque. Il a fait remarquer que plusieurs cadres d'Apple étaient en poste depuis longtemps et a mis en valeur deux d'entre eux : le directeur général Tim Cook et le directeur financier Peter Oppenheimer. Cook a remplacé Jobs durant son absence de 2004.

"Il m'incombe en tant que Président de faire de mon mieux pour que chaque cadre dirigeant soit un successeur potentiel, a dit Jobs. Nous avons de grands talents et je pense que le conseil d'administration disposerait de plusieurs bons choix. Nous en parlons beaucoup."

La fortune de Jobs était estimée à 5,4 milliards de dollars, selon l'enquête annuelle de *Forbes* sur les hommes les plus riches du monde publiée en mars 2008.

Les survivants incluent sa femme, Laurene Powell, ses enfants Lisa Brennan Jobs, Eve, Erin Sienna et Reed Paul, et ses sœurs Patti Jobs et Mona Simpson. »

Peu après, un message est publié à la hâte par Bloomberg pour rattraper cette terrible gaffe !

Le 9 septembre 2008, à San Francisco, Steve Jobs se tient sur la scène pour le Macworld afin de présenter la nouvelle ligne des iPod. Certes, le seigneur d'Apple apparaît maigre, voire filiforme, mais il tient néanmoins une jolie forme.

Avant de présenter la nouvelle gamme, il déclare, sourire aux lèvres :

« Avant d'aller plus loin, je voulais mentionner cela *(derrière lui sur l'écran, vient s'afficher une citation de Mark Twain :* "Les rumeurs à propos de ma mort sont fortement exagérées.") »

Jobs laisse passer les acclamations avant d'ajouter :

« J'en ai assez dit… »

Quelques mois plus tard, le 15 janvier 2009, Jobs doit pourtant quitter son poste pour soigner ses soucis de santé récurrents. Dix jours plus tôt, il a pris les devants et publié une « Lettre du Président d'Apple » à l'intention des innombrables fans de la marque :

« Chère communauté Apple,

Pour la première fois depuis une dizaine d'années, je vais passer la saison des vacances avec ma famille plutôt que de préparer mon discours du Macworld.

Malheureusement, depuis que j'ai décidé de laisser Phil Schiller prononcer le discours du Macworld, un tourbillon de rumeurs s'est déclenché à propos de ma santé. Certains ont même cru bon de publier des histoires comme quoi j'étais sur mon lit de mort.

J'ai décidé de partager quelque chose de très personnel avec la communauté Apple afin que vous puissiez vous détendre et apprécier le show de demain.

Comme beaucoup d'entre vous le savent, j'ai perdu du poids durant l'année 2008. La raison a été un mystère pour moi-même comme pour mes médecins. Il y a quelques semaines, j'ai décidé qu'il fallait que je fasse ma priorité numéro 1 d'en trouver la cause et de l'infléchir.

Par bonheur, à la suite d'autres tests, mes médecins pensent avoir trouvé la cause – un déséquilibre hormonal qui m'a "dérobé" les protéines dont mon corps a besoin pour demeurer en bonne santé. Des tests sanguins sophistiqués ont confirmé ce diagnostic.

Le remède à ce problème de nutrition est relativement simple et direct et j'ai déjà commencé le traitement. Toutefois, comme je n'ai pas perdu assez de poids et de masse corporelle, mes médecins estiment qu'il me faudra attendre jusqu'à la fin du printemps pour les regagner. Je continuerai à assurer la présidence d'Apple durant ma convalescence.

J'ai donné plus que tout à Apple durant les onze années passées. Je serai le premier à informer notre conseil d'administration si jamais je ne pouvais plus continuer à tenir ma fonction de président d'Apple. J'espère que la communauté Apple me soutiendra dans mon rétablissement et que vous savez que je placerai toujours en premier ce qui est bon pour Apple.

J'en ai dit plus que je ne voulais et c'est tout ce que je dirai à ce sujet.

Steve. »

Le communiqué publié par Apple pour l'occasion concède que « les problèmes de santé étaient plus complexes que ce que l'on avait originellement estimé ». Il s'ensuit une transplantation du foie et une absence du boss durant un bon semestre.

Et puis, Jobs revient aux commandes à la fin juin afin de préparer une tablette tactile révolutionnaire qui va devenir l'iPad...

L'iPad apparaît début avril 2010 aux États-Unis et 3 millions d'exemplaires sont vendus en 80 jours, un joli succès même s'il est en deçà des prévisions de Jobs.

Le 26 mai 2010, l'incroyable se produit : la capitalisation d'Apple dépasse celle de Microsoft. Si l'on se replace dix années en arrière, le chemin parcouru relève de l'invraisemblable. À cette époque, la société de Bill Gates était d'une puissance redoutée de tous. Mieux encore, Microsoft s'était bâtie sur un modèle si fort qu'il paraissait impossible de la déloger de sa position ultra-dominante. Pour Apple comme pour Steve Jobs, la performance est donc de taille. Là n'est pas tout. Devenue la première entreprise de l'univers technologique, Apple est aussi la deuxième société américaine, uniquement devancée par ExxonMobil.

Après un tel tour de force, c'est un Steve Jobs triomphant qui fait son entrée sur la scène de la conférence *D8 – All things digital*, le 1er juin 2010 sur les accents de la chanson *Got to Get You into My Life* de ces Beatles qu'il a toujours adorés. Organisées par Kara Swisher et par Walt Mossberg du *Wall Street Journal*, ces journées sont consacrées à des débats sur la révolution numérique.

Kara démarre par la nouvelle du moment :

« Cette semaine, vous avez dépassé Microsoft en capitalisation. Une réflexion sur ce sujet ?

– Pour ceux d'entre nous qui sont dans l'industrie depuis longtemps, c'est surréaliste », répond Jobs.

Inévitablement, Wall Mossberg aborde le sujet de Flash – Jobs a écrit une lettre ouverte afin d'expliquer que, comme sur l'iPhone, l'iPad ne pas va exécuter les animations Flash, très répandues sur le Web. Mossberg fait remarquer que des sites entiers ont été conçus autour de ce langage que commercialise Adobe. Comme à l'accoutumée, Jobs demeure imperturbable.

« Nous avons dit à Adobe : si jamais vous arrivez à faire tourner Flash rapidement, revenez pour nous le montrer. Ils ne l'ont jamais fait. »

Un peu plus tard, il enfonce le clou :

« Nous essayons de créer des produits extraordinaires pour les gens. Au moins, nous avons le courage de nos convictions, suffisamment pour dire : nous ne pensons pas que cela fasse partie d'un produit extraordinaire. Donc nous l'enlevons. »

Lorsque l'on suggère que l'iPad ne serait pas un si grand succès que cela, Jobs rétorque qu'Apple en a vendu un toutes les trois secondes.

Que dire ? Ce n'est pas un PDG, c'est un showman, un artiste, un séducteur, un illusionniste, un évangéliste… Un personnage comme il n'en apparaît qu'au compte-gouttes, au fil des décennies. Irremplaçable ?

En 2010, Apple pèse 200 milliards de dollars – soit 60 de plus qu'en août 2009. L'entreprise emploie 35 000 personnes dans le monde. Le cours de l'action qui était inférieur à 8 dollars en 2001 se situe à 272 dollars en avril 2010.

À l'automne de cette même année, l'App Store pour l'iPhone et l'iPad recense 7 milliards d'applications téléchargées. On dénombre 275 millions d'iPod vendus, davantage que les deux best-sellers en matière de consoles portatives, la Nintendo DS et la Sony PSX. Là n'est pas tout, comme le fait remarquer Jobs à la conférence de presse de fin d'été :

« Les gens ont téléchargé 11,7 milliards de chansons d'iTunes et nous nous rapprochons des 12 milliards. Ils ont également acquis 100 millions de films. »

Au niveau des magasins Apple Store, c'est une vague irrépressible qui a démarré, on en compte plus de 300 dans le monde en 2010.

« Quand Apple a ouvert ses Apple Store, je me suis dit : il ne peut pas faire cela, il fait concurrence à ses revendeurs. En réalité, il réalise le chiffre d'affaires de deux chaînes de magasins de luxe. Les gens font la queue pour acheter au tarif du catalogue parce qu'ils obtiennent un meilleur service », explique Jean-Louis Gassée. Mieux encore, l'Apple Store en forme de cube situé sur la Cinquième Avenue de Manhattan à New York est devenu l'un des sites les plus photographiés au monde.

Le plus étonnant est qu'Apple puisse paraître plus « branchée » que jamais, plus de trente ans après son apparition. En fait, le mythe lié à la firme de la Pomme traverse les générations : il ne reste qu'une quarantaine d'exemplaires de l'Apple I original et ces exemplaires se vendent couramment au prix de 50 000 dollars.

Comme le succès d'Apple ne peut que rejaillir sur son président, les distinctions pleuvent. Le magazine *Fortune* l'a nommé PDG de la décennie en novembre 2009. Trois ans plus tôt, ce même magazine avait jugé qu'il était « l'homme le plus puissant du monde », rien de moins. En décembre 2010, *MarketWatch*, une émanation du *Wall Street Journal*, lui décerne à son tour le titre de PDG de la décennie. Et un sondage[*] publié en octobre 2009 a dévoilé qu'il était l'entrepreneur le plus admiré par les adolescents américains !

L'adulation pour Steve Jobs est telle qu'un éditorialiste s'autorise même une boutade à propos de l'histoire de l'iPad :

« Pour faire court, Steve est allé en haut de la montagne sacrée, il est redescendu avec l'iPad et l'a donné au peuple », écrit Ced Kurtz de la *Pittsburgh Post-Gazette*.

En mars 2010, la fortune de Steve Jobs a été estimée par *Forbes* à 5,5 milliards de dollars. Certes, il n'est qu'au 136e rang mondial, loin derrière Bill Gates ou même des fondateurs de Google, mais il n'en tire pas gloire :

« Ce qui m'intéresse, ce n'est pas d'être l'homme le plus riche du cimetière, mais d'aller au lit en me disant que j'ai fait quelque

---

[*] Sondage effectué par Junior Achievement.

chose de merveilleux aujourd'hui », a-t-il déclaré dans un entretien au *Wall Street Journal*.

Héros à sa façon, dans une époque où les prétendants se font rares, Steve Jobs interpelle, désarçonne, fascine. Si maintes caractéristiques distinguent le patron d'Apple, quatre sont particulièrement fortes :

- Jobs fait preuve d'une dose particulièrement élevée de confiance en soi.

- Il sait s'entourer intelligemment.

- Il a le don d'infuser ses convictions à ses équipes et de les motiver sans réserve dans la réalisation d'une œuvre.

- En dépit de sa fortune et de son statut, il demeure proche de l'homme de la rue.

Tout commence par une confiance démesurée en son propre intellect. Jobs sait qu'il est un être à part, d'une intelligence rare et il se sert sans réserve de cet atout pour imposer ses vues, se sentant animé d'une intime conviction qu'il voit juste. Cette attitude transpire dans sa conversation et comme elle est doublée d'une dose non négligeable de charme, elle produit une puissance de persuasion hors pair. Il semble à même de faire partager sa vision à qui bon lui semble, son ascendant naturel contribuant à annihiler toute résistance.

« Steve Jobs est la personnalité la plus puissante que j'aie jamais rencontrée. Le mot "charisme" – dans le véritable sens grec – s'applique », estime Gassée.

Wozniak confirme sans réserve la chose tout en donnant les clés d'une telle attitude : une immense réflexion personnelle.

« Steve Jobs croit énormément en lui-même. Il passe un temps fou à réfléchir aux produits et aux directions à suivre. Il se pose toutes les questions possibles et reformule si nécessaire les réponses. Quand vient le moment où il soumet une idée, celle-ci a été testée de long en large dans son esprit et cela lui donne d'emblée un énorme avantage sur les autres. On pourrait décemment qualifier cela d'une forme d'intelligence. C'est plus pur que cela. De nombreuses personnes sont considérées intelligentes parce qu'elles ont les mêmes réponses que n'importe qui d'autre. Steve n'opère pas ainsi. »

C'est à cette force de conviction hors du commun que nous devons des objets entrés dans la légende tels que le Macintosh, l'iPod ou l'iPhone. Pourtant, Jobs a souvent navigué à contre-courant, imposé ses vues sans se soucier de l'opinion générale, malgré les résistances internes qu'il rencontrait au sein même d'Apple.

Savoir bien s'entourer est la marque d'un grand nombre de leaders. Il suffit de voir défiler le générique de films de Spielberg ou de Cameron pour s'en convaincre : des longs-métrages à la *Avatar* sont le fruit du travail de centaines ou milliers d'intervenants. Par la force des choses, seul le chef de file recueille le crédit lié à l'œuvre.

L'essentiel du succès de Jobs a été lié à trois noms : Steve Wozniak, John Lasseter et Jonathan Ive. Ces trois créatifs, généralement méconnus du grand public, ont chacun joué un rôle majeur. Wozniak a conçu l'Apple II, l'ordinateur qui à lui seul a déclenché la révolution de l'informatique. John Lasseter est le responsable de l'animation chez Pixar et nous lui devons *Toy Story*, *Le Monde de Nemo* et autres œuvres qui ont consacré le dessin animé 3D. Le Britannique Jonathan Ive a conçu le boîtier de l'iPod, de l'iPhone et de la majorité des produits acclamés depuis 1997. Il faudrait ajouter à la liste des dizaines et dizaines d'ingénieurs de talent, qui sont demeurés dans l'ombre, tels Andy Hertzfeld ou Bill Atkinson dont les contributions ont été majeures pour créer le Macintosh originel.

Le phénomène qui menace bien des premiers de cordée est l'usure, une érosion de la motivation liée à toutes sortes de raisons, à commencer par l'embourgeoisement. Ce phénomène a notamment gagné une société telle que Microsoft alors qu'elle était dotée d'une incroyable énergie au cours des années quatre-vingt. Or Jobs semble avoir le don de continuer d'attiser la flamme parmi ses troupes.

L'aura du maître d'œuvre n'est pas pour rien dans le dévouement qu'il parvient à obtenir de ses compagnons d'aventure :

« Quand tu travailles pour Jobs, tu sais que tu travailles pour quelqu'un d'hyper-intelligent, un oracle d'une qualité exceptionnelle et que ce que tu fais va être magnifié par les bonnes idées qu'il peut avoir, que cela va briller d'une façon ou d'une autre... explique Bertrand Guiheneuf qui a travaillé à la recherche pour Apple France. Parfois, seuls les spécialistes vont s'en rendre compte, mais ils vont saluer la performance à leur manière en te copiant ! Reste que chez Apple, les gens sont hyper-motivés. Ils bossent comme des forcenés parce qu'ils savent qu'au bout du compte leur création va servir à quelque chose. »

En cette deuxième décennie du millenium, Jobs est apparu comme le directeur d'entreprise le plus admiré au monde, avec une cote d'affection extraordinaire. Si l'on s'en tient à certains aspects de son caractère, il semblerait avoir ce qu'il faut pour agacer, rebuter, rebrousser les poils. Pourtant, il est chéri comme peu de gens. Existe-t-il un autre patron qui ait un statut comparable à celui d'une rock star auprès de ses aficionados ? Un chef d'entreprise pour lequel certains feront la queue toute une nuit juste pour l'entendre parler ?

Apple est probablement la seule société dont certains consommateurs iraient jusqu'à acheter les produits dans le seul but de la soutenir et par-là même d'apporter leur soutien à Jobs. Les fans d'Apple sont contents lorsque leur entreprise adorée gagne des parts de marché, et considèrent chaque victoire de leur marque fétiche comme la leur. Quelle société peut se targuer d'attirer à elle autant de fidèles irréductibles ?

Le charisme de Jobs y est pour quelque chose. Pourtant, ce n'est pas tout. Un facteur « identification » joue à plein, tout comme pour un Harrison Ford ou un Tom Hanks. Bien que multi-millionnaire, Jobs n'a pas été assimilé à un patron classique. Il est l'un d'eux. Il parle leur langage, il est vêtu comme l'homme de la rue, il n'est jamais apparu comme un possédant, un magnat, un haut bourgeois.

Achever cette combinaison subtile qui fait que l'on est à la fois un personnage hors du commun et adulé comme tel, mais aussi un gars « comme vous et moi » relève de la haute voltige.

La formule magique ? Il n'y en a pas. Jobs ne se force pas du tout. Il est simplement comme ça. Asocial mais aussi charmeur, individualiste mais attachant, furieusement exigeant au risque de se montrer dédaigneux tout en pouvant dans le même temps galvaniser ses équipes, insupportablement borné tout en sachant intégrer de la diplomatie dans son approche, avant tout un incor-rigible esthète.

Il existe certes une face cachée de la Lune… Exister aux côtés d'un tel leader, tenter de faire valoir son point de vue n'est pas facile. La conviction qui habite Jobs est telle qu'il est capable de faire complètement abstraction de l'opinion extérieure, quand bien même celle-ci pourrait être valable. À de nombreuses reprises il s'est montré opiniâtre, têtu et sûr de lui au point de réduire à néant toute velléité d'opposition. Jobs dispose en la matière d'une méthode détestable pour mettre au pas les esprits récalcitrants : l'insulte, l'agression, le dénigrement…

« Assez souvent, Steve perçoit une situation de manière correcte, sans se soucier du statu quo, juge cependant Wozniak. C'est ce qui fait qu'il entre en conflit avec la plupart des gens. Même lorsqu'ils conviennent que sa vision du futur est correcte, le chemin pour y arriver est la dispute. »

Le perfectionnisme de Jobs peut sembler extrême. Il faut que cela soit aussi beau à l'intérieur qu'à l'extérieur, même si personne ne le verra jamais ! Une telle exigence est difficile à supporter pour ceux qui récoltent ses ordres, mais peut se comprendre. Pourtant, le caractère sans compromis de Jobs s'est parfois exercé sur des points où il n'avait pas forcément vu juste et cette attitude l'a parfois mené à sa perte. Si le tout premier Macintosh, apparu en 1984, n'a pas immédiatement trouvé son public, c'est parce que ses capacités avaient été intentionnellement limitées par Steve Jobs au mépris de l'avis de certains ingénieurs. Si la station NeXT, une éblouissante démonstration de performance, a été un échec, c'est parce que ce même Jobs a refusé de prendre en compte les réalités du marché et, parfois aussi, de simplement écouter les idées venues d'autres êtres pensants. D'autres décisions de Jobs ont échappé à tout bon sens et il s'est tout de même acharné à les imposer. À de nombreuses reprises, ses ingénieurs n'ont eu comme solution que d'œuvrer en secret, à l'encontre des partis pris du chef de file.

Qu'importe le chemin, diront certains, si au bout du compte nous avons eu des œuvres qui ont marqué leur temps comme le Macintosh ou l'iPod. Qui plus est, le caractère de Jobs n'est pas bien différent de certains grands artistes dont le génie s'est soldé par un traitement négligé de leur entourage. Bob Dylan, Pablo Picasso ou Stanley Kubrick, pour ne citer qu'eux, n'ont pas eu la réputation de ménager ceux qui les ont côtoyés.

Il demeure qu'avec le temps, et sans doute à travers les échecs successifs qu'il a connus chez Apple comme chez NeXT, Jobs en est venu, dans une certaine mesure, à accepter les notions de consensus, d'échange de points de vue, et à cultiver un meilleur respect des autres. Tout est une affaire de nuances car le fondateur d'Apple a continué de faire preuve, ici ou là, d'une incapacité à transiger qui a pu surprendre tant elle semblait échapper au bon sens.

La grande différence, c'est qu'il a progressivement été en mesure de mettre de l'eau dans son vin, et que cette capacité à reconsidérer les choses s'est manifestée au bout de quelques semaines ou mois et non pas au terme d'une décennie.

Il a résulté du Jobs nouvelle formule un cocktail sans égal. L'homme est demeuré le vaillant innovateur qui, régulièrement, vient nous surprendre par les imparables créations dont il a supervisé l'éclosion. Dans le même temps, alors qu'il s'est mis à grisonner, Jobs est devenu plus humain, un peu plus ouvert et, de ce fait, plus attachant. Pour le plus grand bien d'Apple, il a même accepté de faire la paix avec ceux qu'il avait désignés comme ses ennemis irréductibles, Bill Gates de Microsoft et Andy Grove d'Intel. Venant d'un tel franc-tireur, la mutation a été de taille.

Depuis l'année 2004, nous avons dû intégrer l'idée que Jobs appartenait au royaume des éphémères. Du jour au lendemain, il a fallu affronter la perspective d'avoir tôt ou tard à nous dispenser de sa présence. Il n'en est devenu que plus précieux.

La question d'un successeur s'est finalement posée. Si Jobs devait faire un pas de côté, qui pouvait faire persister la flamme ? Le designer Jonathan Ive, qui sait faire vibrer, timidement mais avec passion, les foules ? Ou Timothy Cook, recruté en 1998 et qui a si bien œuvré qu'il est devenu le numéro 2 de la maison ?

Fin août 2011, le conseil d'administration a finalement opté pour Tim, le célibataire endurci, forcené du travail, un homme qui a pour réputation de ne faire aucunement cas des horaires de ses collaborateurs. L'on cite ses réunions au téléphone du dimanche soir visant à préparer les affaires de la semaine, les e-mails adressés avant 5 heures du matin, sans oublier une consommation illimitée de barres énergétiques. Lorsqu'il n'est pas au travail, Cook fait de la bicyclette, de la gym, de la marche forcée, autant de hobbys allant dans le sens d'une même dévotion acharnée à la tâche.

Côté histoire, Cook affiche douze années de bons et loyaux services chez IBM, suivi d'un passage chez Compaq suite à quoi, en 1998, Jobs l'a recruté pour rationaliser la production des Mac et autres iPods avec sous-traitance à la clé. Il est rapidement devenu le numéro 2 de la maison. Durant l'absence de Jobs pour raisons médicales, Cook a déjà assuré l'intérim.

Sur le papier, cela sonne très bien. Avec un iota : Apple est une entreprise « glamour » dont l'aura repose en partie sur le fil invisible qui relie les Mac users à un esprit, une exigence esthétique liée à Jobs. Comment ne pas se remémorer la traversée du désert qui a eu lieu du temps du gouvernail de Michael Spindler ou Gilbert Amelio ?

Il en est ainsi… Succéder à Jobs n'est pas une mince affaire. Cook saura-t-il repérer dans les cartons de Jonathan Ive le projet foldingue et décider qu'il faut impérativement le concrétiser ? Aura-t-il le cran de faire face au conseil d'administration lorsque ce dernier brandira des études de marché pour expliquer que l'objet n'a aucune chance de trouver son public ? Saura-t-il contraindre Apple à suivre une voie potentiellement risquée sur la base de sa seule conviction personnelle ? Cook ou tout autre successeur aura-t-il la vigueur suffisante pour lancer un projet de l'envergure de l'iPhone, stimuler les troupes afin de tenir les délais coûte que coûte, négocier des conditions ahurissantes auprès des opérateurs de téléphonie ?…

D'autres sociétés marquées par la personnalité d'un leader fort ont su négocier ce difficile passage de témoin. Ainsi, l'ancien dirigeant de Nintendo, Hiroshi Yamauchi, a su détecter en Satoru Iwata les qualités d'innovation qui permettaient d'assurer une succession heureuse. La transition a si bien réussi qu'au passage Nintendo est temporairement redevenu numéro 1 de son secteur.

Pouvait-on imaginer l'individualiste Jobs se prêtant à la tâche consistant à se choisir un dauphin ? On voudrait y croire tout en demeurant sceptique. C'eut été un legs magnifique pour Apple que de laisser tôt ou tard les commandes à un capitaine inventif, fier, exigeant et esthète.

Une question demeure toutefois ouverte : l'oiseau rare existe-t-il ?

Tourmenté, perfectionniste, habité par le génie et doté d'un sens inné du Beau, Jobs est capable de grands rêves et il a le talent de les faire partager à d'autres. Tenter de mesurer l'ampleur de son influence n'est pas aisé car, régulièrement, grâce à l'exemple donné par Apple, tout un pan de l'industrie s'est progressivement métamorphosé.

Si Jobs n'avait pas été là, à quoi ressembleraient aujourd'hui les micro-ordinateurs ? Arboreraient-ils des coques aux belles courbes ? Leurs écrans seraient-ils peuplés d'icônes ?

La grande victoire de Jobs se situe sans doute là : au fil des années, bien des ordinateurs se sont mis à ressembler à des Mac. La machine informatique, traditionnellement considérée comme fonctionnelle, est devenue un bel objet, capable de trouver sa place dans le salon. Dell, HP et autres multinationales n'ont pu faire autrement que se rallier à la vision colorée et mutine de ce rebelle qui voulait faire pousser des fleurs dans les ordinateurs.

La révolution irréversible que Jobs a menée en la matière s'est poursuivie dans le territoire des baladeurs MP3 – il faut avoir eu dans les mains certains modèles de la fin des années quatre-vingt-dix, aussi peu maniables qu'un cockpit d'avion, pour mesurer l'apport de l'iPod. Elle s'est ensuite prolongée dans le territoire des téléphones mobiles, obligeant cette industrie à remettre ses pendules à l'heure pour tenter de calquer l'iPhone et des tablettes telles que l'iPad.

À une époque un peu trop chiche en personnages hors du commun, Steve Jobs a eu le mérite d'entretenir cette affection inapaisable du public envers les individus qui, à leur manière, tentent de changer le monde.

Et l'on pardonne bien des choses à ceux qui ont le don d'embellir la vie.

Remerciements

Je tiens à remercier les personnes suivantes pour l'aide qu'elles m'ont apportée :

Bruce Horn, Laurent Clause, Jean-Louis Gassée, David Greelish, Bertrand Guiheneuf, Andy Hertzfeld, Daniel Kottke, Didier Sanz, Brieuc Segalen, Steve & Janet Wozniak.

Certaines personnes liées à Apple ne sont volontairement pas citées mais sont tout de même remerciées.

Sources

Les sources sont classées par ordre de parution.

Presse

Michael Moritz, "The Updated Book Off Jobs", *Time*, 3 janvier 1983.

David Halliday, "Steve Paul Jobs", *Current Biography*, 5 février 1983.

Ann Morrison, "Apple Bites Back", *Fortune*, 20 février 1984.

Jennet Conant et William D. Marbach, "It's the Apple of His Eye", *Newsweek*, 30 janvier 1984.

Rob Moore et Gregg Williams, "The Apple Story, Part I: Early History – An Interview with Steven Wozniak", *Byte*, décembre 1984.

David Sheff, Interview de Steve Jobs, *Playboy*, février 1985.

Gelman Eric et Rogers Michael, "Showdown in Silicon Valley", *Newsweek*, 30 septembre 1985.

Bro Uttal, "The Adventures of Steve Jobs", *Fortune*, 14 octobre 1985.

Danny Goodman, Interview de John Sculley, *Playboy*, septembre 1987.

Richard Brandt et Katherine M. Hafner, "Steve Jobs: Can He Do It Again?", *Businessweek*, 24 octobre 1988.

George Gendron, "The Entrepreneur of the Decade: An Interview with Steven Jobs", *Inc*, 1er avril 1989.

Linda M. Scott, "For the Rest of Us: a Reader-Oriented Interpretation of Apple's 1984 Commercial", *Journal of Popular Culture*, été 1991.

Steven P. Jobs, William H. Gates III, Brenton Schlender, "Jobs and Gates Together", *Fortune*, 26 août 1991.

Brenton Schlender, "The Future of the PC", *Fortune*, 26 août 1991.

Paul Andrews et Stephen Manes, "I Blew It, Perot Says – He Didn't Buy Up Microsoft When He Had A Chance In '79", *Seattle Times*, 14 juin 1992.

Joseph Nocera, "Stevie Wonder", *Gentlemen's Quarterly*, octobre 1993.

Brian Dumaine, "America's Toughest bosses", *Fortune*, 18 octobre 1993.

Jeff Goodell, "Eve Jobs", *Rolling Stone*, 16 juin 1994.

Brent Schlender et Jane Furth, "Steve Jobs' Amazing Movie Adventure", *Fortune*, 18 septembre 1995.

Gary Wolf, "Steve Jobs: The Next Insanely Great Thing", *Wired*, février 1996.

Steve Lohr, "Creating Jobs: Apple's Founder Goes Home Again", *The New York Times Magazine*, 12 janvier 1997.

Stewart Alsop et Lixandra Urresta, "Apple's NeXT Move misses the Mark", *Fortune*, 3 février 1997.

Brent Schlender, "Something's Rotten in Cupertino", *Fortune*, 3 mars 1997.

Brent Schlender, "The Three Faces of Steve", Steve Jobs Interview, *Fortune*, 9 novembre 1998.

Daniel Ichbiah, "Jobs et Gates : guerre et passion", *SVM Mac*, décembre 1998.

Michael Krantz, "Steve Jobs at 44", *Time*, 10 octobre 1999.

Jeff Goodell, "Steve Jobs: The Rolling Stone Interview – He Changed the Computer Industry. Now he's After the Music Business", *Rolling Stone*, 3 décembre 2003.

Walter S. Mossberg, "The Music Man", *The Wall Street Journal*, 14 juin 2004.

Lev Grossman, "How Apple Does It", *Time*, 16 octobre 2005.

Leander Kahney, "Straight Dope on the iPod's Birth", *Wired*, 17 octobre 2006.

Jerry Useem, "Apple: America's Best Retailer", *Fortune*, 8 mars 2007.

John Helleman, "Steve Jobs in a Box", *New York Magazine*, 17 juin 2007.

Peter Elkind, "The Trouble With Steve Jobs", *Fortune*, 5 mars 2008.

Fred Vogelstein, "The Untold Story: How the iPhone Blew Up the Wireless Industry", *Wired*, 1er septembre 2008.

Bryan Appleyard, "Steve Jobs: The Man Who Polished Apple", *The Sunday Times*, 16 août 2009.

Jay Yarow, "John Sculley: Maybe I Shouldn't Have Been CEO Of Apple", *Forbes*, 7 juin 2010.

Livres

Paul Freiberger et Michael Swaine, *Fire in the Valley: The Making of The Personal Computer*, Osborne Publishing, 1984. Paru en français sous le titre : *Silicon Valley : la passionnante aventure de l'ordinateur personnel*, McGraw Hill, 1984.

Michael Moritz, *Little Kingdom: The Private Story of Apple Computer*, William Morrow & Co, 1984. Paru en français sous le titre : *Le Jeu de la pomme : la grande aventure d'Apple Computer*, Denoël, 1984.

Susan Lammers, *Programmers at Work: Interviews With 19 Programmers Who Shaped the Computer Industry*, Microsoft Press, 1986. Paru en français sous le titre : *Les Princes du soft*, Cedic/Nathan, 1986.

Jeffrey S. Young, *Steve Jobs: The Journey is the Reward*, Scott Foresman Trade, 1987. Paru en français sous le titre : *Steve Jobs : un destin fulgurant*, Micro Application, 2002.

John Sculley, *Odyssey: Pepsi to Apple... A Journey of Adventure, Ideas and the Future*, Harpercollins, 1987. Paru en français sous le titre : *De Pepsi à Apple : un génie du marketing raconte son odyssée*, Grasset, 1988.

Robert Cringely, *Accidental Empires: How the Boys of Silicon Valley Make their Millions, Battle Foreign Competition, and Still Can't Get a Date*, Addison-Wesley Publishing Company, 1992. Paru en français sous le titre : *Bâtisseurs d'empire par accident*, Addison Wesley France, 1993.

Stan Veit, *Stan Veit's History of the Personal Computer*, WorldComm, 1993.

Randall E. Stross, *Steve Jobs and the NeXT Big Thing*, Scribner, 1993.

Daniel Ichbiah, *Bill Gates et la saga de Microsoft*, Pocket, 1995.

Gilbert Amelio et William Simon, *On the Firing Line: My 500 Days at Apple*, Harpercollins, 1999.

Alan Deutschman, *The Second Coming of Steve Jobs*, Broadway, 2001.

Andy Hertzfeld, *Revolution in the Valley: The Insanely Great Story of How the Mac Was Made*, O'Reilly, 2004.

Jeffrey Young et William Simon, *Icon: The Greatest Second Act in the History of Business*, Wiley, 2006.

Leander Kahney, *Inside Steve's Brain*, Portfolio, 2008.

Sites Web

Andy Hertzfeld, "Good Earth", octobre 1980.
www.folklore.org

Andy Hertzfeld, "Black Wednesday", février 1981.
www.folklore.org

Andy Hertzfeld, "Reality Distortion Field", février 1981.
www.folklore.org

Andy Hertzfeld, "More like a Porsche", mars 1981.
www.folklore.org

Andy Hertzfeld, "Bicycle", avril 1981.
www.folklore.org

Andy Hertzfeld, "Diagnostic Port", juillet 1981.
www.folklore.org

Andy Hertzfeld, "PC Board Esthetics", juillet 1981.
www.folklore.org

Bruce Horn, "Joining the Mac", septembre 1981.
www.folklore.org

Bruce Horn, "I Don't Have a Computer!", décembre 1981.
www.folklore.org

Andy Hertzfeld, "Signing Party", février 1982.
www.folklore.org

Andy Hertzfeld, "Gobble, Gobble, Gobble", mars 1982.
www.folklore.org

Courte biographie de Steve Jobs par Lee Angelelli, étudiante ratta-chée au département des sciences de l'informatique de la Virginia Polytechnic Institute and State University, automne 1994.
http://ei.cs.vt.edu/~history/Jobs.html

"Excerpts from an Oral History Interview with Steve Jobs", interview réalisée par Daniel Morrow, directeur exécutif, The Computerworld Smithsonian Awards Program, chez NeXT Computer, 20 avril 1995.
http://americanhistory.si.edu/collections/comphist/sj1.html

"Fall and Rise of Steve Jobs", News.cnet.com, 20 décembre 1996.
http://news.cnet.com/2100-1001-256947.html

Steve Jobs, texte publié dans le premier numéro de *MacWorld* et repris sur le site de MacWorld en février 2004 :
http://www.macworld.com/article/29181/2004/02/themacturns-20jobs.html

Tom Hormby, "The Pixar Story: Dick Shoup, Alex Schure, George Lucas, Steve Jobs, and Disney", Lowendmac.com, 23 janvier 2006.
http://lowendmac.com/orchard/06/pixar-story-lucas-disney.html

Janet Abrams, "Radical Craft: The Second Art Center Design Conerence", 2006.
http://www.core77.com/reactor/04.06_artcenter.asp

Tom Hormby, "Good-bye Woz and Jobs: How the First Apple Era Ended in 1985", Lowendmac.com, 2 octobre 2006.
http://lowendmac.com/orchard/06/1002.html

"Arthur Rock: Early Bay Area Venture Capitalists: Shaping the Economic and Business Landscape", Interviews réalisées par Sally Smith Hughes en 2008 et 2009, Université de Californie, Berkeley.
http://digitalassets.lib.berkeley.edu/roho/ucb/text/rock_arthur.pdf

"100 Points of Interests In Regards To Apple and Steve Jobs", 14 juin 2010.
www.ievolution.ca/iphone/100-points-of-interests-in-regards-to-apple-and-steve-jobs/

Leander Kahney, "John Sculley: The Secrets of Steve Jobs's Success", Cultomac.com, 14 octobre 2010.
http://www.cultofmac.com/john-sculley-the-secrets-of-steve-jobs-success-exclusive-interview/21572

Site de Paul Lynch.
 www.paullynch.org
Site de David Greelich.
 http://classiccomputing.com

Télévision
« Histoire d'Apple et de Steve Jobs », M6, *Capital*, 2005.

Wayne, Ron *62*

Wigginton, Randy *10, 74, 75, 77-80*

Wozniak, Steve *8, 9, 29, 31-37, 44, 52-54, 58-66, 68-72, 74-81, 84, 88, 94, 95, 101, 102, 109, 111, 117, 119, 125, 136, 145, 160, 186, 213, 259, 278, 286, 287, 289, 297, 302*

Yamauchi, Hiroshi *292*

York, Jerry *213*

Crédits photos de l'intérieur du livre :

Page 1, a : www.woz.org

Page 1, b : © Photo by Jeff Carlson, jeffcarlson.com

Page 2, a : © Roger Ressmeyer/Corbis

Page 2, b : © Roger Ressmeyer/Corbis

Page 2, c : © Roger Ressmeyer/Corbis

Page 3, a : © Bettmann/Corbis

Page 3, b : © Ed Kashi/Corbis

Page 3, c : © Ed Kashi/Corbis

Page 4, a : © Ed Kashi/VII/ Corbis

Page 4, b : © Frank Trapper/Corbis

Page 5, a : Courtesy of Apple, Inc. Photographe : Gary Parker

Page 5, b : © Kim Kulish/Corbis

Page 6 : © Peer Grimm/dpa/Corbis

Page 7, a : www.stevesonian.com, Courtesy of Apple Inc.

Page 7, b : Courtesy of Apple, Inc.

Page 7, c : Courtesy of Apple, Inc.

Page 7, d : Courtesy of Apple, Inc.

Page 8, a : Courtesy of Apple, Inc.

Page 8, b : Courtesy of Apple, Inc.

Crédits photos de la couverture du livre :

De gauche à droite et de haut en bas :
   © Photo by Jeff Carlson, jeffcarlson.com
   © Tony Korody/Sygma/Corbis
   © Douglas Kirkland/Corbis
   © Peer Grimm/epa/Corbis